京师职教
高等职业教育旅游大类系列
校企双元合作开发系列教材

丛书总主编：魏庆华 王克勇 姜海涛

CANYIN FUWU SHIWU

餐饮服务实务

主　编：陈　程　李晓冬　王艳丽
副主编：郝晓春　禧　琳　秦艳梅
参　编：单宇婧　邢誉馨　贠利光

北京师范大学出版集团
BEIJING NORMAL UNIVERSITY PUBLISHING GROUP
北京师范大学出版社

TOURISM

图书在版编目(CIP)数据

餐饮服务实务/陈程，李晓冬，王艳丽主编．—北京：北京师范大学出版社，2021.3

高等职业教育旅游大类系列教材

ISBN 978-7-303-26843-6

Ⅰ.①餐…　Ⅱ.①陈…　②李…　③王…　Ⅲ.①饮食业—商业服务—高等职业教育—教材　Ⅳ.①F719.3

中国版本图书馆 CIP 数据核字(2021)第 036237 号

营销中心电话　010-57654738　57654736

北师大出版社职业教育分社网　http://zjfs.bnup.com

电子信箱　zhijiao@bnupg.com

CANYIN FUWU SHIWU

出版发行：北京师范大学出版社　www.bnup.com

北京市西城区新街口外大街 12-3 号

邮政编码：100088

印　　刷：北京京师印务有限公司

经　　销：全国新华书店

开　　本：889 mm×1194 mm　1/16

印　　张：15.25

字　　数：337 千字

版　　次：2021 年 3 月第 1 版

印　　次：2021 年 3 月第 1 次印刷

定　　价：47.00 元

策划编辑：易　新　　责任编辑：欧阳美玲

美术编辑：焦　丽　　装帧设计：焦　丽

责任校对：康　悦　　责任印制：陈　涛

编委会

阿荣高娃（阿拉善职业技术学院）
张育英（乌兰察布职业学院）
敖佳鹏（满洲里俄语职业学院）
高鹏飞（乌海职业技术学院）
王旭丽（内蒙古化工职业学院）
于小龙（鄂尔多斯职业学院）
王淼（内蒙古交通职业技术学院）
禧琳（内蒙古机电职业技术学院）
曲红光（锡林郭勒职业学院）

前　言

餐饮业是服务业的前端产业，作为服务业的重要组成部分，以其广阔的市场和快速的增长以及带动就业的强大活力受到社会的广泛重视。“餐饮服务与管理”课程是酒店管理、餐饮管理与旅游管理专业的专业核心课程，是校内教学和工作实际相结合的岗位能力主干课程。本教材以餐饮服务与管理活动为主线，结合岗位能力需求，全方位阐述了现代餐饮企业的经营特点和业务流程模式，系统、全面地讲授了餐饮服务与管理的理论及方法，辅助学生更加全面、立体地掌握餐饮服务与管理的内容以及服务规范和操作技能，引导学生树立专业的职业认知和理念，激发学生通过运用有效的途径和方法处理和解决餐饮服务与管理中的一般性问题，培养学生适应行业发展的应用能力和创新能力。

本教材在吸收已有同类教材优点的基础上，具备以下几个特点。

1. 对传统的内容体系进行了梳理，全书以模块教学递进式展开，由基础理论(模块一　餐饮行业概述)、基础技能训练(模块二　餐饮服务基础技能实训)、综合技能整合(模块三　餐饮服务流程)、服务质量管理(模块四　餐饮服务质量提升与设计)、实践能力训练(模块五　餐饮服务与管理技能提升实训)五部分组成，构建了完整的餐饮服务理论与实践相结合知识框架，层层递进。

2. 结合当前行业用人需求和岗位能力要求，创新原有实训技能的考核标准，针对当前餐饮业发展的新业态融入了餐饮门店设计和选址的内容等，更加注重实践性和实用性，通过专题实训培养学生的操作能力和管理能力。

3. 本教材针对高职高专院校旅游与酒店管理专业学生的专业课学习，以课程标准要求为人才培养目标，力求贴近岗位实际，以理论学习为基础，强化实践操作技能的训练，注重知识与技能的相互渗透，尽可能体现高职高专教育为社会培养高素质的技能型人才的培养目标。

4. 本教材依据当前餐饮业发展现状和未来发展趋势，收集编写大量翔实、生动的典型案例辅助教学。同时，教材中的教学视频链接以及专业知识的拓展等增强了内容的实用性，丰富了教学资源，方便学生学习和巩固所学知识。

本教材由陈程、李晓冬、王艳丽担任主编，郝晓春、禧琳、秦艳梅担任副主编，单宇婧、邢誉馨、贠利光参与编写，具体编写人员分工如下：陈程负责模块一的编写，李晓冬负责模块四的编写，王艳丽负责模块三的编写，郝晓春负责模块二(项目三、项目四、项目五、项目六)的编写，单宇婧负责模块五(项目三、项目四)的编写，秦艳梅负责模块五(项目一)的编写，禧琳负责模块五(项目二)的编写，邢誉馨负责模块二(项目一、项目二)的编写，贠利光负责模块五(项目五)的编写。全书由陈程负责统稿和主审。特别鸣谢内蒙古喜来登大酒店、莫奈花园酒店、内蒙古新城宾馆、内蒙古饭店、内蒙古锦江国际大酒店、北京大董等企业的大力支持。

本书编写时间仓促，书中存在的缺点，敬请广大读者批评指正，以便再版时进一步修改。

目　录

模块一　餐饮行业概述

模块二　餐饮服务基础技能实训

模块三　餐饮服务流程

模块四　餐饮服务质量提升与设计

模块五　餐饮服务与管理技能提升实训

模块一　餐饮行业概述

【学习导读】

餐饮，伴随着人类文明的发展，从最初的生存需求逐步成为社会进步的标志之一。餐饮业是在餐饮社会需求的基础上发展而来的，作为历史悠久的行业，从古到今，餐饮业为客人提供就餐服务的社会机能从未改变。随着生产力的高度发展及人们生活水平的提高，人类在社会政治、经济、文化、旅游、科技等方面的交流日益频繁，家务劳动社会化程度日益提高，现代餐饮行业正朝着设备舒适、环境优美、产品有特色、服务优质的方向发展。改革开放以来，我国餐饮业发展经历了起步阶段、数量型发展阶段、规模化发展阶段和品牌建设阶段，初步形成了投资主体多元化、经营业态多样化、经营方式连锁化、品牌建设特色化、市场需求大众化、从传统产业向现代产业转型的发展新格局。作为中国传统文化的重要元素，中国餐饮文化肩负着对内传承和发展、对外传播和交流的重要使命。随着中国餐饮业进入提质转型升级的新阶段，餐饮人在新的发展起点上正努力将餐饮业建设成为人民群众更加满意的现代服务业。模块一以餐饮行业的发展历程为主线，让学生重点学习现代餐饮行业的发展趋势以及餐饮服务的特征。

项目一　餐饮业发展历程及现代餐饮业发展趋势

【学习目标】

1. 陈述餐饮业发展历程。
2. 归纳现代餐饮业发展趋势。
3. 应用餐饮业发展趋势推断餐饮企业的经营方向。

>> 任务一　餐饮业发展历程 <<

一、餐饮业

餐饮业是指利用餐饮设备、场所和餐饮产品为社会生活提供服务的生产经营性服务行业。餐饮业包括以下要素，即提供能够满足不同顾客需求的餐食或饮料，通过餐饮服务实现经营者的经营目标和利润。

餐饮业的历史悠久，文化灿烂，从最初的驿站到当今的饭店，从只提供简单饮料的咖啡店到如今的高档扒房，餐饮业随着人们生活水平的提高、旅游业的发展以及文化交流的加深在不断地发展完善。从人类开始有目的地使用火之后，伴随着铁器时代的到来，餐饮业初见雏形。早期的旅行者，常借宿于庙宇或民家，且由庙宇或民家提供粗陋的餐饮，餐饮开始普遍流行。此后的太平盛世，商人来往络绎不绝，世界各国间的交流日益频繁，大街小巷到处都有酒坊、熟食店，国外的一些烹饪技法也渐渐传入我国，为日后巩固和繁荣餐饮业奠定了坚实的基础。当代餐饮业已成为国民经济各行业中增长速度最快的行业之一，不仅为旅游业的发展提供了重要保障，而且也是扩大社会就业和推动城市化进程的重要途径。

课程导论

二、我国餐饮业的发展历程

我国饮食文化源远流长。目前的考古发现表明，约 50 万年前，北京人已经开始使用火烧熟食物，开始了最初的餐饮烹饪活动。在6000多年前，生活在今浙江省余姚市河姆渡地区的先人已经大面积地种植水稻并饲养牲畜，食物的生产改善了人们的物质生活，并为餐饮业的形成奠定了物质基础。

自秦汉以来，为方便官差长途跋涉传送文件，便有驿站的设置，为官差提供住宿和餐食，方便他们歇脚休息，好让他们翌日能够继续另一段漫长的传递工作，这是中国餐饮业的雏形。餐馆在古代称谓有很多种，文献尚有考据的有“旗”“酒家”“酒肆”“客栈”等。

唐朝时朝是历史上的太平盛世，交通发展迅速，各处通商大邑都设有“客舍”与“亭驿”，方便来往的官宦与客商有个落脚解决食宿的地方。民间的交易行为较秦汉时期更是络绎不绝，烹调技艺更讲究，以提高竞争力。唐朝以后的餐饮宴席已从席地而坐发展为坐椅而餐，“宴会”一词在这一时期开始正式使用。

明清时期，我国餐饮业继续发展，菜品原料广泛、烹饪技术精湛、菜品种类繁多。菜点的组合、席面的铺排、接待的礼仪、乐舞的配合，都呈现出新的特点，其中乾隆时期的“千叟宴”和“满汉全席”尤为突出，为中国古代餐饮业的发展画上了一个圆满的句号。

民国时期是中国各地招牌菜融合与发扬光大的时期。为了满足外国人的生活需求，北京餐饮业出现迎合外国人口味的西餐厅；同时，中国各地传统菜肴也感受到与其他地区菜肴的商业竞争气息和西方饮食文化的影响，纷纷在烹调与口味上树立招牌、自立门户、自成一派。

新中国成立以后，1949—1978年，我国餐饮市场的经营者主要是政府部门。这一时期，很多餐馆或酒店都是行政事业单位，主要功能也以事业接待为主，经营完全按照上级行政机关的计划和行政指令运行，餐饮市场发展缓慢。

改革开放40多年来，随着中国特色社会主义发展道路在实践中的深化、发展和丰富，市场化改革的纵深推进，我国产业规模从54.8亿元发展到了42716亿元，实现了年均19.5%的增长。在此期间，餐饮产业经历了恢复期、增长期、成熟期和转型期四个阶段，对经济和就业的贡献经历了低位稳定、波动增长到稳定向好的曲折道路。

①1978—1991年。我国开始实行社会主义市场经济体制，社会潜在动力得以迅速释放，激发了人们的创业和致富热情，第二、第三产业占比上升，促进了我国产业结构的优化升级，餐饮产业规模快速增长，餐饮收入增速领跑消费市场。在此期间，我国餐饮职业教育开始初步探索，以江苏商业专科学校(现扬州大学旅游烹饪学院)、哈尔滨商业大学旅游烹饪学院为代表的院校在20世纪80年代末90年代初开启烹饪专科教育，以保证与快速发展的餐饮市场同频共振，为行业不断输送人才。此时，全国个体和私营企业如雨后春笋般开业，引来肯德基等外资餐饮企业布局中国市场，居民的餐饮消费需求从吃得饱提升到吃得安全、吃得好。1987年11月12日，美国连锁快餐肯德基在北京前门开设了第一家分店，给人们带来了全新的餐饮体验，开业当天创下了2200份炸鸡和营业额83000元的销售记录；1990年，

麦当劳在深圳开设了第一家分店。中国烹饪协会和世界中国烹饪联合会(现世界中餐业联合会)分别于1987年和1991年宣告成立，行业组织的成立为餐饮业进一步发展奠定了基础。1990年亚运会的成功举办，向世界很好地宣传了中国饮食文化，为旅游业和餐饮业的发展带来了机遇。

②1992—2001年。在这一时期，餐饮业充分享受改革开放红利，全产业收入规模增长了10倍，到2001年达到4465亿元，是改革开放40多年发展历程中增长速度最快的时期。一方面，原有国有、集体餐饮企业开始进行现代企业制度改革，以全聚德、广州酒家等为代表的一批“老字号”国有餐饮企业通过建立现代企业制度，重新焕发活力，并经过市场化经营检验，引领中国餐饮发展；另一方面，价格的市场化和餐饮市场的供不应求刺激了全社会投资餐饮业的热情，民营资本和外资纷纷进入餐饮市场。这一时期，诸多中国领先餐饮品牌诞生和发展，如小肥羊、德克士、金鼎轩、海底捞等。这些企业迄今依然活跃在餐饮市场，成为引领行业发展的知名品牌。

③2002—2011年。中国在2001年正式加入世界贸易组织，进入开放的新平台。面对新的机遇和挑战，我国的居民消费结构也发生着变化。联合国粮农组织恩格尔系数标准显示，我国居民生活水平的提高转变了传统的家庭就餐习惯，家庭外出就餐比例不断提高，加上宏观经济的景气带来的商务和公务餐饮消费的快速增长，全国社会化餐饮需求呈现全面爆发的态势。在此期间，我国的餐饮业发展进入成熟期，餐饮产业品牌化和连锁化的进程加速，许多餐饮企业成功上市或获得风险投资，餐饮营业网点数量快速增长，经营业态不断丰富，形成了较为完善的业态体系，产品线不断扩展，形成了以中餐为主，以西餐、日本料理、韩餐等各国特色餐饮为辅的多元化餐饮品类结构，餐饮业满足饮食服务消费需求的能力得到了大幅提升。另外，我国通过承办奥运会、世界博览会等具有国际影响力的赛事和展会，积极地开展全球推广活动，中国餐饮业在竞争日趋激烈的环境下不断迭代更新，以品牌连锁的方式走向世界舞台。

④2012—2018年。从2012年起，中国餐饮业开始告别30多年的高速增长，从传统服务业转型升级，进入高质量发展阶段。与过去的高速规模化扩张发展不同，在此期间受到外部政策、经济、社会和技术环境的影响，餐饮业面临巨大的经营压力和生存危机。在扩大消费需求的背景下，加强食品安全监管、鼓励大众化餐饮发展、倡导绿色健康餐饮、“餐饮＋文化”“餐饮＋高科技”等都成为餐饮业发展新的风向标。近年来，不论是不断提升顾客体验及服务质量的餐饮外卖、餐饮产品的文创衍生物、在餐饮服务中广泛应用的人工智能，还是特色鲜明的主题餐厅、打卡网红餐饮店的视频直播、受众群体广泛的茶饮市场、迎合现代人生活方式的“餐饮夜经济”、阿里巴巴的“盒马鲜生”、职业点菜师帮助客人“导吃”、DIY体验式餐厅等都是这个时期餐饮业发展特点的集中体现。餐饮业进入理性消费、绿色消费、大众消费、体验消费、创新消费的转型升级新时代。

三、国外餐饮业的发展历程

早在公元前1700年，古埃及就已经有酒店存在，考古发现了同一时期或更早时期的菜单，菜单上写有面包、羊肉、烤鱼和水果等内容。

古希腊曾是欧洲文化的中心，餐厅可以为不同需求的客人提供食物和饮品。约在公元前3世纪，雅典人发明了第一辆冷盘手推车，厨师将菜肴装入盘子内，推入餐厅供食客自由选择，这对今天的餐饮业仍有影响。

古罗马人创造了西餐的雏形，最早的西餐源于今日的意大利。就餐时使用餐巾、在餐桌上放置玫瑰花、重大宴会时报出每道菜的菜品名称和做法，都是由古罗马人最早在餐厅中使用的。

法国菜通常被认为是西方餐饮的集大成者，与中国菜、土耳其菜并称为“世界三大料理体系”，分别代表了西方、东方和伊斯兰这三大文化辐射圈的饮食文化之精髓。1765年，法国巴黎出现了第一家法式餐厅，当时这家餐厅就已经具备了现在经营西餐厅的很多条件。18世纪以来，法国涌现了许多著名的西餐烹饪大师，这些大师设计并制作了许多著名的菜肴，至今都在扒房菜单上受到顾客的青睐。20世纪60年代，法国又提出了“自由烹饪”的口号，改革传统烹饪工艺，力求更符合大众的口味。去一家米其林三星级法国餐厅，在镶满黄金雕饰的穹顶之下，有身着燕尾服的侍应提供无微不至的专业服务，品尝盘中价比黄金的鹅肝和松露，佐上一杯82年的拉菲等，这些处处书写着昂贵、奢华、格调的剪影，勾绘出了法餐的“高大上”形象。

美国餐饮业形成于18世纪末，美国除了印第安土著，大部分人是欧洲移民的后裔，还有墨西哥裔、阿拉伯裔和亚洲裔等，因此，美国结合了各国餐饮所长。20世纪初，为了适应社会经济迅速发展、社会节奏加快的需求，餐饮业出现了革新性的变化，注重营养、求新、求快。如今，餐饮业已经成为美国重要的服务产业之一，其“营养丰富、快捷简便”的饮食特色，随着国际经贸交流的迅猛发展而被世界各国所认可。

日本是一个依山傍海的国家，海岸线曲折绵延，海港众多，拥有丰富的浮游生物和海类，日本料理往往是与山、河、海有关的命题。日本料理的样貌不断变化，被认为代表日本料理的握寿司是江户时代出现的，天妇罗深受16—17世纪葡萄牙料理的影响，各式和牛料理是在明治维新之后兴起的。来自中国和朝鲜半岛的影响持续改变着日本料理的面貌，从稻米和茶道的传入，到宴会形制、餐桌礼仪的演进，佛教思想传播导致的肉食禁食，这些都在日本饮食文化中留下了深深的烙印。日本料理的一大特征就是食材的季节性，这一特征可以让人们从餐桌内容的变化感知到时光的前行。日本料理讲究“旬之味”，应季而烹、应季而食，用不同时令的食材表达人们对自然的崇尚。在日本历史的不同时代，各种食材、烹饪方法通过僧侣、留学生、商贸等陆续从中国传至日本，公元前4世纪的稻米和筷子，唐代的索饼、乳制品以及砂糖，20世纪上海和广东的切面，第二次世界大战时东北的饺子等对日本料理产生极为深远的影响。

【知识拓展】

“21世纪海上丝绸之路”沿线国家的饮食文化特色

“21世纪海上丝绸之路”涵盖中国与东南亚、印度洋以至地中海区域，这里主要论述东南亚地区主要国家的饮食文化。自16世纪初叶马六甲王国被葡萄牙人攻占开始，东南亚的殖民地化也随之而来，长期受西方统治使得东南亚国家在饮食上有了很多改变；另外，明朝大量华人迁往东南亚，也将中国的饮食文化传播到当地；加之当地原有的独特的饮食特点，这些因素促进了多元文化的融合，使得东南亚国家在饮食上具有独特性。

一、印度尼西亚

印度尼西亚是一个不产小麦的国家，因此当地人的主食基本上以大米为主，除了煮成米饭外，人们也喜欢用香蕉或棕榈的叶子包成菱形蒸制而食。由于香料丰富，当地人做菜还喜欢放各种香料和辣椒等。因此，印度尼西亚的菜肴都比较辛辣，而且香味浓郁。印度尼西亚人大多信奉伊斯兰教，将用酱料浸泡过的牛羊肉串烤熟之后再蘸辣椒酱食用，是当地人比较喜欢的饮食方式。印度尼西亚视黄色为吉祥的象征，因此在婚礼和祭祀上都少不了用姜黄制作的黄米饭。在饮食方式上，印度尼西亚人习惯用勺、叉或是手抓饭，饭后都有喝茶或咖啡的习惯。由于历史原因，当地也流行潮州菜、客家菜和娘惹菜，随着饮食文化的交流，中餐在印度尼西亚有很大程度的发展。

二、泰国

泰国是一个充满浓厚的佛教色彩的国家，因而在饮食上也深受佛教的影响，饮食观多建立在佛教的基础上。泰国人不吃完整的鸡或鱼，因此在烹调时要先将其切碎再进行烹调。在调味上，以海鲜制成的调料是其一大特色，比如甘甜而鲜美的鱼露被称为“泰式调味料之王”。除此之外，泰国菜还以酸味闻名，以柑橘类原料的酸味辅助调味，让所有食客再三回味。而源自印度的咖喱在泰国饮食中也占有重要的一席之地，经过当地人的饮食实践，这些泰式咖喱为泰国菜赋予了更独特的风味。

三、马来西亚

作为一个多民族国家，马来西亚汇集的华人、印度人和马来西亚人多元的饮食文化使得马来西亚呈现东、西方兼备的特色格局。与其他国家不同，马来西亚的饮食味道更重，重用咖喱以及辣椒。与中国四川地区相似，潮湿炎热的气候使得人们即使吃很多辣椒也不会上火，反而会更清爽。当地人更喜酸辣，食物多以酸辣为主，椰浆饭、黄姜饭等是其比较著名的主食。马来西亚人习惯手抓饭进食，而且是右手，但在西式宴会或特别正式的场合用餐时，他们也会使用刀叉和汤匙。马来西亚饮食中一个显著的特色是“娘惹菜”，明代郑和下西洋把中国的风俗习惯带到了当地，当时的中国饮食文化与当地文化相互影响，从而演变成了独具特色的“娘惹”文化。具有独特味道的娘惹菜被赞为东南亚最特别的美味之一。

四、越南

越南与中国南方人饮食相近，尤其是在历史上中国南方人不断地迁居越南，越南也吸纳了不少广西边境的饮食传统，对中国饮食文化在越南的传播产生了重要的影响。水稻是越南饮食文化最重要的载体，是主要的粮食。那里具有各种各样的蔬菜和水果，品类特别丰富，尤其是热带的特产椰子、山竹、咖啡、糖、胡椒、槟榔等。越南有不同的季节性水果，一年四季水果不断。越南人靠水靠海而生存，鱼露、生鱼酱、虾酱等都是他们用海产品加工制成的调料汁。越南人有句俗话叫“看鱼露下饭”，说的就是鱼露食用之广泛和鱼露的重要性。与其他饮食口味偏重的东南亚国家相比，越南在饮食上更加注重原味，香料往往放得不多，做法上也会尽量避免热油锅炒制，而以保留食物原味的蒸、拌为主。他们的食物以少糖、少油、不辣，且他们偏爱吃酸的食物。

五、新加坡

同马来西亚一样，新加坡也是一个多民族国家。新加坡的饮食因其民族的多元化而丰富多彩，很难简单地说明其饮食特色到底是什么。新加坡被称为“美食的天堂”，在这里能够品尝到各个国家的美食，但新加坡饮食也不缺乏特色。新加坡的特色菜是把中国菜和马来西亚菜融合并发展后形成的家常菜，而海南鸡饭更是新加坡最受欢迎的美食之一，甚至被称为准“国菜”。

（资料来源：邢颖，《中国餐饮产业发展报告(2017)》，307～309页，北京，社会科学文献出版社，2017。）

>>任务二　现代餐饮业发展趋势<<

一、餐饮产业的作用

(一)拉动经济增长，市场经济发展的晴雨表

餐饮业作为传统服务行业，一直以猛进的增长势头带动相关产业的发展与提升，2018年产业收入达到4.27万亿元，比1978年增长了近780倍，已经成为仅次于美国的世界第二大餐饮市场，预计中国餐饮业在2023年超过美国，成为全球第一大餐饮市场。整个“十二五”期间，餐饮业拉动社会消费品总额增长的贡献率平均超过10%，紧密连接生产和消费产业，从田间地头到餐桌菜肴，对农业、食品加工制造业、餐厨用品及设备制造业、信息技术产业、生产性服务业等在内的相关产业有直接的带动作用。餐饮业在发展过程中，对政策、经济、文化和市场的影响比较敏感，餐饮业的各环节需做出及时调整，以面对新环境带来的挑战。餐饮业可通过转型升级细分目标市场，通过制度革新提升管理水平，通过经营方式创新提升核心

竞争力。针对信息时代飞速发展的特征，随着电子商务爆发式的增长，餐饮业的体验经济属性使其成为跨界融合的焦点。餐饮业与旅游业、文化产业等都有较强的产业协同效应，不断完善更新的餐饮业态满足了大众餐饮的不同需求。

(二)对外宣传的窗口，文化传承的平台

餐饮业自改革开放以来，因其开放包容式的发展不仅吸引外资来华发展经济，更重要的是带动民族餐饮品牌走向了世界。我们常说“美食无国界”，餐饮业对文化的交流与繁荣起到了积极的推动作用，不同国籍的餐饮从业者相互往来，推动了中西方餐饮技艺和文化的交流和学习；不同业态的餐饮企业相互学习借鉴，我们不仅随处可以看到环境优雅、服务一流的西餐厅以及各类异域特色的餐饮产品，还可以在异国他乡品尝到正宗的重庆火锅、清早饱餐一顿市井小巷中的煎饼果子；不同地域的美食百花齐放，在国家“加快发展更高层次的开放型经济”战略部署和“一带一路”倡议支持下，在行业组织的积极引导下，我国一批民族老字号(全聚德、狗不理等)以及现代新型餐饮企业(大董创意菜、小尾羊、西贝等)积极乘势而上，成功拓展海外市场。他们不仅为世界各国带去了中国美食，还与当地饮食特色相互融合，创新菜式，兼容并蓄，因地制宜。餐饮文化已经成为国际交流合作的新媒介，例如，《舌尖上的中国》系列纪录片在播出后，以东方生活价值观为中心的美食节目的热潮反映了全世界华人对祖国传统文化情感认同的诉求。这一系列的纪录片不仅得到了国人的热捧和认可，还被多家外国媒体引入本国，对我国的餐饮文化进行宣传。这一方面增强了我们的文化自豪感，另一方面向世界打开了一扇窗，通过这扇窗吸引越来越多的国际友人来我国开启美食探索之旅。中餐传承了中国劳动人民几千年来的农业生产发展、生活习俗、烹饪技艺和饮食文化。这种鲜明的文化特征越来越受到大众的重视，成为非物质文化遗产传承和传播的重要方面。近年来，随着我国经济、社会影响力的不断扩大以及对外开放水平的不断提高，中餐拥有越来越多的全球消费群体。中餐成为国际交流的重要内容，是中华民族文化自信的重要组成部分。

(三)提供就业机会，助力精准扶贫

餐饮业不仅具有经济属性，同时具有社会属性。就业关系到劳动者的生存和发展，也关系到社会的稳定与和谐。餐饮业因其劳动密集型的特点，可以为社会提供就业机会并在解决就业问题等方面起着举足轻重的作用。餐饮业辐射面广，所涉及的行业丰富。岗位的包容性使得就业层次多样，一个团队中包括高素质的管理人才和懂技术会操作且不受年龄限制的基层工作人员，这就为不具备专业特长的劳动者和下岗职工提供了类型多样的就业岗位。餐饮业的带动性广泛，能够为相关产业提供就业机会。随着餐饮外卖业态的快速发展，配送员和餐饮售后、专业营销人员岗位需求缺口较大。餐饮业在精准扶贫方面独具优势，首先，对贫困地区的特色农业

发展有巨大的拉动作用，通过订单，引导农民生产适销对路的农产品，农田对接餐桌，生产对接市场，提高贫困地区种植养殖的经济效益；其次，在贫困地区推行“餐饮＋旅游”的发展模式，以当地特色农产品为卖点，积极研发适合当地经济发展的旅游新模式，形成以餐饮促旅游、以旅游促开放、以开放促经济的循环发展模式。

餐饮业发展趋势

二、现代餐饮业发展趋势

(一)“安全、绿色”成为餐饮消费关注的重点

近年来，我国餐饮安全监管力度持续加强，2015 年修订的《中华人民共和国食品安全法》正式出台实施，在行业监管、行业许可和食品安全标准等方面都有了更严格的要求，推进了餐饮服务环节和食品安全的统一监管、动态监测和全程监控。大众消费者受到互联网关于食品安全事件相关宣传报道的影响，由过去的吃饱吃好，到现在吃得既营养又安全，反映了公众对食品消费需求的不断变化。在食品安全问题上，政府监管部门、餐饮从业者以及消费者都是“守门员”，应严格把关，杜绝食品安全问题的出现。餐饮消费绿色化贯穿在整个餐饮活动过程中，首先要保证原材料的种植、养殖绿色化，其次是加工环境的绿色化，最后是服务体验的绿色化。保证原材料的新鲜无污染是实现绿色餐饮的基础，整洁、舒适的加工和就餐环境能够为顾客带来良好的就餐感受，按照消费者的特征对其菜品选择给出合理的建议能够让消费者得到低碳、健康、节约式的就餐体验。现如今，阳光厨房、可追溯供应链等在许多城市已经开始推广实施，这一系列的举措还将扩大范围，进一步完善加强管理。随着人们对环境污染、生态平衡、自身健康等问题的关注程度日益提高，无公害、无污染的绿色食品、保健食品将会受到消费者的欢迎，老年人希望通过饮食调节达到健康长寿的目的；父母希望通过饮食调节使孩子更加聪明活泼；白领阶层希望通过饮食调节缓解工作压力。菜肴设计将紧随国际饮食的“五轻”趋势，重点开发“轻油”“轻盐”“轻糖”“轻脂肪”“轻调味品”的菜品，更多地注重饮食营养与保健功效。

(二)餐饮新业态百花齐放，饮品行业异军突起

随着人民生活水平的不断提高，中国市场的消费升级促使餐饮业在激烈的市场竞争中每天都在发生着变化，充满活力的餐饮业针对不同思维主导下的经营策略、不同消费心理下的用餐体验等不断创新，大胆尝试各种跨界合作，未来餐饮业发展必将是多种业态共存、百花齐放的场景。大众餐饮消费市场近年来瞄准了年轻消费群体，“时尚、网红、颜值、打卡、体验”等关键词贯穿于餐饮消费的全过程。传统的餐饮企业更新迭代的速度加快，单一的餐饮产品不再是消费的核心，而是趋于集“基础功能”＋“消费体验”＋“文化元素”于一体的新型混搭行业模式。品牌连锁的老

字号餐饮名店，一座难求的市井小馆，米其林、黑珍珠评选的品质餐厅，身临其境的主题餐厅，餐饮＋旅游的农家乐，创新顾客体验的重力餐厅，便捷丰富的自助餐，网络平台下单的外卖等不同类型的餐饮业态，最重要的是能够为顾客提供餐饮产品以外的延伸服务。

我国内地的饮品行业承接了香港地区、台湾地区的奶茶文化和咖啡文化，伴随着互联网技术与科技对生活带来的影响，饮品行业在大众消费生活中占据越来越重要的位置。饮品市场具有准入门槛低、制作标准化、模式易复制、品牌扩展快等特点，在众多饮品店类型中，新式茶饮和咖啡所占比例较大。新式茶饮追求品质创新，借助社交新媒体开展网络宣传、饥饿营销，2018 年第三季度全国现制茶饮门店达到 41 万家，比 2017 年第三季度增长 18 万家，年增长率 78%。我国咖啡厅市场前景广阔，随着人们消费能力和消费观念的提升，追求品质的意愿越来越强，同时现磨咖啡店的供应链不断完善，使得速溶咖啡消费份额逐渐被现磨咖啡代替。

(三)标新立异、不断创新

现代餐饮业网点不断增多，竞争不断加剧，这加大了餐饮经营的难度。很多餐饮企业已经意识到要想把企业带到最佳的境界，取得最大的经济效益，就必须开拓市场，引导市场，适应市场进行创新。

1. 餐饮产品的创新

餐饮产品的创新不仅仅是菜点的创新，还包括菜单、环境、服务、活动等全方位的创新。菜肴是餐饮企业的灵魂。菜肴的开发，必须客观分析自身的档次与经营条件，正确了解目标市场的适销口味。餐饮企业可以设计赋予菜品、餐厅更多的文化内涵，增加餐饮产品的文化附加值。人们对物质的需求是有限的，而对文化的需求却是无限的。当今，提高餐饮企业的饮食文化品位，已成为餐饮市场竞争的一个重要领域、一种发展趋势。再者，餐饮营养化成为人们追求的重要目标，因此餐饮产品的创新还可以以此为抓手，抓住药膳的保健作用和人们对生态农业、绿色食品、保健食品的追求和关注，开发出最新、最优的菜肴产品，引领新的餐饮时尚。

2. 餐饮经营方法的创新

20 世纪 80 年代，餐饮业的经营就出现了“食街”的形式，经营者不局限于原有的方式，采用“明档、明炉”；20 世纪 90 年代出现了“超市式”餐饮，将餐厅的食品原材料统统展示出来，供广大顾客选择。随着餐饮社会化、专业化程度的提高，“外卖”服务、全开放的舞台式厨房服务、烹饪原料专业配送，以及家庭送餐等渐成为趋势。这其中最受追捧的就是各类以时尚、个性、文化的餐饮新概念，配之以别具一格的装饰布置，征服了口味越来越挑剔的消费者的“主题餐厅”。主题餐厅的出现，迎合了顾客日益变化的餐饮消费需求，它以定制化、个性化、特色化的产品和服务来吸引顾客，顾客在其巨大的魅力影响下欣然就餐。这些餐厅形式和用餐环境的与众不同使主题餐厅与一般餐厅区别开来，这样就能有效避开与一般餐厅的正面竞争，以己之长比其短，优势肯定很明显。显而易见，通过产品经营方法的不断创新，企业必然会营造一个独特的具有魅力的销售氛围，以引起顾客的注意，进而促使顾客消费，给自己带来更好的经济效益。

【知识拓展】

高科技与餐饮的跨界混搭——失重餐厅 Spacelab

由德国“机械狂魔”马提亚斯发明的失重餐厅早在 2018 年登陆我国。双回路多螺旋轨道系统，利用重力驱动，无须制动装置，依靠轨道的旋转角度减缓速度，菜品犹如乘坐过山车一般完好无损地“飞”到你的面前，所以餐厅的服务员少得可怜。客人在餐厅所有点单都由 iPad 完成，餐饮品类清晰，所有菜品都是适合运输的“快餐型”，厨房在餐厅的二楼，菜品的制作速度很快。当成品被厨师放入小车后，十几秒就可以“飞”到你的面前，对于一些非轨道运输的特殊菜品(如造型别致的甜品)也会有特别提示。基础餐具和调味品都藏在轨道下方，客人可以自助取用。轨道餐桌是圆形结构，分为不同的颜色区域，虽然你点的汉堡和邻居的汉堡在内容上没有区别，但是食物可以通过不同颜色的餐具和包装找到自己的主人。到达你面前的菜品都是打包盒的形式，不用担心运输过程中会“翻车”，如果吃不完可以直接带走。失重餐厅在菜品设计上也很有新意，如加入墨鱼汁的意面、专为儿童设计的迷你汉堡包、字母形状的薯条等等。

3. 餐饮服务方式的创新

餐饮业是一个竞争激烈、排他性较弱的行业。在饮食产品逐步时尚化的情况下，服务特色的创立是现代餐饮企业在竞争中制胜的法宝之一。多年以来，餐饮企业科学的经营管理，既提高了企业员工的素质，也培养了一批高素质的顾客群。他们对餐饮产品的认识经历了“求新、求廉、求优”3 个层次，目前已进入“廉中求优”的境地。所谓的“优”，其中就包括了服务品质。有针对性、因人而异、适时的服务就是优，参与度高、记忆深刻、创造惊喜的服务就是优。不论餐饮服务如何创新都应以客人为本，并根据客人层次及需求上的差异，对不同客人采取不同的服务方式，在做好规范化服务的基础上，针对客人个性的差异，最大限度地满足客人的需求。

(四)供应链或将成为餐饮企业的核心竞争力

餐饮企业在经营过程中应当集中精力研发菜品、提升服务质量、树立品牌意识，与此同时要充分利用现有的市场资源，实现企业经营的标准化。餐饮前端的规模怎么样，在很大程度上取决于后台的供应链建设情况。餐饮供应链建设是重资产模式，包括研发、采购、中央厨房建设、仓储物流等环节，每一个环节都需要耗费巨大的人力、财力、物力，大部分餐饮企业无法承担如此高的成本。从整体来看，中国的餐饮供应链产业仍在初级发展阶段，美国目前的餐饮供应链占据美国餐饮市场大约 25%的份额，中国餐饮供应链市场的领先者年营业额则占据市场份额的

0.03%，未来的发展潜力巨大。供应链领域的战鼓已经敲响，只有牢牢把握住供应链，品牌的未来发展才能一片光明。

(五)快餐业迅速发展，外卖品质不断提升

随着城市生活节奏的加快，社会上对快餐的需求量日趋增大，质优、价廉、高效率的快餐店必将受到广大消费者的欢迎。中式快餐已初步形成市场，消费需求不断增加，呈现出海内外、高中低、传统与现代并存，取长补短，互相竞争，共谋发展的市场格局。据统计，快餐业营业收入约占全国食品营业额的1/3，2017年快餐服务业餐费收入达到1185.02亿元。随着我国经济的逐步发展，经济活动增多，城乡人均收入持续增加，外加假日消费市场的出现，必然会对快餐业的发展起到有力的推动作用，促使中国快餐业迅速发展。近年来，餐饮外卖发展迅速，但关于外卖的一系列问题有待关注，如加工环境的卫生、从业人员的素质、一次性餐具的使用、菜品品质的保证等。例如，自2019年7月1日起，《上海市生活垃圾管理条例》正式实施，条例规定“餐饮服务提供者和餐饮配送服务提供者不得主动向消费者提供一次性筷子、调羹等餐具”，鼓励消费者选择无须餐具，在避免使用一次性餐具、加强环保的同时向大众普及环保新规，让人们逐渐养成自备餐具的好习惯。

(六)餐饮网络智能化时代加速到来

团购网站是近年来出现的新兴网站类型，餐饮企业利用团购网站的团购活动可以在短时间内聚集人气，这种活动特别适用于新开张或急需打开市场的餐饮企业。根据薄利多销、量大价优的原理，商家可以给出低于零售价格的团购折扣和单独购买得不到的优质服务。目前网络团购的主力军是25～35岁的年轻群体，智能手机应用广泛，电子优惠券既省了商家印刷和发送传统优惠券的成本，又方便了消费者的使用，因而这种新兴的网络营销模式已经成为众多网络促销手段中最受欢迎的方法之一。餐饮企业建立自己的网络订餐平台，自己实现网络订餐功能，适用于大型连锁餐饮企业的大规模、大范围订餐服务。目前肯德基、麦当劳、海底捞等都提供网络订餐服务。网上订餐是顾客通过互联网在线选择餐厅、选座、点餐和支付，随后到店完成消费。随着餐饮网上交易平台的上线，顾客能以最直接的方式找到餐厅，不用进入实体店面就可以看到餐厅优美的环境和让人垂涎欲滴的美食，并在第一时间获得各种优惠和促销信息，免除了现场等位、点餐、等菜、支付的烦恼，极大地节省了就餐时间。在人工智能行业发展的大趋势下，餐饮行业，尤其是大部分中小餐企急需以最低成本与人工智能接轨，运用人工智能小设备，如上菜机器人、移动终端支付设备、大数据信息分析设备、智能营销墙、智能出餐柜、语音点餐设备、人脸识别设备等。餐饮企业的成本变化趋势，最终会回归到人工成本上，人工成本越来越高，这也是社会发展的必然趋势。这几年，人工成本的增长也越发明显。从2019年1月1日起，社保改革全面落地实施，这又将众多餐饮企业推向“用

工贵”的尴尬局面，而引入人工智能小设备，将机械性的人力劳动取代掉，则是餐饮企业很好的选择。

【知识拓展】

让产品数据决定菜品的去与留

一家餐厅的菜单就如同一个江湖，所有的菜品在这个江湖里扭打厮杀、优胜劣汰，最终有的菜品荣登霸主地位，成为店里的“招牌”，在江湖上享有盛名，经久不衰；有的菜品自始至终籍籍无名，最终销声匿迹。成功餐厅里的菜单向来不是一成不变的，它需要紧跟时代、紧跟消费者的口味需求、紧跟季节轮回转变。对于菜品的去与留，过去大部分餐厅可能以初始的菜品点单率作为依据，甚至连数据都没有，全凭感觉，最终造成不少的“冤假错案”。如今，大数据时代，菜品的“去与留”都由客观数据来决定。

一、老菜与新菜的“爱恨纠葛”，谁来决定它们的命运

几乎每一家餐厅都会面对同一个问题：如何更新产品？再好吃的餐厅也偶尔会有几道所谓不好吃的菜，把那些“不好吃”的菜端下餐桌，再推出一些顾客可能认为“好吃”的菜，几乎是每一家餐厅都在反复做的事情。对于顾客而言，在一家餐厅里挑出几道不好吃的菜只需要一顿饭的工夫；对于餐厅而言，众口难调，可能遇到曾经被顾客点名批评的菜，也收到过一些顾客的特意表扬。所以，决定一道菜品的去与留并非易事，即使反复斟酌，也让很多餐厅难以取舍。

在大数据时代，已经不需要拿到纸质菜单去核对菜品的销量，也不需要根据原材料的消耗推算顾客对于某一菜品的喜恶，只需要通过信息系统调出相关菜品的数据，究竟好不好吃，一切都一目了然。产品数据会给企业带来以下信息。

①综合菜品点击率。这个信息能直观地显示每一道菜品的受欢迎程度。

②特定时间段的菜品点击率。这个信息能为季节转换或特定节日等的菜单更新和原材料采购提供参考。

③某一道菜品或某一段时间内的销售记录。利用这个信息，餐厅可以对同时期原材料进行成本核算，得出更加精准的利润率，以便从销量、利润率、利润等多层面考虑菜品的去与留。

每一个餐饮企业内部的产品数据都能为餐厅现有菜品的去与留提供参考依据，但若能借助大数据技术，餐厅还能为新品的推出做科学的预测。比如，今年夏天可能会流行什么菜品等。

二、各种智能POS点餐系统，为餐厅呈现数据

当下流行的智能POS点餐系统，凭借方便快捷、成本低、无缝对接线上下单支付与线下餐饮管理等优势，能够收集餐厅支付、营销与第三方平台数据。

①支付数据，就是顾客在店里通过智能POS点餐系统支付之后留下的数据，包括顾客的点餐品类、客单价等信息。通过这些信息，餐厅一方面可以非常清楚各个品类的点击率，从而为产品策略调整提供依据；另一方面，也可以了解每位顾客

的消费能力、喜好、消费频次等信息，为后续的精准营销做铺垫。

②智能POS点餐系统通常会为餐厅提供多种营销方式，而所有营销渠道上的数据信息都会被后台记录，进而为餐厅优化营销方式提供有力的依据。例如，餐厅设置并发放了线上的现金券、优惠券、会员卡，那么从后台就可以获得优惠券和会员卡在各个时段的派发量、核销率等信息，以此估算营销效果并进行实时调整；又如，餐厅设置了微页营销、游戏营销，也可以从后台获知微页、游戏的游览数、分享数，并据此优化在线营销方案。

③大多数餐厅都会加入团购、外卖等第三方平台。然而这些平台之间的数据处于相对分裂状态，很不便于餐厅进行统一的数据整理和分析。市面上的智能POS点餐系统基本上都对接美团、大众点评等团购平台，以及口碑、百度外卖、饿了么等外卖平台。这不仅能帮助餐厅快速统一核销团购券、统一管理外卖订单信息，也能为餐厅整合各平台的相关数据。餐厅根据数据可以实时调整经营重点，实现效益最大化。各种智能POS点餐系统除了能为餐厅提供以上三类数据外，往往还具备以下功能。

在线点餐：在线点餐参与排队，在节省顾客的排队时间、提高消费满意度的同时，也为出品率提供了可靠依据。

宣传载体：大多数软件平台会为餐厅提供优惠券板块，顾客可以直接通过软件查询店面优惠信息。

财务管理：一些软件可以实现自动统计销售员的提成、自动统计桌台的消费情况等功能，为餐厅提供快捷、准确的财务数据。

库存统计：自动统计库存消耗情况。

会员管理：一些软件还可以对会员数量、会员消费情况进行实时统计，在价格方面亦可呈现零售价、促销价、会员价三种价格。

三、产品点击率排名，提供新老菜品交替的参考价值

首先，利用产品点击率排名，餐厅分析出顾客口味的偏好。菜品的更新迭代、推陈出新，目的在于研制出更受顾客欢迎的菜品，而如何有效规避老产品的劣势、抓住顾客口味偏好是一个极具挑战性的问题。通常，产品点击率排名是推测顾客口味偏好的最好依据，一定周期内点击率排名靠前的菜品，往往是顾客相对比较喜欢的，以此为基础便可以为新产品的研发指明方向。其次，利用产品点击率排名，餐厅列出利润排行榜。产品点击率排名只是顾客对菜品欢迎度的直接反馈，是决定菜品去与留的基础依据，但并非最终依据。餐厅拿到点击率排名后，还需要核算成本，通过点击率和利润率贡献排名。最后，在综合评估点击率和利润贡献排名两个因素，采取末位淘汰制，将综合排名靠后的菜品淘汰掉。

（资料来源：鹤九，《互联网＋餐饮》，68～71页，北京，电子工业出版社，2016。）

【复习自测】

一、简答题

1. 简述我国改革开放以来餐饮行业发展历经的四个阶段。

2. 简述现代餐饮业发展趋势。

二、实训题

以小组为单位，通过收集资料、模拟演示的形式展示不同国家餐饮业发展的历程。要求：内容全面、重点突出、条理清晰。

三、案例分析

“非遗”老字号餐饮企业数字化的机遇

在新的社会形势下，国家和社会大众都意识到文化的重要性，与此同时，科技和经济的高速发展为餐饮企业的数字化及饮食文化的发展提供了良好的契机。

一、国家重视传统文化，出台政策保护

餐饮业是成长性巨大的朝阳产业，中国政府一直高度重视。在国家级非物质文化遗产(以下简称“非遗”)项目申报中，饮食类项目表现积极。中国的“非遗”传统技艺的活动中就有专门设立的中国饮食文化专项展示区，吸引多家知名的餐饮企业参与活动并进行了展示。这在一定程度上体现了国家对于饮食类的“非遗”资源的重视，也给“非遗”老字号餐饮企业的发展发出了一个明确的信号。

另外，国家商务部从2006年4月开始在全国范围内启动实施“振兴老字号工程”，旨在建立能够促进老字号振兴发展的支持体系，增强老字号企业的自主创新能力和市场竞争能力。在实施过程中，国家文物局等有关部门对中国的老字号餐饮企业进行了全面的普查、登记和认定。从2016年3月开始，商务部展开大规模调研摸底，酝酿和思考新形势下做强老字号的措施和政策。根据中华人民共和国商务部网站公布的数据，截至2017年2月7日，经商务部认定的中华老字号共1128家，平均有160多年的历史。中华老字号主要集中分布在食品、药品和餐饮业，比例超过60%。由此可以看出，饮食类文化资源的发展潜力大并且受到国家的极大重视。在信息时代的背景下，各个国家都开始以国家为主导出台相关政策，启动公共资金，将国家的文化资源转化为数字化的形态。在国家高度重视文化资源和数字化进程的契机下，地方政府对于当地的文化资源更是极为重视。

二、强化社会意识，保护传统文化

中国企业的“申遗”热使社会广泛认识到老字号文化的灿烂魅力。“非遗”老字号企业蕴含的传统文化和民族精神一直传承绵延至今，它的金字招牌是其长期形成的货真价实和诚信为本的企业价值观和理念树立的，人们的心中对金字招牌有着根深蒂固的信任。“非遗”老字号的传统企业以及企业的“掌门人”都肩负着保护、传承、创新、发展中国传统优秀文化的重任，他们也致力于将文化资源转化为生产力和劳动力。全社会对于中国文化的保护意识的不断增强，越来越多的人开始意识到本民族文化的独特性和重要性，对保护传统工艺的呼声也越来越大。中国的非物质文化遗产保护秉持"保护为主，抢救第一，合理利用，传承发展"的"非遗"方针，使"非遗"的生产性源头保护和传统工艺的传承发展得到加强。

三、高新技术迅速发展，"非遗"数字化逐步完善

在科技高速发展的时代，数字化技术被广泛应用于"非遗"的保护。一方面，很多民俗和民族文化不再限于书本和实物展示，更多的是通过数字化的刻录以3D、全景全现的形式进行展示。另一方面，数据库建设和分类也进一步完善。以民间文学为例，截至2012年年底，"基础资源数据库"中就有"以数字化方式保存的民间故事(包括神话、传说)44万则，谚语36万条，歌谣10万余首"。"非遗"数据库的建设分为基层版和高层版。基层版的数据库分装在地级市中的"非遗"保护中心，工作人员通过调查，将文化资源按照分类要求进行输入，然后通过网络和云端将数据传输至高级端系统，再由高级端将资料整合后发布在各个平台上，实现共享。

四、经济发展，消费者消费观念改变

在社会整体经济水平提高、各类文化融合以及消费者的教育程度普遍提升的背景下，人们进行餐饮消费不再单纯是满足饱腹的需求，还带着审美和对中国传统文化进行享受的心态。消费者更加注重自身的消费体验，"在经营服务中提供体验式营销策略和具有浓郁传统色彩的特色服务"是老字号餐饮企业发展的新的特色。"'老字号'品牌是中国数百年商业和手工业竞争中留下的极品，凝聚着数代人艰辛坎坷的奋斗经历。这是中华民族一笔宝贵的'商业文化遗产'，随着时间的推移，越发弥足珍贵。"人群中口口相传的老字号企业经时间的锤炼，产品的质量更具有保证。

(资料来源：邢颖，《中国餐饮产业发展报告(2017)》，239～242页，北京，社会科学文献出版社，2017。)

思考：

1."非遗"老字号餐饮企业如何更好地借助数字化技术搭建平台推广品牌?

2."非遗"老字号餐饮企业在未来的发展过程中可能会遇到哪些机遇和挑战?

项目二　餐饮企业基础知识

【学习目标】

1. 陈述餐饮业的基本特征。
2. 总结餐饮企业的经营特点。
3. 应用餐饮企业的经营特点分析案例。

>> 任务一　餐饮业的基本特征 <<

一、餐饮业对国民经济和旅游业的依赖性

随着社会经济的飞速发展，餐饮业的功能不单是满足大众基础温饱需求，而是有更高的要求，体现了人民对美好生活的向往。不论是旅游六要素的“食、住、行、游、购、娱”，还是新旅游六要素“商、养、学、闲、轻、奇”，都凸显了餐饮业对于旅游业和国民经济的依赖性。餐饮业的发展速度和规模在一定程度上是建立在旅游业基础之上的。一个国家或地区，餐饮产品的需求量与旅游业的发达程度以及游客数量的多少成正比。餐饮业面对国内和国外两个市场，不仅要为国内的游客和当地的居民提供餐饮服务，而且还肩负着向国际旅游者宣传中华饮食文化、提升国际形象的任务。国民收入水平越高，人们的社会交往活动就越频繁，当地居民和社会各界人士对餐饮产品的需求量就越大，因此，餐饮业的发展必须以旅游业和国民收入的发展规模和发展水平为基础，找准定位、提升内涵、拓宽经营种类，以满足各层次消费者的需求，不断提高服务质量和管理水平。

二、客源的广泛性

伴随着餐饮业的发展，针对不同目标顾客的餐饮新业态层出不穷，餐饮业的服务对象由不同特征的消费群体组成。日常生活、度假旅行、教育研发等都拥有广阔的客源市场，其中既包括国内国外的旅游者，也包括机关团体、企事业单位和当地

居民。餐饮客源的广泛性为餐饮业在经营规模、经营结构、经营方式、经营品种上的变化创造了条件，使餐饮供给市场丰富多彩。

三、产品风味的民族性和地方性

餐饮业伴随着人类对饮食的不断追求逐步发展，不同国家、不同地域造就了不同的饮食特色。各地生活习惯、自然气候以及食品原料的不同，使得餐饮产品形成各种不同的口味和鲜明的民族及地方特色。例如，南北方同称为“烧麦”的菜品在制作工艺和味道上就有很大的差异；同属于内蒙古自治区，东、西部吃饺子时的蘸料也各有特点；到少数民族地区用餐，往往能品尝到民族特色鲜明的食物，不仅菜品本身与众不同，用餐环境、用餐礼仪、餐具等方面也有差别。

四、餐饮生产、销售和消费的同步性

厨房菜品的加工烹制是在客人光临餐厅，发生点菜行为之后产生的，而一旦烹制完成后，又必须在很短的时间内由服务人员呈送给客人，实现成品的消费，即餐饮产品的生产、销售和消费都是同时发生的，餐饮产品的生产过程也就是用餐者的消费过程。因此，餐饮企业应重视并加强生产过程、服务过程以及产品价值实现过程的质量管理与控制，培养忠诚顾客。

五、餐饮服务质量评价的主观性

现代餐饮业是劳动密集型与知识密集型相结合的行业，餐饮服务包含着大量的手工劳动和经验式的隐性知识，产品生产和服务中的操作规程、工作手册中的标准化管理都具有实施和控制的主观性。餐饮产品的质量和服务技能主要依赖于员工的经验和态度。同一员工在不同的时间、不同的场合，为不同的服务对象所提供的服务是有差别的；同样，同一个顾客受到时间、环境以及自身原因的影响，对同一餐饮产品也有不同的感受。因此，餐饮服务质量评价主要依靠个人的判断和主观感受。

【知识拓展】

米其林餐厅

《米其林指南》收录一些高品质餐厅和旅馆信息。

1900 年，汽车工业在欧洲才开始不久，整个法国不到 5000 辆汽车，车速缓慢，加油不便，还经常出现抛锚故障，前景非常不被看好。那个年代，观光旅游尚未萌芽，生产轮胎的米其林公司对汽车旅行的发展未来充满了信心。他们认为：如果汽车旅行越兴旺，他们的轮胎就会卖得越好。因此，他们将餐厅、地图、加油站、旅馆、汽车维修厂等有助于汽车旅行的资讯聚集在一起，出版了《米其林指南》，内容为旅游的行程规划、景点推荐、道路导引等。

1926 年，《米其林指南》一书开始用星号来标记餐厅的优良，“米其林星级餐厅”就是从那时正式开始的；1931年，交叉的汤匙和叉子标志被设计出来表示餐厅的等级；2005年，米其林出版了美国指南；2007年，加入了日本篇；2008年后，加入中国香港和澳门；2016年，《米其林指南·上海》正式发布，共有18家中外餐厅成功摘得一星，4家中餐厅及3家西餐厅被授予二星餐厅荣誉。唐阁成为中国大陆首家米其林三星中餐厅。

餐厅评判标准：

收录在《米其林指南》中的餐厅，至少先要获得1副叉匙的标记。这种标记是指南对餐厅的基础品评标准，从最高的5副到1副不等，主要表明餐厅的舒适度。米其林星级是由一批经过筛选的“美食密探”评判的，他们被称作“监察员”。监察员每去一家餐厅或酒店进行评判，都需要隐瞒身份，悄悄潜入。他们需要参考的评分项目包括餐厅的食物(60%)、用餐环境(20%)、服务(10%)和酒的搭配(10%)。一家餐厅的评级，都是由N个“美食密探”品鉴+一年12次的造访+米其林总部评审才能敲定的。

叉匙：如果一家餐厅的环境令人特别愉悦，叉匙标志就会用红色来替代一般的黑色。依餐厅的表现，给予1～5副叉匙符号。

5副叉匙：奢华的传统风格。

4副叉匙：至高的舒适享受。

3副叉匙：十分舒适。

2副叉匙：舒适。

1副叉匙：基本舒适。

人头标志：人头意指米其林推荐的道地小馆Bib Gourmand(Bib就是米其林轮胎人名字Bibendum的前3个字母)，提供不错的食物且价格适当。

两个硬币标志：这个标志被称为piecettes，就是小硬币的意思。带有这个标志的餐厅，表示提供不超过16欧元的简单餐饮。

星星等级：米其林餐厅评分系统共有三个等级。

1颗星：值得停车一尝的好餐厅(这样的叙述当然是因为米其林是做轮胎的)。

2颗星：一流的厨艺，提供极佳的食物和美酒，值得绕道前往，但花费不低。

3颗星：完美而登峰造极的厨艺，值得专程前往，可以享用手艺超绝的美食、精选的上佳佐餐酒、零缺点的服务和极雅致的用餐环境，但是要花一大笔钱。

>> 任务二　餐饮企业的经营特点 <<

一、餐饮产品的特点

(一)餐饮产品的文化性

不管是厨房产品，还是就餐环境和员工服务，都承载了丰富的地域特色文化。

这种文化从菜点风味与命名、餐厅的装修、员工服饰与礼仪等都能体现出来。可以说，一个餐厅的饮食文化是其餐饮产品的灵魂。

(二)餐饮产品的多功能性

餐饮产品不仅能满足人们的基本生理需求和对地域饮食文化的需求，还具有社交功能、商业功能和休闲功能等。借助就餐，人们不仅可以增强相互之间的交流、洽谈生意、联络友谊，还可以在这里舒缓情绪、愉悦身心。

(三)餐饮产品的可组合性

餐饮产品的可组合性体现在以下三个方面：第一，从菜点的创新来看，餐饮原料与烹调加工方法的不同组合可开发许多新菜点；第二，从宴席的开发来看，同样的菜点用不同的组合与包装方式(如命名、盘饰、形状等)可以开发许多的宴席；第三，菜点、宴席与就餐环境、员工服务等的相互改进与组合，将会给顾客提供更多不同特点的餐饮产品。由于餐饮产品的可组合性，有利于餐饮企业进行产品的开发创新，故餐饮企业不仅要保证老产品的传统和特色，而且还要适时推出新产品，以满足顾客新的需求，增强自己的竞争力。

二、餐饮生产的特点

(一)产品批量小、种类多，产量难以预测

餐厅所生产的菜品因为要迎合不同类型客人的需求，所以菜单上会罗列出很多类型的菜品，并且同一种原料也有多种不同的做法。客人进店用餐随机性较大，餐厅要根据客人的要求进行烹制，制作时间短且批量小。如何预测就餐客人何时来、来多少人、消费什么样的餐饮产品等，一直是困扰餐饮管理者的问题。大多数客人不通过预订直接来店消费，所以客人的消费需求很难准确预估，餐饮产品产量的随机性强，且难以预测。

(二)生产环节多，产品容易变质

餐饮产品的原材料从采购、验收、储存、发货到加工、切配、烹调，环节繁多，管理难度较大。任何一个环节出现纰漏，都会影响餐饮产品的质量和餐厅的经济效益。餐饮原材料种类繁多，尤其是鲜活类原材料具有很强的季节性，极易腐烂变质。

(三)产品更新快，收入弹性大

近些年，顾客更加注重菜品的观赏性、营养性和创新性。餐饮企业为了满足市场的需求，不仅在产品品种上不断地创新，而且在经营方式上也不断地推陈出新，

如明档点菜、农家采摘、网上外卖等。一些大型的餐饮企业有自己的菜品研发团队，定期发布新菜品以吸引顾客再次消费。在生产经营过程中，餐饮企业的收入与用餐人数、人均消费水平、社会环境等因素密切相关，表现出很大的弹性。其收入水平的高低主要取决于餐饮企业的档次规模、市场需求、人均消费水平以及产品质量。

三、餐饮服务的特点

(一)餐饮服务的一次性

餐饮服务只能一次使用，当场享受。一般情况下，只有当客人进入餐厅后服务才能进行，当客人离店时，服务也就自然终止。

(二)餐饮服务的无形性

餐饮业在服务效用上有无形性的特点，它不同于水果、蔬菜等有形产品，光从色泽、大小、形状等就能判别其质量好坏。餐饮服务只能通过就餐客人购买、消费、享受服务之后所得到的亲身感受来评价其好坏。

(三)餐饮服务的差异性

餐饮服务的差异性一方面是指餐饮服务是由餐饮部门工作人员通过手工劳动来完成的，而每位工作人员由于年龄、性别、性格、素质和文化程度等方面的不同，他们为客人提供的餐饮服务也不尽相同；另一方面，同一服务员在不同的场合、不同的时间，或面对不同的客人，其服务态度和服务方式也会有一定的差异。

【知识拓展】

推荐失败

两位老人来到某酒店就餐，服务员热情地引领他们入座，并且很贴心地问道：“老先生，不知道二位想吃点什么呢？这是我们的特色菜，您看这道麻辣里脊，很多顾客都点了，味道还不错，您可以点一份尝尝！”老先生没有作声。服务员接着说：“这道白切章鱼呢？这章鱼都是很新鲜的！”老先生面露不悦，提高音量问道：“难道你们这里的特色菜都是为年轻人设计的吗？又是麻辣，又是生鲜，我们肠胃和牙口都不好，这样的菜我们根本没办法吃！就没有为老年人考虑而设计的菜吗？”服务员不好意思地连忙道歉：“有有有，不好意思，您稍等，我们这里有很多适合您的菜品……”服务员在推荐菜品时并没有注意到服务对象的差异性，忽略了顾客的不同需求。

（资料来源：刘筱筱、唐晓丹，《餐饮服务难题应对》，74页，北京：化学工业出版社，2014。）

(四)餐饮服务的直接性

一般的工农业产品生产出来后，大都要经过多个流通环节，才能达到消费者手中。如果产品在出厂前质量检验不合格，可以返工，在商店里你认为不满意的商品可以不去问津，而餐饮产品则不同。它的生产、销售、消费几乎是同步进行的，因而生产者与消费者之间是当面服务、当面消费。

(五)餐饮服务的个性化

餐饮企业的竞争异常激烈，服务水平是决胜的关键。餐饮服务的重点是关注顾客的个性化需求，服务内容的创新依据是服务人员面对的不同客人，灵感来自每一个服务人员的用心体会和精心设计，不同质、不机械、不做作的服务才是顾客喜欢的服务。餐饮服务是“设计”出来的，创新服务流程、创新服务细节、创新服务方式、创新服务用语、创新服务用具等需要服务人员平时的细致观察以及灵活的应变能力和服务技巧。

四、餐饮销售的特点

(一)季节性

针对不同的季节，消费者的饮食需求各有特点，例如，冬季对肉类的需求明显大于夏季，同一家餐饮企业，在夏季烧烤类产品的销售量多于火锅类。原材料的季节性也影响着餐饮产品的销量，有些原材料应季供应不仅数量保证充足、货源质量有保证，而且还价格低廉，可以为企业节约成本；相反，不应季的原材料，有时会出现断货的现象，在价格上会有大的涨幅，自然销售量也会受到影响。

(二)餐饮销售受进餐时间及餐位数量的限制

消费者的就餐时间是有规律的，一到就餐时间，餐厅生意兴隆、高朋满座，反之则门可罗雀，所以说，餐饮经营存在时间上的间歇性。餐饮企业能够接待的客人数受餐厅面积、餐厅布局、餐位数量的影响和限制，因此餐饮经营者应适当延长营业时间，合理布置餐厅餐位，提高服务质量，增加餐饮销售。必胜客推出的下午茶是合理安排进餐时间的典型案例。以免费续杯为卖点推出的下午茶套餐，既利用了餐厅营业的闲暇时间，又增加了餐厅的营业收入。

(三)餐饮固定成本及变动成本较高，资金周转快

餐饮企业的各类场地建造、环境装修、餐厨设备购置等固定成本在餐饮总成本中占有很大比重。员工的工资、能源消耗、原材料采购等支出需要有大量的流动资金做保证。餐饮企业的销售收入以现场支付为主，且大部分餐饮原材料为当天采购、当天生产、当天销售，因此资金周转较快。餐饮企业要通过制定规章制度和规范操作流程严格控制原材料的消耗，降低各项费用支出，为企业节约成本，从而提高利润率。

五、餐饮管理的特点

(一)餐饮管理是以人为本的管理

餐饮业是服务行业，要做好对两种人的服务，一是顾客，二是员工。管理人员只有做到“员工第一”，员工才能贯彻“顾客第一”的理念。成功的餐饮企业管理者认为，现代餐饮业最宝贵的不是高楼大厦，也不是精美的菜品，而是忠诚的顾客和优秀的员工。人员管理以员工满意度为核心，应充分调动员工的积极性和创造性，体现以人为本的管理理念，做到尊重员工、理解员工和关心员工。

(二)经营方式灵活，收入弹性较大

由于菜品种类多、餐厅特色不同、客源市场广泛，因此经营方式要迎合不同的消费群体，灵活多变，除了常规的经营方式还应该依据市场需求开展多种经营活动，增加服务项目，灵活制定产品价格以及综合运用多种经营方式，如主题美食节、民族特色餐饮服务体验等。在实际的经营过程中，餐饮收入的弹性较大，与就餐人数、人均消费水平密切联系。经营收入的多少与餐厅的座位周转快慢以及人均消费水平的高低成正比。

(三)餐饮产品品种较多，对技术要求高

在长期的历史发展过程中，餐饮产品形成了各类菜系和派别，每一种菜系又包含多种菜品。同一家餐厅，在不同的季节会对菜品做出调整，面对不同需求的消费者，需要研发出不同特点的菜品供其选择。产品的质量关乎餐饮企业经营的成败，而产品质量又依赖于厨师的技艺和服务人员的服务。餐饮企业不仅需要创新菜品的厨师，还需要能够提供人性化服务的服务员。

(四)成本构成复杂，成本不易控制

餐饮经营成本包括食品原材料成本和流通费用。其中，食品原材料品种繁多，生产过程中各种原材料的拣洗、宰杀、拆卸、涨发、切配方法和配制比例各不相同，原材料损耗程度差别很大。它们在不同的餐饮产品中既可做主料，也可做配料或调料。此外，还有水电燃料、餐茶具、清洁用品、服务用品消耗和劳动工资、折旧等流通费用，因此，其成本构成十分复杂。餐饮管理过程中，食品原材料要经过采购、储藏、领料、发料、加工、切配和炉灶制作过程，容易发生腐烂、丢失、耗损、报废等现象，使成本不易控制。因此，餐饮管理必须加强成本控制，要建立一套成本管理制度，做好成本核算和成本分析，要正确掌握毛利，随时掌握实际成本消耗，加强成本考核，这样才能切实降低消耗，提高经济效益。

【复习自测】

一、选择题

1. 下列不属于餐饮服务特点的是(　　)。

A. 直接性　　B. 一次性　　C. 季节性　　D. 差异性

2. 夏季餐饮夜市销售额大幅增加，体现了餐饮销售(　　)的特点。

A. 差异性　　B. 服务性　　C. 季节性　　D. 一次性

3. 餐饮管理是(　　)的管理。

A. 利益至上　　B. 以人为本　　C. 服务至上　　D. 成本控制

4. 以下不属于餐饮生产特点的是(　　)。

A. 更新迭代快　　B. 产量易预测　　C. 生产环节多　　D. 产品易变质

5. 游客对目的地的美食趋之若鹜，体现了餐饮业的(　　)特征。

A. 地方性　　B. 依赖性

C. 评价主观性　　D. 生产、销售、消费同步性

二、简答题

1. 简述餐饮产品的特点。

2. 简述餐饮服务的特点。

3. 简述餐饮管理的特点。

三、案例分析

让人感动的橙子

端午节郭先生一家来到某酒店用餐，雅间服务员小李热情、细致地为大家提供服务。席间，一位先生要求小李在酒店给他找一个闲置的雅间，小李得知这位先生原来是因为有糖尿病，需要去一个安静的地方注射胰岛素。小李马上帮他找到了合适的房间，轻轻关上房门并告知其他服务员不要去打扰。

这位先生回到雅间后，又和大家天南海北地聊了起来。大家聊到最近自己的身体状况，有一位漂亮女士还和大家透露她已怀孕3个月了，小李将这些信息默默地记在心里。结束用餐后，酒店会为每一位客人提供一例水果。当小李将果盘端上来的时候，大家发现每个人的水果种类都不同。例如，刚才那位有糖尿病的客人收到的是用黄瓜和西红柿搭配的果盘，脾胃不和的那位客人收到的是香蕉和玉米的组合，怀孕的那位准妈妈收到的是一颗橙子。小李在大家感到好奇的时候介绍道："各位贵宾，大家好！很感谢大家来我酒店用餐。刚才我恰巧听到各位的谈话，了解到大家的身体情况，我特意为每一位客人精心设计了水果拼盘。这位先生您对含糖量高的食物比较敏感，我就为您搭配了黄瓜和西红柿，低糖少脂；这位女士您说自己最近睡眠不好、脾胃不和，我为您搭配了玉米和香蕉，有助于睡眠，调整脾胃；这位幸福的准妈妈，您现在需要大量的维生素C，橙子最适合您……最后祝愿各位用餐愉快，有机会再来我酒店就餐。"小李真挚、周到的服务打动了在座的每一位客人，大家都为她鼓掌。

思考：

1. 案例中的服务环节体现了餐饮服务的哪些特点？

2. 案例中服务人员提供的服务对你有何启发？

分析：

一名餐饮服务员不仅要会操作，更要学会聆听。一名有经验的服务人员，在日常服务过程中可以通过细致的聆听捕捉到大量信息。服务人员需要将全部信息进行快速的筛选和加工，从而为自己所用，提升自身的服务质量。这些信息包括客人的喜好、禁忌、迫切需求等内容。服务人员可以结合自己所掌握的营养知识恰当合理地为客人推荐菜品，做好他们的“营养顾问”。案例中小李依靠认真的服务态度和细致的聆听分析，从顾客的角度考虑营养搭配，密切关注顾客的消费感受，将适合顾客的果盘送到顾客面前，将个性化服务做到了极致，彰显了酒店高超的服务水平。这样高质量的服务和酒店的日常管理培训、员工的日常知识储备积累是分不开的。

项目三　餐饮组织结构及岗位职责

【学习目标】

1. 陈述餐饮企业的主要形式。
2. 描述各类餐饮企业的主要特征。
3. 归纳餐饮从业人员应具备的素质。
4. 对比不同餐饮组织结构。
5. 在实训调查中应用餐饮企业各岗位职责的内容。

>> 任务一　餐饮企业的主要形式<<

一、餐厅的类型

餐厅(restaurant)源于拉丁语，原意为滋补、提神。它首先在法国，继而在欧洲，最终在全世界成为餐厅的专用名词。因此，我们可以把餐厅定义为：向客人提供食物、饮料及相关服务的公共就餐场所。餐厅的种类繁多，风格迥异，各国各地区有关餐厅的分类也不尽相同。了解餐厅的分类，对于我们进行餐饮市场的细分，确定目标顾客，进一步做好餐饮管理及市场营销具有重大意义。这里我们主要按服务方式来对餐厅进行分类。

(一)餐桌式餐厅

此类餐厅是餐厅种类中的主流，它讲究服务规格化、标准化、程序化。此类餐厅环境舒适卫生，装潢细致。

(二)柜台式餐厅

此类餐厅的厨房通常设在餐厅中央或一边，采用全透明操作方式，厨房四周设柜台和餐椅，能让客人亲眼看到菜肴的全部制作过程。

（三）自助式餐厅

此类餐厅是将所有的菜肴、饮料、水果、甜品等食品分类摆放在装饰精美的食品台上，供客人自行挑选。此类餐厅气氛轻松，服务快捷，菜肴品种繁多，客人选择余地大。

（四）快餐厅

此类餐厅销售的菜肴品种有限，菜肴可以快速制熟，餐厅可以快速为客人服务。餐厅的装饰常采用暖色调，也有的采用冷色调，餐厅的布局显得明亮、爽快。菜肴的价格大众化。快餐厅包括中餐快餐厅、西餐快餐厅和食街等。中餐快餐厅，如永和豆浆等。西餐快餐厅，如麦当劳、肯德基等。

二、餐饮企业的类型

（一）连锁经营的餐厅

连锁经营，指经营同类商品或服务的若干个店铺以一定的形式组成一个联合体，在整体规划下进行专业化分工，并在分工的基础上实施集中化管理，使复杂的商业活动简单化，以获取规模效益。连锁经营的餐厅以相同的店名、店标，统一的经营程序和管理水平，统一的操作程序和服务标准进行联合经营。连锁经营，是餐饮企业扩大规模并进行品牌发展，将无形资产的品牌转化为有形资产的重要手段。

（二）特许经营的餐厅

特许经营是通过出让特许经营权，在全球推广其品牌，并统一产品规格、标准，统一市场形象、服务方式，提供组织营销及预订方面的帮助，如麦当劳、肯德基、必胜客等。特许经营在统一的模式下从事经营活动，并向特许者支付相应的费用，因为特许企业的存在形式具有连锁经营统一的形象、统一管理等基本特征，因此也称为特许连锁。这种方式投资少、风险小、扩展速度快，在市场上占有主导地位。

（三）独立经营的餐厅

独立经营的餐厅指为个人或企业独立所有并独立经营的餐厅，是独立核算、有经营的自主权、有自己的注册资本、具有法人资格的餐厅，不参加任何一个特许经营系统，它是相对于连锁经营的模式而言的。独立经营的餐厅具有较大的自由度和独特性，同时也体现了地方性，其投资和产品定价更富有弹性，菜单的内容也随着季节和客人的喜好随时调整，相对于其他餐厅经营模式更具有活力。我国绝大多数餐厅属于独立经营的餐厅。

>> 任务二　餐饮组织机构及岗位职责 <<

一、设置餐饮组织机构的原则

餐饮组织机构是针对企业餐饮经营管理目标，为筹划和组织餐饮产品的供、产、销活动而设立的专业性业务管理机构。

(一)精简高效，权责统一

餐饮行业在为社会提供服务的同时还要兼顾企业自身的经济利益，在服从由组织目标所决定的业务活动需要的前提下力求减少管理层次，精简管理机构和人员，配备的人员数量与所承担的任务相适应，机构内部分工明确得当，职责清晰。设置组织机构时，既要明确规定每一管理层和各部门的职责范围，又要赋予完成其职责所必需的管理权限，职责与职权需协调一致。责任是权力的基础，权力是责任的保证。只有职责没有职权无法调动承担者的工作积极性；只有职权没有职责则会导致滥用权力和盲目指挥。餐饮组织机构的等级层次合理、各级管理人员的职责明确、责权分配不影响各级管理人员之间的协调与配合，才能够保证任务顺利完成。

(二)专业化和自动调节相结合

餐饮组织机构内部的专业分工要明确，职责范围要清晰，各级管理人员和职工需要接受一定的专业训练，具有相应的专业知识和能力。组织机构要相对独立，各层级管理人员在职责范围内能够独立地开展工作，灵活地处理与外界环境的关系。专业化和自动调节相结合的标志是：组织机构大小同企业的规模一致，内部专业分工程度同生产接待能力相协调，专业水平和业务能力同工作任务相适应，管理人员能够在不断变化的客观环境中主动处理问题，具有自动调节功能。

(三)科学设置指挥幅度，提高信息传递效率

指挥幅度是指一个管理者能够直接有效地指挥下级人员的数量。由于一个管理者的精力和能力有限，要有效地执行指挥职能、领导下级，必须科学地确定指挥幅度。幅度过大，超过一名指挥者的经历和能力就会影响管理效果；层级过多，则会影响指令和信息的传递速度。

二、餐饮管理组织结构的一般模式

餐饮管理组织结构的具体形式主要受企业规模、接待能力、餐厅类型等因素的影响，其一般模式主要有以下三种。

(一)小型饭店简单模式

这类饭店餐厅数量少、类型单一，大多只经营中餐，其组织结构形式可参考图 1-3-1。

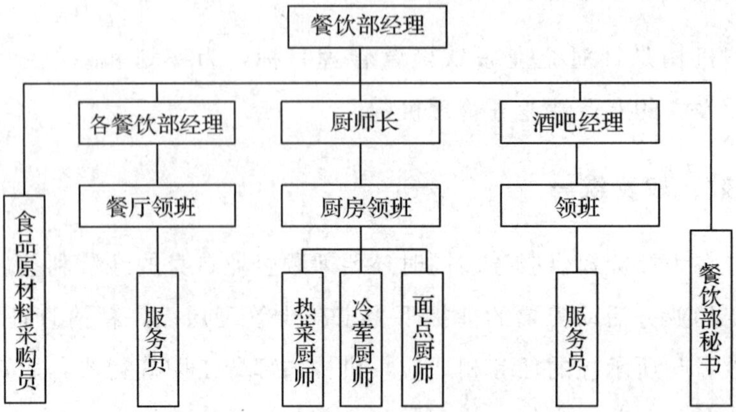

图 1-3-1　小型饭店简单模式

(二)中型饭店复杂模式

这类饭店餐厅类型比较齐全，厨房与餐厅配套，内部分工比较细致，餐饮管理组织结构相对复杂，其结构形式可参考图 1-3-2。

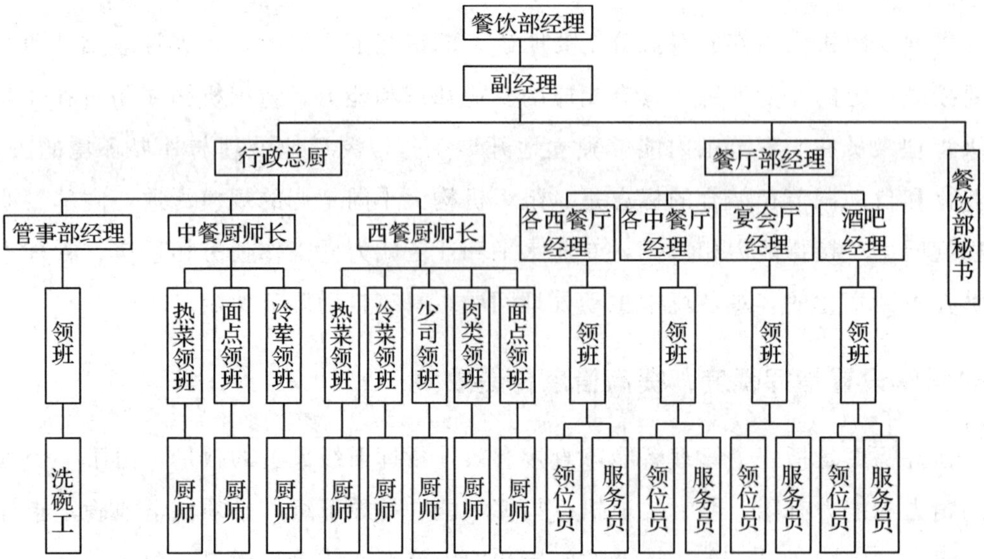

图 1-3-2　中型饭店复杂模式

(三)大型饭店专业化模式

大型饭店一般有5～8个餐厅，多的可达十几个、几十个餐厅，各类餐厅齐全。厨房与各种类型的餐厅配套，内部分工十分细致，组织机构专业化程度高。在餐饮管理的具体组织形式上又分两种模式。一种与中型饭店基本类似。每个餐厅都设有与之配套的厨房，各个厨房分别负责自己的食品原材料加工。其组织机构形式可在参考中型饭店的基础上增加餐厅和厨房。另外一种是厨房实行专业化管理，全店设立中心厨房，各个餐厅设立卫星厨房。中心厨房统一为各个卫星厨房加工食品原材料，按量装袋，供卫星厨房使用，各卫星厨房则主要负责菜点的炉灶烹制。只有需要现场加工的特殊产品才在卫星厨房现场加工烹制，由此形成专业化组织机构模式，具体形式可参考图1-3-3。

【团队协作】

以小组为单位，选择一家餐饮企业开展调研，内容包括该餐饮企业的组织结构、餐饮企业规模、餐饮企业经营特点、餐饮企业存在的经营短板，收集资料后制作PPT在课堂上与大家分享。

三、餐饮部主要岗位工作职责

(一)餐饮总监岗位职责

①负责制订餐饮部经营计划，编制年度本部门预算，并有效地组织计划和预算的实施，对实施过程进行动态跟踪，持续地采取积极措施改善和提高经营质量。

②落实部门经营考核，分解经营目标，组织各厨房和餐厅努力完成经营指标，定期同行政总厨研究菜肴，推出新菜单，给予指导帮助。

③修订和完善服务标准和操作规程，检查出品质量和餐厅服务情况，通过有效的督导，确保食品酒水的质量以及餐厅服务达到酒店规定的标准。

④根据市场情况和季节时令，组织专题营销活动，落实菜牌的推陈出新，重视特色菜品的创新，提高酒店在餐饮市场中的知名度。

⑤采取有效措施提高部门经营利润。了解市场原材料行情，控制食品成本，合理控制食品库存，提高出品毛利，节省能源开支，控制餐具损耗和人力成本，努力实现预定的经营目标和部门财务预算。

⑥经常听取客人意见建议，与客人建立良好的关系，妥善处理客人的投诉，为酒店培育忠诚的顾客和潜在的客源。

⑦注重现场管理，检查并批阅各部门工作日志，经常性地对餐厅、厨房巡视监督，确保点心菜肴、餐具厨具、接待服务、设备维护、环境清洁安全等方面符合酒店的标准。

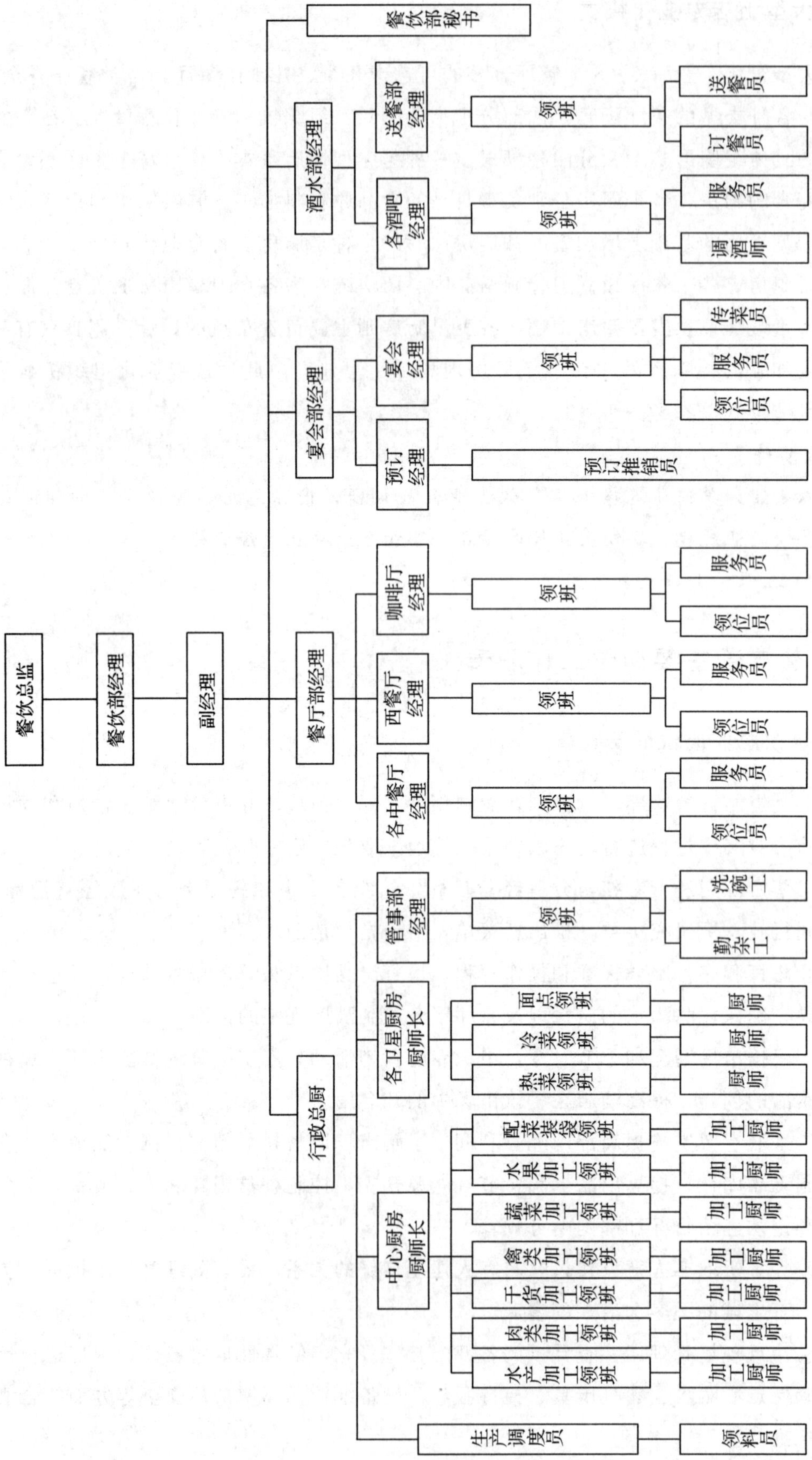

图 1-3-3 大型饭店专业化模式

⑧制订并落实员工培训计划，对员工队伍实施有效的管理，使其在仪容仪表、服务规范、接待技巧和操作技能等方面得到不断提升。

⑨参加酒店部门经理会议。主持日常和定期的部门会议，贯彻总经理布置的任务，提出合理化建议，制订措施完善部门管理。

⑩发扬团队精神，保持大局意识，与酒店其他部门保持通畅的信息交流，并给予积极的配合和协助。

⑪代表酒店与外包餐厅经营者保持联系，给予必要的指导督促，对其明显有违酒店制度的行为进行干预，并及时报告酒店管理层。

⑫抓好设备设施的维修保养工作，落实责任制，确保设施处于完好状态，确保所有设备得到正确使用和维护，防止事故发生。

⑬抓好卫生和安全工作，全面贯彻食品卫生管理制度，开展经常性的自查自改，确保食品安全，确保餐厅、厨房和库房的安全生产。

⑭协助总经理做好其他方面的工作。

（二）餐饮部经理岗位职责

①根据酒店市场定位和经营政策，完善服务标准和操作程序，确保所有标准和程序在日常经营中得到落实。

②督导部门员工遵守酒店的各项规章制度。

③制订部门的工作计划，使餐厅日常工作有条不紊地开展。

④培养团队精神，合理调配人手。编制员工的排班表和工作岗位安排表，使每位员工既有明确的工作任务，又能发挥积极性和能动性。

⑤召集班前、班后会，亲自进行训导。检查仪表仪容，指出存在的不足，提出改进措施。

⑥关注细节，坚持走动管理。检查餐厅开档前的准备工作，及时发现细节问题，把问题解决在客人发现之前。

⑦亲自与客人沟通，征求客人意见。听取客人对餐厅服务和食品的评价，提出调整服务和菜品的建议，努力为客人提供满意服务。

⑧建立客人档案，保存重要客人的消费记录。坚持餐厅日记制度，使之成为有效的工作程序和管理手段。

⑨妥善处理客人投诉，与客人建立良好的关系。

⑩保持与相关部门的紧密联系。及时获取销售和客人的需求信息。与厨师长保持良好的合作关系，参与研究制定特色菜单和新菜品的开发，征求客人的意见、建议，及时反馈加以改进。

⑪重视员工的培训工作。组织主管、领班及服务员参加各种培训和竞赛活动，提高下属的服务意识和操作技能。

⑫加强餐厅财产管理，定期检查设施和清点餐具，建立物资管理制度，做好维护保养工作，落实使用和保管的责任制。

⑬控制部门费用开支和物品损耗。检查餐厅设备的情况，抓好设备设施的维修保养工作，确保各种设施处于完好状态并得到正确使用，防止操作事故的发生。确保照明、空调的操作程序得到有效执行，以减少能源损耗。

⑭负责餐厅环境的净化美化工作，为客人提供洁净、舒适、安全的用餐环境。

⑮确保酒店的安全政策程序得到执行。制订和完善部门的应急预案，加强员工安全知识培训，使突发的安全事故得到有效处置。

⑯完成餐饮总监交办的其他工作。

(三)餐厅主管的岗位职责

①对下属进行有效的督导和训练，遵守酒店的各项规章制度，执行酒店的服务标准和操作规范。

②每日提早15分钟到岗，查看交接班记录。召开班前会，检查仪表仪容，分派任务，明确要求，熟悉菜牌、酒水牌，熟记每天供应品种，确保下属的状态达到上岗要求。

③负责开档前准备工作。了解当日厨师推荐的菜品，了解当日预订用餐人数及特殊安排，督促员工做好开餐准备。

④营业时间加强现场管理，检查席间服务情况，关注服务细节，及时进行指导督促，发现问题亲自跟进。

⑤亲自与客人沟通，征求客人用餐的意见、建议，建立贵宾档案，妥善处理客人投诉。

⑥餐厅营业时间结束，检查餐厅清洁、摆台、餐具和布草整理工作，检查空调等电器的关闭情况，检查各营业区域安全卫生状况，填写交接记录。

⑦合理排班，确保餐厅运行顺畅。安排好领班和服务员班次，记录员工的休假、加班、补钟和休息时间。

⑧负责分管餐厅的设备设施的维护保养工作。定期检查设施和清点餐具，落实使用和保管的责任制。

⑨完成上级交派的其他任务。

(四)餐厅领班岗位职责

①召集班前会，检查服务员的仪表仪容，做好考勤记录。根据当日预订情况，布置和分派任务，做好营业前的准备工作。

②督导员工为客人提供优质规范服务，检查菜品质量，调度出菜速度。

③征求客人对菜品和服务的意见、建议，了解客人的特殊要求，妥善处理客人的投诉，同客人建立良好关系。

④营业结束做好收尾工作，检查餐厅摆台、服务台清洁、交班记录等所有收尾工作。

⑤负责本服务区域内设备的维护保养工作，做好各项班次物品表单交接工作。

⑥组织本班组员工培训，负责检查服务员、领位员和传菜员的工作。定期对本班组员进行评估，向主管提出奖惩建议。

(五)餐厅服务员的岗位职责

①服从领班安排，按照工作程序与服务标准做好开餐前的准备工作。

②按服务规范友好礼貌地迎接客人，引客入座，推荐并解释菜单上的菜式。

③开餐时，按服务程序与标准，为客人提供热情、耐心、礼貌、周到的餐间服务。注意客人用餐情况，适时添加酒水和更换餐具。

④受理客人的诉求，必要时立即汇报给领班，寻求解决办法。

⑤客人用餐结束后，站在门口欢送客人，并表示感谢。

⑥当班结束，做好收尾和交班工作。

⑦积极参加培训和训练，提高自己的服务技能和接待技巧。

⑧善于观察思考，在班组会议上提出问题，转达客人提出的意见、建议。

⑨团结同事，相互帮助，共同努力。

⑩完成上级指派的其他工作。

(六)餐饮迎宾员岗位职责

①在餐厅正式营业前，认真核对可供客人入座的座位数量和位置，灵活动态地为客人领位。

②餐厅营业期间，使用敬语，主动、热情地迎、送客人，回答客人的询问。

③熟悉餐厅的布局和餐位数，及时、准确地把客人引领至满意的位置；当餐厅满座时，礼貌耐心地向客人做出解释，并为客人办理登记排位。

④妥善保管、检查、更新、派送菜牌、酒水牌、报纸或等位休闲用品，发现破损，及时更换。

⑤适当征求客人的意见和建议，做好客史档案的收集，及时与服务员沟通，提高顾客满意度。

⑥妥善保管客人遗留物品，并做好登记上报工作。

(七)传菜员岗位职责

①做好开餐前的准备工作，保证物品齐全、整洁。

②将厨房烹制好的菜品准确传递到餐厅内相应的餐台，并向服务员报菜名。

③检查所传递菜品的分量和质量，对不符合质量标准的菜品应及时送回厨房处理。

④检查点菜单的台号、菜品名称，及时把客人用餐进度和要求传递到厨房，方便厨师把握上菜时机，以便保证菜品质量。

⑤客人用餐结束后，协助服务员做好收尾工作。

>> 任务三　餐饮从业人员素质要求<<

餐饮服务质量的提升体现在“满意－惊喜－感动”三个阶段，优质服务的呈现是服务人员创造出来的。一名优秀的餐饮从业人员是智慧与体能的完美诠释者，不仅要具备过硬的服务技能，还应有良好的思想素质和身体素质。

一、思想素质

餐饮从业人员应当具备高尚的服务意识和职业道德，拥有良好的心态和信念，在工作中能够依照企业文化来指导自己的工作。树立“以客人为中心”的服务意识，时刻站在客人的角度思考问题，提供满意、周到的服务。自觉抵制违反职业道德的行为，忠诚于自己的职业，树立终身学习的意识，不断提升个人综合能力。

【小组讨论】

以小组为单位讨论“如何成为一名合格的餐饮从业人员”，可以自拟职位进行分析。

二、职业素质

一名成功的餐饮从业人员一定具有强烈的职业自豪感。只有热爱，才能在日常的工作中不断努力进取，主动、耐心地完成每一次服务，积累自己的职业声誉。服务的本质是让客人有满意的体验，客人的满意需要餐饮从业人员具有扎实的技能、丰富的知识、高效的服务以及良好的职业形象等。餐饮从业人员应当在实践工作中丰富自己的阅历、积累经验，具备良好的洞察力和沟通协调能力，有较强的自控力，具备团队意识和奉献精神，保持健康的体魄，养成良好的个人卫生习惯。

(一)良好的职业形象

餐饮从业人员应该给客人整洁大方、统一规范的职业印象。因此，要特别注重自身和服务团队的形象。除了要按酒店规定穿着统一的工作制服、佩戴工号牌，不得佩戴手环、耳环、戒指等首饰外，还应以飒爽、端正的站姿给人以矫健大方、优美之感，以稳重、文雅的坐姿给人以温和、端庄之感，以自然、大方的走姿给人以轻捷、欢悦之感。

(二)高度的敬业精神

酒店餐饮部注重服务细节，工种繁多、机构复杂、人员众多，餐饮从业人员应该充分认知岗位职责对整个酒店餐饮运营、服务的重要影响，热爱自己从事的工作，在实践中培养浓厚的专业兴趣，以端正的工作态度做好服务工作，并潜心钻研对客服务技巧。

(三)强烈的服务意识

客人对酒店的餐饮服务满意度来自两个方面：一是想客人之所想，在客人没提出需求前，满足客人用餐的常规需求；二是通过努力，实现客人在用餐环节中个性化服务的需求。无论是规范服务还是个性化服务，均需餐饮从业人员具备强烈的服务意识，关注客人用餐的细节，准确分析客人需求，采取正确的服务行动，以满足客人需求。

(四)娴熟的业务技能

用餐服务涉及多种服务的具体技能，餐饮从业人员应在业务技能上下苦功，熟练掌握餐饮引导客人、预订餐位、点餐、菜肴推荐、台面服务等相关业务技能，并在对客服务中灵活应用。

(五)规范的服务礼节

我国是古老的礼仪之邦，在用餐礼仪上有很多讲究和禁忌。餐饮从业人员要知晓这些讲究和禁忌，同时应以规范的服务礼节，在每一个服务的细微环节上，使宾客享受到专业标准的餐饮服务。

【团队协作】

你来比画我来猜。以小组为单位，每组选派两名同学参与，一名同学按照屏幕提示运用肢体向队友进行展示，队友答对记 1 分，以 2 分钟为限，开展小组竞赛。

传递小纸条。小组成员排成一列，由第一名成员按照黑板上的内容写下小纸条，传递到下一位成员，依次进行，要求不允许语言沟通，只限书写纸条，且每位成员都要写新的纸条传递给下一位成员。

【复习自测】

一、选择题

1. 餐饮从业人员素质要求包括(　　)。

A. 良好的职业形象　　B. 规范的服务礼节　　C. 高度的敬业精神

D. 强烈的服务意识　　E. 娴熟的业务技能　　F. 高效的团队合作

2. 良好的职业形象包括(　　)。

A. 得体的服装　　B. 精致的妆容　　C. 大方的谈吐　　D. 发自内心的微笑

3. 按照服务方式，餐厅可分为(　　)。

A. 自助式餐厅　　B. 快餐厅　　C. 柜台式餐厅　　D. 餐桌式餐厅

二、简答题

1. 简述特许经营餐厅、连锁经营餐厅、独立经营餐厅的优缺点。

2. 简述餐饮从业人员的素质要求。

三、拓展题

为自己制定“餐饮职业人”职业生涯规划书。具体包括：个人能力分析、职业目标定位、职业目标实现路径。

模块二　餐饮服务基础技能实训

【学习导读】

中国自古以来就是饮食文化大国，从西南地区的川菜，到东南沿海的粤菜，无一不具有独特的滋味。“算是处、鲜鱼羹饭，吃来都美。”作为珍馐美馔的载体，宴会摆台起着至关重要的作用，铺放台布、手托托盘、摆放餐具，这些看似简单的工作，随着食物的历史流转，也演变出了一套严格的规程。模块二围绕餐饮服务的基础技能，对托盘、台布、折花等做系统讲解与介绍。

项目一　托盘的使用及台布的铺放

【学习目标】

1. 了解托盘的概念。
2. 掌握托盘的使用方法。
3. 了解台布的概念。
4. 掌握台布的铺放技巧。

>> 任务一　托盘的使用 <<

一、托盘

托盘是餐厅服务中餐前摆台、为顾客端送茶水及菜点等物品、餐后收台整理的常用工具之一，也是餐厅运送各种物品的基本工具，各种餐具、饮品、食物等无不用托盘运送。《随园食单》的作者袁枚曾叹道：“古诗云：‘美食不如美器’，斯语是也。”精美的菜品在上菜时如果能搭配合适的托盘，更能彰显菜品的特点。正确有效地使用托盘，是每个餐厅服务员应掌握的基本操作技能之一，是规范化服务和文明操作的基本要求，是创造餐厅动线环境的重要因素之一，因此餐厅服务员必须了解托盘的种类、规格及使用知识、操作方法。（图 2-1-1）

图 2-1-1　托盘的样式

二、托盘的使用方法

(一)托盘的分类

①按制作的材料，托盘可分为：木质托盘、金属托盘、塑料托盘、胶木托盘。

②按规格大小，托盘可分为：大号托盘(如 45 mm×55 mm、38 mm×51 mm)，中号托盘(如 40 mm×35 mm、45 mm×35 mm)，小号托盘(如 30 mm×30 mm、35 mm×22 mm)。

③按形状，托盘可分为：圆形、长方形、正方形、特殊形(异形)。圆形托盘一般用于摆台，撤换餐碟，运送饮料、湿巾、账单、钱，递送高档酒品等；方形托盘一般用于传菜、托送酒水、搬运盘碟和展示菜品等；特殊形托盘主要用于特殊的鸡尾酒会或其他庆典活动，西餐中的咖啡厅、酒吧等用得比较多，中餐较少使用。(图 2-1-2)

图 2-1-2　木质托盘

④按托送物品的轻重，托盘可分为轻托和重托。轻托，用于上菜、斟酒操作或托送较轻的物品，一般托送物品质量在 5 kg 以下；重托，用于托载比较重的菜品、酒水或盘碟等，一般托送物品质量在 5 kg 以上。

(二)轻托规范

理盘：首先根据所托物品选择托盘，如托盘比较光滑，在盘内垫上洁净的餐巾，洒上少量的水以防止物品滑动。餐巾铺平拉齐。

装盘：根据物品的形状、体积和使用的先后摆放。重的、高的、后用的物品摆放在内侧，靠近身体；轻的、低的、先用的物品放在外侧。

起托：要求弯膝不弯腰，左脚向前一步，上体前倾，将左手掌置于工作台面边缘，掌心向上，右手将托盘拉出台面 2/3，然后用左手托住盘底，在右手的帮助下将盘托起，待左手掌握好重心后，右手立即放开，左脚收回成标准站立。(图 2-1-3)

图 2-1-3　轻托的起托方式

(三)重托规范

理盘：使用前将托盘洗净擦干，在盘内垫上洁净的餐巾，洒上少量的水以防止物品滑动。餐巾铺平拉齐。

装盘：重托装盘常常重叠摆放，上面的菜盘平衡搁在下边的两盘菜的盘沿上，叠成金字塔形状。

图 2-1-4　重托的起托方式

起托：起托时左脚向前一步，上体前倾，右腿自然弯曲，先用双手将托盘挪出台面2/3，用右手稳住托盘，左手五指分开托住盘底，待左手掌握好重心后，右手协助左手向上用力将托盘慢慢托起至肩上，同时左手向左后方转动手腕约180°，左脚收回成标准站立。托起后托盘应悬空托于左肩上方，盘底距肩约2 cm，托盘边缘距耳朵约2 cm，前端稍向外侧，以盘缘前不近嘴，后不靠发为准。行走时右臂自然下垂随身体自然摆动，或扶住托盘前内角，以防止他人碰撞。行走时保持身体平稳，表情自然。(图 2-1-4)

【知识拓展】

酒店餐饮托盘行走步介绍

使用托盘时行走要注意头正臂平、上身挺直、注视前方、动作敏捷、步伐稳健。托盘时手腕转动轻松、灵活，使托盘随走动步伐自然摆动。切记不可出现僵硬和托盘摆动幅度太大而不美观、不高雅的动作。

行走步分以下五种。

常步：步履均匀而平缓。端托一般物品时使用常步。

快步(疾行步)：步履稳、快而动作协调。端送火候菜或急需物品时，保证菜不变形、汤不洒的前提下，以最快的速度行走。

碎步(小快步)：步距小而快的中速行走。适用于端送汤汁多的菜肴及重托物品。

跑楼梯步：身体向前弯曲，重心向前，用较大的步距，一步跨两个台阶，一步紧跟一步，上升速度快而均匀，巧妙地借用身体和托盘运动的惯性，既快又节省体力。

垫步(辅助步)：侧身过时右脚侧一步，左脚跟一步。端送物品到餐厅前欲将所端物品放于餐台上时应采用垫步。

任务二　台布的铺放

一、台布

台布是覆盖于台、桌面上用以防污或增加美观的物品，也称为桌布。台布虽小，但功能却很强悍，好的台布可以使餐厅变得更加温馨浪漫，让餐厅质感倍增，激发人们的食欲。如今随着人们生活水平和审美要求的提高，人们开始越来越注重餐厅台布的尺寸选择和搭配。宴会的台布要根据餐桌的大小进行选择，以平整、无皱纹、无破边、无破洞、风格适宜为佳。台布的大小要根据桌面的长宽而定，桌面下预留的下垂长度也要考虑，一般可按照公式计算：台布垂边长度=(台布长度－桌子长度)／2。(图 2-1-5)

图 2-1-5　台布的基本样式

二、台布铺放方法

(一)中餐宴会(图 2-1-6)

1. 推拉式铺台

用双手将台布打开后放至餐台上，将台布贴着餐台平行推出去再拉回来，多用于零餐餐厅或较小的餐厅。或因有客人就座于餐台周围等候用餐时，或在地方窄小的情况下，选用这种推拉式的方法进行铺台。

图 2-1-6　中餐宴会台布

2. 抖铺式铺台

用双手将台布打开，平行打折后将台布提拿在双手中，身体呈正位站立式，利用双腕的力量，将台布向前一次性抖开并平铺于餐台上。这种铺台方法适合于较宽敞的餐厅或在周围没有客人就座的情况下。

3. 撒网式铺台

用双手将台布打开，平行打折，呈右脚在前、左脚在后的站立姿势，双手将打开的台布提拿起来至胸前，双臂与肩平行，上身向左转体，下肢不动并在右臂与身体回转时，将台布斜着向前撒出去，将台布抛至前方时，上身转体回位并恢复至正位站立，这时台布应平铺于餐台上。抛撒时，动作应自然潇洒。这种铺台方法多用于宽大场地或技术比赛场合。

（二）西餐宴会（图 2-1-7）

西餐宴会的餐桌一般使用数张方桌拼接而成。因餐台较长，铺台布时一般由两人合作进行。单人铺设容易将台布弄皱或弄脏，同时也不便操作。

图 2-1-7　西餐宴会台布

如果是一块台布的话，则站在餐台中间的位置上，将台布打开，正面朝上，用大拇指和食指抓住台布靠近身体的一边，其余三指快速抓住台布的其余部分，用力向对面抛出。台布正面朝上，下垂部分要均匀。如果有两块台布，则先在餐台里端使用同上的方法铺设一块台布，再在餐台的外端铺设另一块台布。

如果是长餐台，往往用多个台布拼铺而成，铺设时，应从里往外铺，让每张台布的接缝朝里，使步入餐厅的客人看不见接缝。台布中线连成一条直线，台布的横向缝要与餐台长边垂直，台布下垂部分的两组对边要平行相等，台布下沿正好接触到椅面为宜。拼铺多个台布时，一般由两人或多人共同完成。

【知识拓展】

如何清洗台布

餐厅台布上各种油渍、污渍很难清理，如何快速高效地清理台布是每一个餐厅的必修课。下面向大家介绍如何快速清理台布上的污渍。

台布在使用之后，要立刻对其进行清洗，这样清洗效果最佳。在清洗前，可用醋、盐等对台布进行浸泡，3 分钟后取出清洗、甩干。这样可以有效去除酒、糖、盐等污渍。

油脂以及蛋白质之类的污渍要用碱性溶液进行去除。方法是：在 5 L 清水中加入 5 mL 的碱溶液，完全溶解后，放入台布并煮沸，大约 5 分钟，等到油污和蛋白质污渍完全消失后，取出对其进行清洗。

色素类的污渍可以用漂白剂除色，之后进行清洗。方法是：在 5 L 清水中加入 50 g 漂白剂，浸泡 5 分钟后，等色素污渍去除后，清洗并晾干。

如果个别地方沾染油污渍，可先用牙刷蘸洗洁精轻轻搓洗，然后用牙刷蘸清水擦干净，再用一块干净的棉布擦干即可。如果是特殊的怕磨面料可以用洗洁精轻轻搓洗。洗涤时不宜在水中浸泡太久，大约半小时即可。轻柔洗涤，不宜用力揉搓和拧干，可放在洗衣机里甩干；也可悬挂于通风处晾干，但应避免在日光下长时间曝晒，防止褪色。

【复习自测】

一、选择题

1. 托盘的五大步骤是(　　)。

A. 理盘—起盘—装盘—运盘—卸盘

B. 理盘—装盘—起盘—运盘—卸盘

C. 起盘—理盘—装盘—运盘—卸盘

D. 装盘—理盘—起盘—运盘—卸盘

2. 铺台时餐厅服务员应站立在(　　)餐椅处。

A. 主人　　B. 主宾　　C. 副主人　　D. 副主宾

3. 重托行走时应(　　)。

A. 左手托盘，托盘的一半重量放在肩上

B. 右手托盘，托盘的一半重量放在肩上

C. 左手托盘，盘底不触肩

D. 右手托盘，盘底不触肩

二、判断题

1. 装盘的原则是内高外低、里轻外重、先卸外后卸里。(　　)

2. 台布垂边长度＝台布长度＋桌角长度。(　　)

三、简答题

请简单阐述西餐宴会长餐台台布的铺设方式。

项目二　餐巾折花

【学习目标】

1. 了解餐巾折花的概念。
2. 掌握餐巾折花的基本技能。
3. 掌握几种餐巾折花的创新设计。

>> 任务一　餐巾折花的基本技能<<

一、餐巾折花

图 2-2-1　花形餐巾折花

餐巾又称口布，它不仅是宴会酒席上的一种保洁用品，而且可折叠成各种花形，放在水杯中或餐盘上，是台面中的一种艺术装饰品。餐巾布颜色多样，有橘红、橘黄、淡蓝、白色等。餐厅中除宴会厅台布、餐巾布的颜色稍微艳丽一点，一般饭店中使用的台布、餐巾布都是白色的。餐巾折花种类繁多，酒席宴会上常用的有 200 多种。使用何种花形，可根据不同对象、不同场合决定。目前国际上许多酒店对餐巾折花的要求有新的趋势：美观大方、造型简单、叠法快捷。因为许多酒店业人士认为复杂的造型需将餐巾折叠多次，既费工夫，又不符合卫生要求。现今国内许多酒店也是选择简单易折的花形。（图 2-2-1）

二、餐巾折花的作用

突出主题：餐巾折花的不同花形及摆设，可以突出宴会主题和标识主宾席位。宾客一步入餐厅就可以从不同的花形中辨认出自己的位置。

美化席面：折花不仅是宴会摆台的组成部分，而且是一种不可缺少的装饰品。折花可以起到渲染宴会气氛、增强艺术感染力的作用。若花形与美味佳肴相互呼应、协调一致、美观统一，则会达到美食美器的良好效果。

卫生保洁：餐巾折花是一种卫生用品，宾客在进餐时，既可用其擦拭碗筷酒具，又可掖在胸前或摊在腿膝上，以防汤汁、酒水沾污衣服，还可在餐后用其擦嘴揩手，以保持自身的整洁。

三、餐巾折花的方法

(一)餐巾折花标准

餐巾的颜色、大小应与台布配合。早餐的餐巾可以用花格样式的(与普通手帕相似)，多为 32.5～45 cm，简单折叠或折成帐篷式即可；午餐和晚餐的餐巾以白色或其余纯色为主，要用较硬的亚麻布，尺寸约为 60 cm，如太软或太小就无法折叠成形。

(二)餐巾折花手法

叠、推、折、卷、穿、翻、拉、提、攥、捏这 10 种手法是叠餐巾的基本方法。掌握了这些基本方法后，经常模仿创新，就能叠出各种各样的餐巾花来。(图 2-2-2)

图 2-2-2　船形餐巾折花

(三)餐巾折花类型

餐巾折花较多地趋向于盘花，按照折叠方法，大致可以分为两种，一种是用扣环法所折的造型，另一种是用纯折叠法所折的造型；按照折叠好后的形状，可以分为植物类造型、动物类造型等。

1. 植物类造型

根据植物花的造型折制的有月季、荷花、梅花、牡丹、水仙花等品种；根据植物的叶、茎、果实造型折制的有荷叶、竹笋、玉米等品种。植物类造型变化多，造型美观，是餐巾折花品种中的一个大类。

2. 动物类造型

此类包括鱼虫鸟兽，其中以鸟为主，如孔雀、鸽子、海鸥等。动物类造型，形态逼真，生动活泼，是餐巾折花中重要的一类。

3. 其他造型

此类造型是模仿日常生活中各种实物形态折叠而成的。常见的有花篮、折扇等。这类造型在餐巾花中只占少数，目前品种不太多。（图 2-2-3）

图 2-2-3　方形餐巾折花

>> 任务二　餐巾折花的创新设计 <<

餐巾折花的几种创新设计如下。

一、蜡烛形

蜡烛形折花适合用小餐巾折叠。先把餐巾按对角线折一次，让餐巾成三角形，再把下部向上折一小块，而后卷成结实的柱形，在底部扎紧即成，可放置于水杯中。（图 2-2-4）

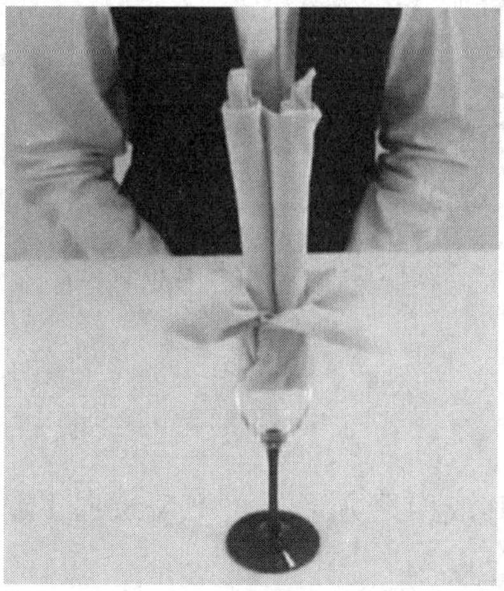

图 2-2-4　蜡烛形餐巾折花

二、鱼尾形

这种形状的餐巾折成后放在玻璃杯中或盘上均可。折法：先把 32.5 cm 的方巾对折成三角形，再扬二次，而后左右交叉折成鱼尾形即可。（图 2-2-5）

图 2-2-5　鱼尾形餐巾折花

三、折扇形

把餐巾向内二折，第一折的上端与第二折的上端距离约 6 cm；从左起打折，每一折的宽度约 4 cm；用夹子把下端固结，然后把上端张开，成为一个折扇。放置在盘中或杯中均可。（图 2-2-6）

图 2-2-6　折扇形餐巾折花

四、花瓣形

先把方巾对折两次使其成四层方形，再把每层向上折四层次，而后将背部折成柱形，置于杯中。（图 2-2-7）

图 2-2-7　花瓣形餐巾折花

五、卷筒形

这种卷筒形折花适合用小餐巾折叠，只要把餐巾直接折起来成圆筒，在中间腰部对折后置于盘中即成。(图 2-2-8)

图 2-2-8　卷筒形餐巾折花

【知识拓展】

餐厅折花的寓意及使用场合

不同的餐厅折花具有不同的寓意，餐饮行业的从业人员必须了解每种折花的寓意及适合的使用场所，避免产生歧义，为客户和餐厅带来损失。餐厅折花的寓意及使用场合对应如表 2-2-1 所示。

表 2-2-1　餐厅折花的寓意及使用场合

类型	名称	寓意	适用宴会
盘花	蜡烛	代表吉祥	生日宴、寿宴
	皇冠	代表高贵	政务宴、商务宴
	一帆风顺	代表吉祥、万事如意	政务宴、商务宴、送行宴
	如意	代表吉祥如意	政务宴、商务宴

续表

类型	名称	寓意	适用宴会
盘花	三角莲	代表富贵	西式宴会
	迎宾花篮	表示对客人的欢迎	政务宴、商务宴
	风车	宾主之间坦诚相待，象征高尚纯洁的友谊	政务宴、商务宴
	扇面	欢迎八方宾客	政务宴、商务宴
	步步高升	祝福他人工作顺利、步步高升	政务宴、商务宴
	含苞欲放	祝福爱情甜蜜	婚宴、结婚纪念日
	令箭荷花	代表吉祥如意	政务宴、商务宴
	剥皮香蕉	代表坦白、诚信	政务宴、商务宴
	海市蜃楼	代表吉祥如意	政务宴、商务宴
	挪威冰川	象征纯洁、高尚的友谊	政务宴、商务宴
杯花	一片叶	象征一心一意，代表热情友好	政务宴、商务宴
	四尾金鱼	象征自由，祝福他人年年有余	政务宴、商务宴、家宴
	寿桃	代表长寿，祝福他人福如东海、寿比南山	寿宴、生日宴
	心心相印	象征爱情甜蜜幸福	婚宴、定亲宴、结婚纪念日
	马蹄莲	象征永恒，代表高贵	政务宴、商务宴
	慈姑叶	善得佳偶、和睦生财、生活幸福	政务宴、家宴
	花枝蝴蝶	学业/事业飞黄腾达	家宴
	鸡冠花	永恒的爱情	婚宴、定亲宴、结婚纪念日
	玫瑰	爱情永久、幸福美满、百年好合	婚宴、定亲宴、结婚纪念日
	圣诞火鸡	平安吉祥	政务宴、圣诞节宴会
	两片叶	象征事业蒸蒸日上	政务宴、商务宴
	老树新芽	象征事业欣欣向荣、焕发生机	政务宴、商务宴
	仙人掌	象征坚韧不拔	政务宴、商务宴
	四叶荷花	代表吉祥如意	政务宴、商务宴

【技能实训】

表 2-2-2　餐饮技能基础实训报告

组别：	小组成员：
实训日期：	实训地点：
实训目的：	
主题阐述：	

台布设计（风格、材质、大小）：
餐巾折花设计：
创新点：

【复习自测】

案例分析

客人的参谋

一天下午，在餐间休息时，餐厅服务员小花与餐厅经理张强在一起闲聊。小花对张强说："经理，我有一个不成熟的建议，不知您想不想听？"张强饶有兴致地问："是什么建议？说来听听。"小花便说："在工作时，我经常发现客人坐下以后，他们做的第一件事是移动面前的餐具，然后两手放在餐桌上，或喝茶，或点菜，或聊天。我就想，为什么我们不在一开始布置台面时，就将餐具放到让客人舒服的位置呢？"

张强听了，若有所思地点了点头，在过几天的员工大会上，宣布将对员工布置餐桌技能进行新的培训，并当众表扬了小花善于观察、勇于创新的行为。

请根据案例分析小花的行为，并说明如何更好地为客户提供服务。

分析：

目前餐厅中的一些用品的摆放确实没有考虑到客人的实际需求。而许多管理者缺乏创新意识，拘泥于原来的或其他餐厅的做法，导致客人在消费时既感到不方便，又觉得餐厅没有特色。

本例中的小花具有良好的创新意识，她对工作中观察到的就餐客人的行为进行分析，敢于突破传统的思维方式，提出建设性的意见供上级决策时参考，这种主人翁意识和创新意识值得大家学习。

项目三　中餐、西餐摆台

【学习目标】

1. 了解中餐、西餐摆台的种类和摆台要求。
2. 掌握中餐早餐摆台、正餐摆台和宴会摆台的流程与规范。
3. 掌握西餐早餐摆台、正餐摆台和宴会摆台的流程与规范。
4. 达到操作规范、技能娴熟的训练要求。

>>任务一　中餐摆台<<

摆台就是服务人员根据就餐人数和规格，将各种餐具规范有序地摆放到餐桌上的过程。各地区、各餐厅的摆台方式大体相同，但有些地区和餐厅也会根据客人的用餐习惯和就餐情况调整自己的摆台方式，最终目的都是方便客人用餐和服务人员服务。

中餐摆台可以分为零点摆台和宴会摆台。零点摆台又可以根据餐饮时间和类别的不同，分为早餐摆台和正餐摆台。

一、中餐摆台的准备工作及注意事项

中餐摆台的准备工作及注意事项如下。

①检查周围就餐环境是否符合要求，餐桌餐椅是否牢固安全，摆台餐用具是否齐全。

②摆台前将双手洗净消毒。

③检查台布是否干净，是否有损坏、皱褶。

④检查餐具等是否有损坏、污迹，是否清洁干清。如发现有问题，及时更换。

⑤在进行宴会摆台时，要了解就餐客人的人数、国籍、菜单等基本情况。

⑥摆台时，餐具图案要对正，餐具间距离均匀，符合标准，整齐美观。

⑦摆放餐具既要做到清洁卫生，又要有艺术性；既要方便客人使用，又要便于服务人员服务。

⑧折叠餐巾花要注意客人的风俗习惯，避其忌讳。

二、中餐摆台拿取餐具的具体要求

在中餐摆台与服务中，卫生、安全是十分重要的因素，因此，在中餐摆台准备和服务过程中，服务人员要按以下要求拿取餐具。

①拿取餐具一律使用托盘。

②拿酒杯、水杯时应握住杯底部分。

③拿取银器或不锈钢器皿时，应拿柄部及边沿。

④拿瓷器时，应尽量避免手指与边口的接触，减少污染；落地后的餐具，未经清洗消毒不得继续使用。

三、中餐零点摆台的流程与规范

(一)中餐早餐摆台的流程与规范

1. 摆台准备

将中餐早餐摆台所需的餐酒用具准备充分，并确保干净、完好、统一。

2. 铺台布

台布规格应与餐桌规格相适应，台布正面向上，折痕朝向统一，四边下垂长度相等。

3. 台面餐具具体摆放要求

①餐碟(骨碟)定位。餐碟对准座位正中，餐具花纹、图案对正，碟边离桌边1 cm，碟间距离相等。

②餐碟右侧放筷架、筷子。筷子尾端距桌边1 cm，图案文字要对正，筷子距餐碟2 cm。

③餐碟左前方放汤碗，碗中放调羹，羹把朝左，汤碗距餐碟1 cm。

④餐碟中放置餐巾花。

⑤牙签盅、调味架摆在台布中线的附近。

⑥摆好座椅。要求椅背中心对准餐碟，椅面内沿紧贴桌裙，客间距离相等。

(二)中餐正餐摆台的流程与规范

1. 摆台准备

将中餐正餐摆台所需的餐酒用具准备充分，并确保干净、完好、统一。

2. 铺台布

台布规格应与餐桌规格相适应，台布正面向上，折痕朝向统一，四边下垂长度相等。8 人以上桌面应摆放转盘以方便客人用餐。

3. 台面餐具具体摆放要求

①餐碟(骨碟)定位。要求碟边离桌边 1.5 cm，碟间距离相等，餐碟对准座位正中，餐具花纹、图案对正。

②餐碟右侧放筷架、筷子。筷子尾端距桌边 1.5 cm，筷架上方筷子约为 5 cm，筷子距餐碟 2 cm。

③餐碟正上方放汤碗，碗中放调羹，羹把朝左，汤碗距餐碟 1 cm。筷架右侧放水杯。

④餐碟中放置餐巾花。

⑤在转盘中央的花瓶左侧或右侧放桌号牌，号码朝向餐厅门口。

⑥摆好座椅。要求椅背中心对准餐碟，椅面内沿紧贴桌裙，客间距离相等。

(三)中餐零点摆台的要求、注意事项

①当有外宾时，席位上要加摆餐刀、餐叉，左叉右刀，刀口朝左。

②集体用餐或几位宾客共同用餐时，摆放公用筷子和筷架。公筷、公勺放在公用筷架上，摆在个人用餐餐具上方或转台上。摆放在转台上时，应放在主人位正前方。

③餐桌上使用的瓶花，其高度应以不阻碍用餐时客人的视线为准。

四、中餐宴会摆台的要求、流程与规范

(一)中餐宴会摆台的要求

在宴会摆台过程中，台面的设计应当遵循规范化、礼仪化和灵活性的原则。

①餐具摆放要求相对集中，整齐一致，配套齐全。

②餐具摆放距离相等，图案、花纹对正，符合要求。

③涉外宴会摆台要求符合各国、各民族的礼仪习俗，席位安排根据对方传统习惯规定。

(二)中餐宴会摆台的流程与规范

中餐宴会摆台的流程与规范如表 2-3-1 所示。中餐宴会摆台示例如图 2-3-1

所示。

表 2-3-1 中餐宴会摆台的流程与规范

项 目	操作程序及标准
铺台布	可采用抖铺式、推拉式、撒网式或肩上式铺设，要求一次完成
	台布定位准确，十字居中，凸缝朝向正、副主人位，下垂均等，台面平整
桌裙或装饰布	桌裙长短合适，围折平整或装饰布平整，四边下垂长度相等(装饰布平铺在台布下面)
餐椅定位	从主宾位开始拉椅定位，座位中心与餐碟中心对齐，餐椅之间距离均等，餐椅座面边缘距台布下垂部分 1.5 cm
餐碟定位	一次性定位，碟间距离均等，餐碟标志对正，相对餐碟的中心点与餐桌中心点三点一线
	距桌沿约 1.5 cm
	拿碟手法正确(手拿餐碟边缘部分)、卫生
味碟、汤碗、汤勺	味碟位于餐碟正上方，相距 1 cm
	汤碗摆放在味碟左侧 1 cm 处，与味碟在一条直线上，汤勺放置于汤碗中，勺把朝左，与餐碟平行
筷架、筷子、长柄勺、牙签	筷架摆在餐碟右边，与味碟在一条直线上
	筷子、长柄勺搁摆在筷架上，长柄勺距餐碟 3 cm，筷尾距餐桌沿 1.5 cm
	筷套正面朝上
	牙签位于长柄勺和筷子之间，牙签套正面朝上，底部与长柄勺齐平
葡萄酒杯、白酒杯、水杯	葡萄酒杯在味碟正上方 2 cm
	白酒杯摆在葡萄酒杯的右侧，水杯位于葡萄酒杯左侧，杯肚间隔 1 cm，三杯成斜直线，向右与水平线呈 30°。如果折的是杯花，水杯待餐巾花折好后一起摆上桌
	摆杯手法正确(手拿杯柄或中下部)、卫生
餐巾折花	花形突出主位，符合主题，整体协调
	折叠手法正确、卫生、一次成形、花形逼真、美观大方
公用餐具	公用餐具摆放在正、副主人位的正上方
	按先筷后勺顺序将筷、勺搁在公用筷架上(设两套)，公用筷架与正、副主人位水杯间距 1 cm，筷子末端及勺柄向右
菜单、花瓶(花篮或其他装饰物)和桌号牌	花瓶(花篮或其他装饰物)摆在台面正中，造型精美、符合主题要求
	菜单摆放在筷子架右侧，位置一致(若提供两个菜单则分别摆放在正、副主人的筷子架右侧)
	桌号牌摆放在花瓶(花篮或其他装饰物)正前方，面对副主人位
综合要求	台面设计主题明确，布置符合主题要求
	餐具颜色、规格协调统一，便于使用
	整体美观，具有强烈的艺术美感
	操作过程中动作规范、娴熟、敏捷，操作声轻，姿态优美，能体现岗位气质

图 2-3-1　中餐宴会摆台示例

中餐宴会摆台考核打分表如表 2-3-2 所示。

表 2-3-2　中餐宴会摆台考核打分表

项　目	项目评分细则	扣分	得分
台布（5 分）	可采用抖铺式、推拉式或撒网式铺设，要求一次完成，台布定位准确，十字居中，凸缝朝向正、副主人位，下垂均等，台面平整		
桌裙或装饰布（5 分）	桌裙长短合适，围折平整或装饰布平整，四角下垂均等(装饰布平铺在台布下面)		
餐椅定位（5 分）	从主宾位开始拉椅定位，座位中心与餐碟中心对齐，餐椅之间距离均等，餐椅座面边缘距台布下垂部分 1.5 cm		
餐碟定位（10 分）	一次性定位，碟间距离均等，餐碟标志对正，距桌沿距离匀称、标准。拿碟手法正确、卫生		
味碟、汤碗、汤勺（10 分）	味碟、汤碗、汤勺位置正确，距离标准，顺序符合要求		
筷架、筷子、长柄勺、牙签（10 分）	筷架、筷子、长柄勺、牙签位置正确，顺序符合要求，距离标准		
葡萄酒杯、白酒杯、水杯（10 分）	葡萄酒杯定位正确。葡萄酒杯、白酒杯、水杯位置正确，距离标准，摆放顺序符合要求 如果折的是杯花，水杯待餐巾花折好后一起摆上桌 摆杯手法正确、卫生		
餐巾折花（10 分）	花形突出主位，符合主题，整体协调 折叠手法正确、卫生、一次成形、花形逼真、美观大方		

续表

项　目	项目评分细则	扣分	得分
公用餐具、菜单、花瓶（花篮或其他装饰物）和桌号牌（10分）	公用餐具摆放在正、副主人位的正上方 公用餐具顺序正确，位置符合要求。筷子末端及勺柄向右 花瓶（花篮或其他装饰物）摆在台面正中 菜单摆放在筷子架右侧，位置一致 桌号牌位置符合要求		
托盘（10分）	托盘方法正确，操作熟练		
整体（15分）	操作过程中动作规范、娴熟、敏捷，操作声轻，姿态优美，能体现岗位气质		
合　计			

任务二　西餐摆台

西餐摆台分为早餐摆台、正餐摆台和宴会摆台三类。西餐餐具与中餐餐具相比，有很大的不同，在学习摆台之前，应当先认识和熟悉西餐摆台的用具以及西餐摆台的基本要求。

一、西餐摆台用具和基本要求

(一)西餐摆台的用具

①西餐餐台、餐椅、备餐台等。

②台布、口布、展示盘、面包盘、黄油碟、主菜刀、鱼刀、开胃品刀、主菜叉、鱼叉、开胃品叉、甜品叉、汤勺、甜品勺、红葡萄酒杯、白葡萄酒杯、椒盐瓶、烛台等。

(二)西餐摆台的基本要求

①餐盘在客人位置的正中，左叉右刀，叉尖朝上，刀刃朝盘。

②各种餐具距离均匀，餐具摆放对称、美观。

二、西餐早餐摆台

①在餐位正中摆放装饰盘，装饰盘盘边距桌边 2 cm。

②在装饰盘右侧摆放餐刀，刀口朝左；左侧摆放餐叉，叉尖向上；刀尾和叉尾距桌边 2 cm。

③餐叉左侧摆放面包盘，盘边距餐叉 1 cm，盘心与装饰盘盘心在同一条直线上。黄油刀放在面包盘上靠右侧 1/3 处，刀刃朝向面包盘盘心。

④餐刀右侧摆放垫碟、咖啡杯和咖啡匙。垫碟距离餐刀 1 cm，咖啡杯柄朝右，咖啡匙柄朝右。

⑤在装饰盘上放上餐巾花。

⑥在餐桌中央放上盐盅、胡椒盅等。

三、西餐正餐摆台

①铺台布。要求台布平整，正面在上，中线居中，四边下垂部分相等。

②对准餐位正中摆放装饰盘，装饰盘盘边距桌边 2 cm。

③在装饰盘右侧 1.5 cm 处摆放餐刀，刀口朝左，餐刀右侧摆放汤匙，两者相距 0.5 cm，刀尾和匙尾距桌边 2 cm。

④在装饰盘左侧 1.5 cm 处摆放餐叉，餐叉右左侧摆放色拉叉，叉尖向上，两者相距 0.5 cm，叉尾距桌边 2 cm。

⑤色拉叉左侧摆放面包盘，盘边距色拉叉 1 cm，盘心与装饰盘盘心在同一条直线上。黄油刀放在面包盘上靠右侧 1/3 处，刀刃朝向面包盘盘心。

⑥在餐刀刀尖正上方 2 cm 处放水杯。

⑦在装饰盘右上方摆放烟灰缸、胡椒盅、盐盅和牙签筒，各相距 2 cm。餐桌中心放花瓶，必要时花瓶两侧放烛台。

如餐桌有预订，应当在餐桌中心靠近花瓶的地方放上预订卡，并且按照客人的要求摆台。

四、西餐宴会摆台

西餐宴会摆台的原则与要求基本与中餐一致，餐具的具体摆放流程与规范如表 2-3-3 所示。西餐宴会摆台示例如图 2-3-2 所示。

表 2-3-3　西餐宴会摆台流程与规范

项　目	操作程序及标准
铺台布	台布中凸线向上，两块台布中凸线对齐
	两块台布面重叠 5 cm
	主人位方向台布交叠在副主人位方向台布上
	台布四边下垂均等
	铺设操作最多四次整理成形
席椅定位	摆设操作从席椅正后方进行
	从主人位开始按顺时针方向摆设
	席椅之间距离基本相等
	相对席椅的椅背中心对准
	席椅边沿与下垂台布相距 1 cm

续表

项　目	操作程序及标准
装饰盘	从主人位开始顺时针方向摆设
	盘边距离桌边 1 cm
	装饰盘中心与餐位中心对准
	盘与盘之间距离均等
	手持盘沿右侧操作
刀、勺、叉	刀、勺、叉由内向外摆放，距桌边距离符合标准(标准见最后“备注”)
	刀、勺、叉之间及与其他餐具间距离符合标准(标准见最后“备注”)
面包盘、黄油刀、黄油	摆放顺序：面包盘、黄油刀、黄油碟
	面包盘盘边距开胃品叉 1 cm
	面包盘中心与装饰盘中心对齐
	黄油刀置于面包盘右侧边沿 1/3 处
	黄油碟摆放在黄油刀尖正上方，相距 3 cm
	黄油碟左侧边沿与面包盘中心成直线
杯具	摆放顺序：白葡萄酒杯、红葡萄酒杯、水杯(白葡萄酒杯摆在开胃品刀的正上方，杯底中心在开胃品刀的中心线上，杯底距开胃品刀尖 2 cm)
	三杯成斜直线，向右与水平线呈 45°
	各杯肚之间相距 1 cm
	操作时手持杯中下部或颈部
花瓶(花坛或其他装饰物)	花瓶(花坛或其他装饰物)一般置于餐桌中央或台布中线上
	花瓶(花坛或其他装饰物)的高度不超过 30 cm
烛台	烛台与花瓶(花坛或其他装饰物)相距 20 cm
	烛台底座中心压台布中凸线
	两个烛台方向一致，并与杯具所呈直线平行
牙签盅	牙签盅与烛台相距 10 cm
	牙签盅中心在台布中凸线上
椒盐瓶	椒盐瓶与牙签盅相距 2 cm
	椒盐瓶两瓶间距 1 cm，左椒右盐
	椒盐瓶间距中心对准台布中凸线
餐巾折花	在装饰盘上摆放餐巾折花，餐巾折花摆放一致
	造型美观，突出正、副主人位
综合要求	台席中心美观新颖、主题灵活
	布件颜色协调、美观
	整体设计高雅、华贵
	操作过程中动作规范、娴熟、敏捷，操作声轻，姿态优美，能体现岗位气质
备注：1. 装饰盘；2. 主菜刀(肉排刀)；3. 鱼刀；4. 汤勺；5. 开胃品刀；6. 主菜叉(肉叉)；7. 鱼叉；8. 开胃品叉；9. 黄油刀；10. 面包盘；11. 黄油碟；12. 甜品叉；13. 甜品勺；14. 白葡萄酒杯；15. 红葡萄酒杯；16. 水杯。 距离标准：(1)1、2、4、5、6、8 与桌边沿距离为 1 cm；(2)1 与 2、1 与 6、8 与 10、1 与 12 之间的距离为 1 cm；(3)9 与 11 之间的距离为 3 cm；(4)3、7 与桌边的距离为 5 cm；(5)6、7、8 之间，2、3、4、5 之间，12 与 13 之间的距离为 0.5 cm；(6)14、15、16 杯肚之间的距离为 1 cm。	

图 2-3-2　西餐宴会摆台示例

西餐宴会摆台考核打分表如表 2-3-4 所示。

表 2-3-4　西餐宴会摆台考核打分表

项　目	项目评分细则	扣分	得分
台布（5 分）	台布中凸线向上，两块台布中凸线对齐；两块台布面重叠 5 cm；主人位方向台布交叠在副主人位方向台布上；台布四边下垂均等；铺设操作熟练，速度快		
席椅定位（6 分）	摆设操作从席椅正后方进行；从主人位开始按顺时针方向摆设；席椅之间距离基本相等；相对席椅的椅背中心对准；席椅边沿与下垂台布相距 1 cm		
装饰盘（6 分）	从主人位开始顺时针方向摆放；盘边距桌边距离符合要求；装饰盘中心与餐位中心对准；盘与盘之间距离均等；手持盘沿右侧操作		
刀、叉、勺（36 分）	刀、勺、叉由内向外摆放，距桌边距离符合标准；刀、勺、叉之间及与其他餐具间距离符合标准		
面包盘、黄油刀、黄油碟（18 分）	面包盘、黄油刀、黄油碟摆放顺序正确，位置符合要求，距离符合标准		
杯具（9 分）	白葡萄酒杯、红葡萄酒杯、水杯摆放顺序正确，位置符合要求，距离标准，角度标准；操作卫生，符合要求		
花瓶（花坛或其他装饰物）（2 分）	花瓶（花坛或其他装饰物）位置正确		
烛台（2 分）	烛台位置正确，摆放标准，符合要求		
牙签盅（1 分）	牙签盅位置正确		
椒盐瓶（3 分）	椒盐瓶位置正确，椒盐瓶两瓶间距符合要求		
餐巾折花（4 分）	折叠熟练，在盘中摆放一致，造型美观，大小一致，突出、正副主人位		
托盘使用（3 分）	托盘方法正确，操作熟练		
整体（5 分）	操作过程中动作规范、娴熟、敏捷，操作声轻，姿态优美，能体现岗位气质		
合　计			

【复习自测】

一、简答题

1. 中餐宴会摆台有哪些要求？

2. 西餐摆台的餐具和用具有哪些？

二、案例分析

小武在当地一家五星级酒店的餐饮部实习，她被分派到中餐厅工作。一天，小武被分到208包间进行独立工作。在准备工作中，小武用心回想着学校里老师讲解的摆台方法和部门领导在进行培训时教的摆台程序，认认真真摆好台面，并且做了其他准备工作。很快，到了用餐时间，客人们陆陆续续来了。小武的包间里也来了一桌客人，客人们兴致很高，小武也顺利地完成了问位开台、斟倒茶水、点菜等服务。在上菜过程中，突然出现了以下一幕：好几个客人发现面前的餐具分不清楚，有的客人拿了旁边人的汤碗，有的客人面前没有水杯……主人很尴尬，忙叫来小武，小武也是一头雾水，不知道为什么会出现这种情况。幸好领班及时赶到，向客人道歉，并及时整理了台面，才没有出现更严重的问题。

你在餐厅吃饭时，有没有错拿过旁边人的餐具呢？如果有，请分析是什么原因造成的。摆台时，我们应该注意哪些问题，以避免客人分不清楚哪个是自己的餐具？

分析：这种情况一般是摆台定位不准确、界限不明显造成的。摆台时，应当定位准确，客人与客人之间的餐具距离适中，让客人能清楚知道哪些是自己的餐具。

项目四　斟倒酒水服务

【学习目标】

1. 了解酒水服务的基本流程和方法。
2. 掌握斟倒酒水的方法。
3. 掌握特殊酒水的服务方法。

>> 任务　斟倒酒水服务 <<

酒水服务是餐饮服务的重要组成部分，酒水服务水平的高低直接影响客人的感受及酒水的消费水平。

一、斟酒前的准备工作和酒瓶开启

(一)葡萄酒服务程序与开瓶方法

如果客人点了整瓶酒，服务员要按示酒、准备酒杯及用具、开瓶、验酒、斟酒的服务程序为客人服务。

1. 葡萄酒的服务程序

(1)为客人点酒并展示酒水

为客人点酒，正确填写酒水单，并取来相应酒水，检查酒水质量。在开启酒水前要向客人展示酒水。(图 2-4-1)

图 2-4-1　酒水展示

(2)准备酒杯及用具

根据酒水种类为客人准备相应的酒杯，并按规定摆放好。白葡萄酒应冰镇奉客，所以在进行白葡萄酒服务时，应先准备一个冰桶，桶内放2/3的碎冰和冰水，将酒瓶置于冰桶中，并盖上一块餐巾，然后把冰桶放在冰桶支架上置于点酒客人的右后侧。

(3)开瓶

在客人确认酒水的品种及质量后，服务人员应使用正确的开瓶器具开瓶。

(4)验酒

酒的服务中首先是要给客人验酒，这是相当重要且不可忽视的过程。验酒的目的：其一是得到客人认可；其二是使客人品尝酒的味道，感受酒的温度，确认是否是客人所要的酒；其三是显示服务的规范。

葡萄酒开瓶取下木塞后，应先闻一下木塞，检查有无异味，并将木塞放在餐碟中送至客人面前让其察看。如果发现酒水变质或不宜饮用，则应立即更换。

开瓶后的葡萄酒应在点酒客人右前侧放置一会儿，使酒与空气接触而氧化(散发掉部分酸气，此过程为“醒酒”)，然后为客人斟倒30 mL左右的酒让其试尝。

(5)斟酒

如客人对所点酒水满意，即可为客人进行斟酒服务。

2. 葡萄酒的开瓶方法

开瓶时应选备一支良好的拔塞钻，最好是带有横把及刀子的“T”字形的自动开瓶器，其螺旋钻能藏于柄内，使用时可减少麻烦。葡萄酒的开瓶步骤为：先割破锡箔(在瓶口，用刀往下割)，除去瓶盖外套，至瓶口下1/4时，用干净布擦净后将拔塞钻自瓶塞顶部中心穿入，旋转至全部没入，再徐徐抽出瓶塞。因为软木塞很脆，如骤然抽动，可能使其折损破裂。如是钟形瓶塞，则可按拔塞钻在餐桌上开启，最好在将要抽出时，将拔塞钻稍微旋转(向右转)，瓶塞抽出后，将瓶口拭净，以备斟酒。

(二)起泡酒的开瓶方法

起泡酒因为瓶内有气压，故软木塞的外面有铁丝环，以防软木塞被弹出。其开瓶的步骤是：把瓶口的铁丝与锡箔剥掉，以45°的角度拿着酒瓶，拇指压紧木塞并将酒瓶扭转一下，等瓶内的气压足以弹出软木塞后，继续压紧软木塞并以45°的角度拿着酒瓶。

具体的方法是：首先将酒瓶外包锡箔自顶至颈下4 cm处割除，后将铁丝环解开，用拇指紧压瓶塞，以防其骤然冲出；另一只手握瓶底部，将瓶徐徐向一方转动，并保持斜度45°，转动酒瓶，瓶塞不动。假如瓶塞下的气压足以将瓶塞顶出，可将瓶塞慢慢自一边推动，瓶塞将要离瓶时，将塞握住。开启含有二氧化碳的饮品如啤酒等时，应将瓶子远离客人，并且将瓶身倾斜，以免液体溢至客人身上。

二、斟酒服务

(一)斟酒要领

1. 斟酒的姿势与位置

(1)斟酒的姿势(图 2-4-2)

①右手持酒瓶的下半部，食指指向瓶颈(缓冲)。

②手指朝上，掌心与瓶底相齐。

③将酒瓶上的商标朝向客人。

④斟酒时，右脚在前，面向进行斟酒服务的客人，上身稍稍前倾，通过腕力和手指的力量控制酒液的流速；斟酒至合适的酒量时，瓶口向上，手腕向内轻轻旋转45°，以防最后一滴酒水洒落至桌上或客人身上。

(2)斟酒的位置

服务员侧身以右脚伸入两椅之间为最佳位置。

图 2-4-2　斟酒

2. 斟酒量

在中餐中斟倒各种酒水时，一律以八成满为宜，以示对客人的尊重。

西餐斟酒不宜太满，一般红葡萄酒斟至杯的 1/2，白葡萄酒斟至杯的 2/3，白兰地酒斟至杯的 1/5。

斟香槟酒要分两次进行，先斟至杯的 1/3 处，待泡沫消失后，再斟至杯的 2/3 处即可。啤酒顺杯壁斟，分两次进行，以泡沫不溢出酒杯为宜。

3. 酒水的斟倒方法

根据酒水的不同，斟酒有一倒法和两倒法之分。

(1)一倒法

开启酒瓶后，可先闻一下瓶塞(因有时瓶塞会腐烂)。斟酒前将瓶口擦拭干净，手持酒瓶时要小心，不可振荡起酒中的沉淀物。商标对着客人，先斟少许在主人或点酒的客人杯中请其尝试，经同意后再斟酒。收瓶的要领是：当酒瓶将离开酒杯向上昂起时，慢慢将瓶口向右上转动，如此才不会使留在瓶口边缘的酒液滴下弄污桌布。陈年的红葡萄酒需装在特别的酒篮里，使其保持平稳，为了尽量少动酒瓶，可把杯子从桌上拿起，瓶口靠近杯沿慢慢地斟倒。斟酒时从杯沿开始倒，再逐渐抬高酒瓶到离杯 10 cm 处结束。

(2)两倒法

两倒法适用于起泡的葡萄酒、香槟酒及啤酒类。两倒法包含两次动作。初倒时，酒液冲到杯底会起很多的泡沫，等泡沫约达酒杯边缘时停止倾倒，稍等片刻，至泡沫下降后再倒第二次，第二次注入酒杯的正中，至在表面冲起一层泡沫，但勿使其溢出酒杯，这一层泡沫有保持酒液中二氧化碳的作用。两倒法的要领是：起初慢慢地斟，中途略猛地斟，最后轻轻地斟，直到斟满至 2/3 杯或3/4杯。

此外，补斟的酒不好喝，必须喝光再重新斟满。

(二)斟酒礼节

以惯例先倾入约 1/4 杯(或 30 mL)的酒在主人杯中，以表明此酒正常，等主人品尝同意后，再开始给全桌斟酒。斟酒时由右方开始，先斟满女客酒杯，后斟满男客酒杯。无论如何，当客人酒杯全部斟满后，才能斟满主人酒杯。只有冰镇啤酒及起泡香槟酒或陈年红葡萄酒，可以把酒杯拿到手上而不失礼节。

如客人同时引用两种酒时，不能在同一酒杯中斟入两种不同种类的酒；不要向邻桌斟酒；已开的酒瓶，应置于主人右侧。

(三)斟酒顺序

1. 中餐斟酒顺序

客人入座前：一般在宴会开始前 10 分钟将烈性酒和葡萄酒斟好。斟酒时，从主人位置开始，按顺时针方向依次进行。

客人入座后：及时问让软饮料，斟酒从主宾位置开始，再从主人的顺序进行斟倒，以示对客人的尊重。如果是两位值台员同时服务，则一位从主宾开始，另一位从副主宾开始，按顺时针方向进行。

客人进餐中：应在客人干杯前后及时为客人添斟酒水，每一道菜后也要添斟酒水，当客人杯中酒液不足 1/3 杯时也要及时添斟，在客人互敬酒时，要跟随敬酒的客人及时添斟。

2. 西餐宴会的斟酒顺序

西餐酒席宴会的斟酒次序，如果是国家元首，应先斟男主宾，后斟女主宾。一般宾客则是先女主宾后男主宾，再主人。其他宾客按座位依次斟酒。因此，服务员在宴会开始时要迅速了解宾主双方的身份和位置，注意礼节。续酒时，则不必拘其形式。

西餐酒席宴会用酒和中餐酒席宴会不同。较高级的西餐宴会要用 7 种酒之多，几乎每一道菜都有一种酒。吃什么菜跟什么酒，喝什么酒用什么杯都有严格的规定。西餐酒席宴会的斟酒方法及注意事项与中餐酒席宴会大体相同。

【知识拓展】

某西餐酒席的各道菜点所配酒水和所用酒杯以及斟酒方法如下。

①上凉菜或海味菜时：如果是开胃解腥作用的烈性酒，用利口杯。在斟烈性酒时，在水杯内倒上冰水。在夏季还需要放上一小块冰。

②上汤菜时：跟舍利酒(葡萄酒类)，用舍利酒杯。斟酒前，将舍利酒杯与利口杯对调一下位置，以使客人举杯方便(以后斟每道酒前都要将用的杯子调在外档)。

③上鱼或海鲜菜时：跟酒度较低的白葡萄酒、玫瑰酒，用白酒杯。这道酒一般是冰冷的。因此，需在前一日或当天早晨将酒水冰镇，在开席前移入冰桶，加入碎冰送至餐厅落菜台。斟酒之前，要将酒瓶揩干净，用口布包着酒瓶斟酒，以防止酒水滴在客人身上。

④上小盆(副菜)时：跟红葡萄酒，用红酒杯。冬天喝这种酒，有些客人喜欢用温水烫热(宴会用酒不烫)。外国的红葡萄酒沉淀物很多，应在宴会前用纱布过滤后再灌入专门酒瓶。斟酒时，要尽量避免摇动。

⑤上大盆(主菜或肉类菜)时：跟香槟酒，用香槟杯。香槟酒是随菜酒中的主酒，酒中有充足的气体，开瓶时能发出清脆的响声。在隆重的宴会上，使用香槟酒时，各席桌要同时行动，协调一致，使响声连成一片，以增添宴会的热烈气氛。

⑥上甜点时：跟巴得酒，用巴得杯。该酒是深红色的葡萄酒，味甜而酸，有较浓的葡萄味，适宜进甜食时饮用。

⑦上水果和干酪时：一般不跟酒。

⑧上咖啡时：跟利口酒，用利口杯。利口酒有 20 多种。这种酒酒度高且很甜，有帮助消化的作用。上酒时，应用大圆盘或小方盘，提上四五种利口酒，十几个利口杯，用左手托盘，右手派酒杯，询问客人饮什么酒，然后根据其需要斟酒。

表 2-4-1　斟酒考核打分表

项目	项目评分细则	扣分	得分
用时(30 分)	2 分钟以内完成任务		
要求(60 分)	按标准分别向不同的酒杯中依次斟倒白葡萄酒、红葡萄酒和水，每项 20 分。示酒动作标准		
整体(10 分)	面带微笑、姿态优美、动作娴熟		
总计			

【复习自测】

一、简答题

斟酒的姿势与位置有哪些要求？

二、拓展题

两个同学一组，分别扮演服务员和客人的角色，服务员为客人斟酒。

项目五　上菜及分菜服务

【学习目标】

1. 学会中餐上菜方法。
2. 掌握西餐上菜方法。
3. 认识分菜工具。
4. 掌握分菜顺序。
5. 掌握分菜方法。

>>任务一　上菜服务<<

一、传菜员服务要求

传菜员是餐厅与厨房的纽带，其主要工作是将厨房制作好的菜品及时、准确地传送至相应的服务区域供服务员上菜，再将餐厅撤下的餐具、酒具、茶具托送至洗碗间。传菜员的服务要求主要有以下几点。

①查对厨房所制作的菜品是否与点菜单相符，并核对桌号，防止传送出差错。

②取菜时，应检查菜品质量，做到“五不取”，即数量不足不取，温度不适不取，颜色不正不取，调、配料不全不取，器皿不洁、破损或不符合规格不取。

③传菜时要传送平稳，汤汁不洒，传菜及时。

④菜品送至餐厅后，应及时通知服务员上菜，不可放下菜品悄然离去，也不可由传菜员上菜。

⑤传菜时按照指定路线行走，注意观察周围情况，确保安全。

二、中餐上菜服务要求

(一)上菜位置

零点餐上菜服务比较灵活，服务员可选择比较宽敞的位置上菜，以不打扰客人为宜。一般不选取老人和儿童的身边上菜。

中餐宴会应选择在翻译和陪同人员座位之间上菜，严禁在主人和主宾之间上菜。

（二）上菜顺序

中餐中，根据不同的菜系，就餐与上菜的顺序会有一些不同，但一般的上菜方式是先上冷菜以便佐酒，然后视冷菜食用的情况，适时上热菜，最后上汤菜、点心和水果。上菜时应该注意正确的端盘方法，要用大拇指紧贴盘边，其余四指扣住盘子下面，拇指不应该碰到盘子边的上部，更不允许留下手印或者将手指伸进盘中，这样既不卫生也不礼貌。

中餐宴会上菜的原则是：先冷后热、先菜后点、先咸后甜、先烧后炒、先清淡后肥厚、先优质后一般。

（三）上菜方法与要求

上菜时，可以将凉菜先行送上席。当客人落座开始就餐后，餐厅服务员即可通知厨房做好出菜准备，待凉菜剩下 1/3 左右时，餐厅服务员即可送上第一道热菜。当前一道菜快吃完时，餐厅服务员就要将下一道菜送上，不能一次送得过多，使宴席上放不下，更不能使桌上出现菜肴空缺的情况，让客人在桌旁干坐。这样客人会感到尴尬，也会因为没有菜可供及时下酒而容易喝醉。

餐厅服务员给客人提供服务时，一般要以第一主人作为中心，从宴席的左侧位置上菜，从宴席的右侧位置撤盘。上菜或撤盘时，都不应当在第一主人或主宾的身边操作，以免影响主客之间的就餐和交流。

凡是上带有调味作料的热菜，如烤鸭、清蒸蟹等菜肴，要确保菜和作料一同上桌，切忌遗漏，并且可以略做说明。

几种特殊菜肴上桌的方法：锅巴虾仁应该尽快上桌，将虾仁连同汤汁马上倒入盘中锅巴上，保持热度和吱吱的声响；清汤燕菜这类名贵的汤菜，应该将燕窝用精致盘子端上桌后，由服务人员当着客人的面下入清汤中；上泥包、纸包、荷叶包的菜时，餐厅服务员应先将菜拿给客人观赏，然后再送到操作台上，在客人的注视下打开外包材料，然后用餐具将菜品分到每一位客人的餐盘中。如果先行打开或打破外包材料，再拿到客人面前来，则会失去菜的特色，而且无法保持菜品原有的温度和香味。

第一道热菜应放在第一主人和主宾的面前，没有吃完的菜则移向副主人一边，后面的菜可遵循同样的原则。

遵循“鸡不献头，鸭不献尾，鱼不献脊”的传统礼貌习惯，即在给客人送上鸡、鸭、鱼一类的菜时，不要将鸡头、鸭尾、鱼脊对着主宾，而应当将鸡头与鸭尾朝右边放置。上整鱼时，由于鱼腹的刺较少，肉味鲜美腴嫩，所以应将鱼腹对着主宾，表示对主宾的尊重。

(四)摆菜

摆菜时不宜随意乱放，而要根据菜的颜色、形状、菜种、盛具、原材料等因素，讲究一定的艺术造型。

中餐宴席中，一般将大菜中的头菜放在餐桌中间位置，砂锅、炖盆之类的汤菜通常也摆放到餐桌中间位置。散座中可以将主菜或高档菜放到餐桌中心位置。

摆菜时要使菜与客人的距离保持适中。散座中摆菜时，应当将菜摆放在靠近小件餐具的位置上。餐厅经营高峰中两批客人同坐于一张餐桌上就餐时，摆菜要注意分开，不同批次客人的菜向各自方向靠拢，而不能随意摆放，否则容易造成误解。

注意摆放好菜点最适宜观赏的一面的位置。一般宴席中的头菜，其观赏面要朝向主位，其他菜的观赏面则面向其他客人。

当为客人送上宴席中的头菜或一些较有风味特色的菜时，应首先考虑将这些菜放到主宾与客人的面前，然后在上下一道菜时再移放到餐桌的其他地方。

三、西餐上菜服务要求

(一)上菜基本要求

餐厅服务员在提供西餐上菜服务中，总体顺序是先女主宾后男主宾，然后服务主人与一般来宾。

餐厅服务员应用左手托盘，右手拿叉匙为客人提供服务。服务时，服务人员应当站在客人的左边。

西餐菜肴上菜也要“左上右撤”，酒水饮料要从客人的右侧上。法式宴会所需食物都是用餐车送上，由服务员上菜，除面包、黄油、沙拉和其他必须放在客人左边的食物外，其他食物一律从右边用右手送上。

(二)上菜方式

法式上菜方式的特点是将菜肴在客人面前的辅助服务台上进行最后的烹饪服务。法式服务由两名服务人员同时服务，一名负责完成桌边的烹饪制作，另一名负责为客人上菜。热菜用加温的热盘，冷菜用冷却后的冷盘。

俄式上菜方式与法式相近，但所有菜肴都是在厨房完成后，用大托盘送到辅助服务台上。服务人员顺时针绕台将餐盘从右边摆在客人面前。上菜时服务人员站立在客人的左侧，左手托盘向客人展示菜肴，然后再用服务叉、勺配合分菜至客人面前的餐盘中，以逆时针的方向进行分菜服务，剩余菜肴送回厨房。

英式上菜方式是从厨房将盛装好菜肴的大餐盘端至宴会的男主人面前，由主人将菜肴分入餐盘后递给站在左边的服务人员，由服务人员分给女主人、主宾或其他客人。各种调料与配菜摆在桌上，也可以由客人自取并互相传递。

美式上菜方式比较简单，菜肴在厨房被盛到盘子中。除了沙拉、黄油和面包以外，大多数菜肴被盛在主菜盘中。菜肴从左边送给宾客，饮料酒水从右边送上，用过的餐具由右边撤下。

(三)上菜顺序

由于标准和要求的不同，西餐宴会的菜点道数有多有少，花色品种也不一样。一般的上菜顺序如下。

①上面包、黄油(在开餐前5分钟左右送上)。

②上开胃品，如色拉、什锦冷盘等。

③上汤，常为清汤和浓汤。

④上副菜，常以鱼虾海味菜品为主。

⑤上主菜，多为肉禽类菜肴，如有配菜，要紧跟送上。

⑥上甜食，如点心、奶酪和水果等。

⑦上咖啡、茶或餐后酒。

【知识拓展】

上菜的注意事项如下。

上菜时，要端平走稳，轻拿轻放。

上菜时，切不可从客人肩上、头顶越过，以免发生意外。

上菜时，忌讳“推”和“蹲”，应保持盘底、盘边干净。

上菜时，应注意防止出现空盘空台的现象，也要防止上菜过勤，出现菜品堆积的现象。

上菜时，大拇指不可伸向盘内，应注意上菜卫生。

表2-5-1　上菜考核打分表

项目	项目评分细则	扣分	得分
用时(10分)	3分钟		
要求(80分)	明确上菜顺序以及上菜时机，掌握多种特殊菜品的上菜方式，合理布置菜品		
仪表(10分)	动作熟练、手法灵活、用语礼貌、手部清洁、面带微笑		
总计			

>>任务二　分菜服务<<

分菜服务常见于西餐的分餐制服务中，现在一些中餐的高级宴会上也在使用。

分菜服务就是在客人观赏完菜品、汤品后，由服务人员主动均匀地为客人分菜分汤，也叫派菜或让菜。西餐中的美式服务不要求服务员掌握分菜技术，俄式服务则要求服务员有较高水平的分菜技术，法式服务要求服务员有分切技术。分菜服务可以有效体现餐饮服务的品质，因此服务人员必须熟练掌握分菜服务技巧。

一、分菜的工具

中餐分菜的工具：分菜叉(服务叉)、分菜勺(服务勺)、公用勺、公用筷、长把汤勺等。

俄式服务的分菜工具：叉和勺。

法式服务的分切工具：服务车、分割切板、刀、叉、分调味汁的叉和勺。

二、分菜工具的使用方法

(一)中餐分菜工具的使用方法

服务叉勺的握法有指握法、指夹发、右勺左叉法。

1. 指握法

将一对服务叉勺握于右手，正面向上，叉子在上方，服务勺在下方，横过中指、无名指与小指，将叉勺的底部与小指的底部对齐并且握住叉勺的后端，将食指伸进叉勺之间，用食指和拇指尖握住叉勺。

2. 指夹法

将一对叉勺握于右手，正面向上，叉子在上，服务勺在下方，使中指及小指在下方而无名指在上方夹住服务勺。将食指伸进叉勺之间，用食指与拇指尖握住叉子，使之固定。此种方法使用灵活。

3. 右勺左叉法

右手握住服务勺，左手握住服务叉，左右来回移动叉勺，适用于体积较大的食物派送。

公用勺和公用筷的用法：服务员站在与主人位置呈 90°的位置上，右手握公用筷，左手持公用勺，相互配合将菜肴分到客人餐碟之中。

长把汤勺用于分汤菜。汤中有菜肴时需用公用筷配合操作。

(二)俄式分菜用具的使用方法

一般是匙在下，叉在上。右手的中指、无名指和小指夹持，拇指和食指控制叉，五指并拢，完美配合。这是俄式服务最基本的技巧。

(三)法式切分工具的使用方法

分让主料：将要切分的菜肴取放到分割切板上，再把净切板放在餐车上。分切时左手拿叉压住菜肴的一侧，右手用刀分切。

分让配料、配汁：用叉勺分让，勺心向上，叉的底部向勺心，即叉勺扣放。

三、分菜的方法

(一)桌上分让式

服务员站在客人的左侧，左手托盘，右手拿叉与勺，将菜在客人的左边派给客人。一般适用于分热炒菜和点心。

(二)二人合作式

由两名服务员配合操作，分菜服务员右手持公用筷，左手持长把公用勺，另一名服务员将每一位客人的餐碟移到分菜服务员近处，由分菜服务员分配。从左侧为客人送菜。

(三)旁桌分让式

先将菜放在转台上向客人展示，再由服务员端至备餐台，将菜分配到客人的餐盘中，并将各个餐盘放入托盘中，托送至宴会桌边，用右手从客位的右侧放到客人的面前。这种方法一般用于宴会。

四、分菜的基本要求

在向客人展示菜点，并介绍完名称和特色后，方可分让。大型宴会中每桌服务人员的派菜方法应一致。

分菜时留意菜的质量和菜内有无异物，及时将不合标准的菜送回厨房更换。若客人表示不要此菜，则不必勉强。此外，应将有骨头的菜肴，如鱼、鸡等的大骨头剔除。

分菜时要大胆心细，掌握好菜的份数与总量，做到分派均匀。

凡配有作料的菜，在分派时要将菜醮上作料再分到餐碟中。

五、特殊情况的分菜方法

(一)特殊宴会的分菜方法

客人只顾谈话无暇顾及菜肴：遇到这种情况时，服务员应抓住客人谈话出现短暂停顿的时机，向客人介绍菜肴并以最快的速度将菜肴分给客人。

主要客人带有少年儿童赴宴：此时先给儿童分菜，然后按常规顺序分菜。

老年人多的宴会：采取快分慢撤的方法进行服务。分菜步骤可分为两步，即先少分再添分。

(二)特殊菜肴的分让方法

汤类菜肴的分让方法：先将盛器内的汤分人客人的碗内，然后再将汤中的原料均匀地分入客人的汤碗中。

造型佳肴的分让方法：将造型佳肴均匀地分给每位客人。如果造型较大，可先分一半，处理完上半部分造型物后再分其余的一半。不可食用的造型物，分完菜后撤下。

卷食菜肴的分让方法：一般情况是由客人自己取拿卷食。如老人或儿童多，则需要分菜服务。方法是：服务员将食碟摆放于菜肴的周围，放好铺卷，然后逐一将被卷物放于铺卷之上，卷好后送到每位客人面前。

拔丝类菜肴的分让方法：由一位服务员取菜分类，另一位服务员快速递给客人。

六、中餐分鱼服务

中餐分鱼服务程度及步骤如表 2-5-2 所示。

表 2-5-2　中餐分鱼服务程序及步骤

服务程序	工作步骤
报菜名	上鱼时先报菜名，向客人展示后，撤至服务桌，鱼尾向右
剔鱼脊骨	1. 服务员左手持叉，右手持刀，用叉轻压鱼背，以避免鱼在盘中滑动，叉不能叉进鱼肉中，用刀在鱼头下端切一刀，在鱼尾切一刀，将鱼骨刺切断 2. 用餐刀从鱼头刀口处沿鱼身中线，刀刃向右将鱼肉切开至鱼尾刀口处 3. 将刀叉同时插入鱼中线刀口处，用叉轻压鱼身，用刀沿中线将鱼肉两边剔开，让整条骨刺露出来 4. 左手轻压脊骨，右手用刀从鱼尾刀口处刀刃向左将鱼骨整条剔出，放在一旁的餐碟上
整理成形	用刀叉将鱼肉合上，恢复原状，再将鱼身上的作料稍微整理，保持鱼形美观，然后端上餐桌

七、中餐带骨、带壳和块状菜品的分菜服务

中餐带骨、带壳和块状菜品的分菜服务如表 2-5-3 所示。

表 2-5-3　中餐带骨、带壳和块状菜品的分菜服务程序及步骤

服务程序	工作步骤
上刀叉	1. 当客人点了体积较大的块状食物时，在上菜之前需为客人摆上刀叉 2. 将刀叉整齐地放在铺上餐巾的托盘上，然后逐位摆在餐碟位的两侧；左叉右刀，刀叉平行，叉齿向上，刀刃向左，刀叉柄指向桌边

续表

服务程序	工作步骤
上洗手盅	1. 当客人点了虾、蟹或鸡翅等带壳、带骨的菜品时，服务员需送上温度适中的柠檬水洗手盅 2. 使用托盘送给每位客人一份洗手盅，摆在餐位的右上方，同时要礼貌地向客人说明用途
上毛巾	递送小毛巾并敬送茶水
撤餐具	1. 客人用毕该道菜并洗手后，将洗手盅、茶具和小毛巾撤下 2. 当客人吃完该道菜后，需及时将刀叉撤下

表 2-5-4　分菜考核打分表

项目	项目评分细则	扣分	得分
用时(10 分)	3 分钟		
要求(80 分)	抽题，进行分菜。要求：能正确使用分菜工具；分菜方法正确，动作利落，效率高		
仪表(10 分)	动作熟练、手法灵活、用语礼貌、手部清洁、面带微笑		
总计			

【复习自测】

一、选择题

1. 上菜可以选择在哪些位置？(　　)

A. 老年人旁边　　B. 小孩子旁边

C. 翻译旁边　　D. 主人和主宾中间

2. 对中餐宴会上菜的原则，说法错误的是(　　)。

A. 先冷后热、先菜后点　　B. 先甜后咸、先烧后炒

C. 先清淡后肥厚　　D. 先优质后一般

3. 由两名服务员同时服务，一名负责完成桌边的烹饪制作，另一名负责为客人上菜的服务方式是(　　)。

A. 法式　　B. 俄式　　C. 英式　　D. 美式

4. 下列关于汤类菜肴的分让方法说法正确的是(　　)。

A. 先将盛器内的汤分入客人的碗内，然后再将汤中的原料均匀地分入客人的汤碗中

B. 先将汤中的原料均匀地分入客人的汤碗中，然后再将盛器内的汤分入客人的碗内

C. 同时将汤中的原料和盛器内的汤分入客人的碗内

D. 以上说法都不对

5. 下列关于分鱼的说法错误的是(　　)。

A. 服务员左手持叉，右手持刀，用叉轻压鱼背，以避免鱼在盘中滑动

B. 用餐刀从鱼尾刀口处沿鱼身中线，刀刃向右将鱼肉切开至鱼头刀口处

C. 将刀叉同时插入鱼中线刀口处，用叉轻压鱼身，用刀沿中线将鱼肉两边剔开，让整条骨刺露出来

D. 左手轻压脊骨，右手用刀从鱼尾刀口处刀刃向左将鱼骨整条剔出，放在一旁的餐碟上

二、简答题

常用的分菜方法有哪几种？

项目六　撤换餐用具服务

【学习目标】

1. 了解撤换餐用具的时机与要求。

2. 会熟练撤换餐用具。

>>任务　撤换餐用具服务<<

客人在用餐过程中，服务员应不断巡视自己的服务区域，如发现客人餐碟中骨刺残渣超过碟面1/3，应及时更换。如果宴会规格、档次较高，应该是每上一道菜撤换一次餐碟，以显示宴会的档次。

一、撤换餐碟

撤换餐碟的具体要求如下。

①吃完浓汁浓味的菜品时，需要更换餐碟，以防串味，影响客人食欲。

②吃完带刺、骨、壳的菜品后，需要及时更换餐碟。

③吃甜、咸交叉的菜品时，需为客人撤换餐碟。

④上水果前，换上干净的餐碟和水果刀叉。

⑤餐碟内洒落酒水或异物时要及时更换。

⑥客人失误将餐具掉落在地上时，要立即更换。

二、撤换其他餐用具

(一)撤换酒具

宴席进行中，客人提出更换酒水时，要及时更换酒具；客人酒杯中洒落汤汁、异物时，要及时更换酒具；客人的酒具打碎或掉在地上时，应及时更换。

(二)撤换烟灰缸

当烟灰缸中有两个以上烟蒂时，应及时为客人撤换烟灰缸。撤换烟灰缸时，服务员应左手托托盘，将干净的烟灰缸置于托盘内，行至餐桌旁，轻声说“对不起”；用右手将干净烟灰缸覆盖在脏烟灰缸上，一起移入托盘；再将干净烟灰缸置于桌上。

(三)送换香巾

中餐服务通常在以下几种情况下需换送香巾：客人到时要递香巾，上汤后要更换香巾，上炒饭后要更换香巾，上虾蟹等需用手剥食的菜品时要更换香巾，上水果前后要更换香巾，客人中途离席回来后要更换香巾，客人用餐结账后要更换香巾。

三、西餐撤换餐用具的时机

西餐要求每上一道新菜，撤换一次餐盘。具体为：当客人餐盘上的刀、叉交叉摆在餐盘上时，表示客人还要继续食用；当客人餐盘上的刀、叉平行放在餐盘上时，表示此菜食用完毕，可以撤换餐具。此外，撤换时还要注意征询客人的意见。

表 2-6-1　撤换餐用具考核打分表

项目	项目评分细则	扣分	得分
操作姿势(10 分)	姿势挺拔、正确，动作规范		
更换要求(80 分)	时机正确，动作利落，操作文明、卫生，效率高		
仪表(10 分)	动作熟练、手法灵活、用语礼貌、手部清洁、面带微笑		
总计			

【复习自测】

简答题

1. 撤换餐碟的具体要求有哪些？
2. 简要说明西餐撤换餐用具的时机。

模块三　餐饮服务流程

【学习导读】

随着我国社会主义市场经济的繁荣发展，餐饮企业之间的竞争越来越激烈，服务也成为扩大销售、争夺市场、提高效益的重要手段。服务是企业文化、企业内在品质、企业员工素质最生动而无可替代的展示，服务将在很大程度上决定着竞争的胜负。对于酒店餐饮部门来说，服务流程意味着要从更多的细微处为客人着想，为客人提供优质的服务，满足客人就餐的需求。本模块着重讲述了中、西餐服务及房内送餐服务，通过对中、西餐的不同特色及不同场合的分析，阐述了中餐零点服务和宴会服务，西餐、自助餐等服务方式。在实践中，只有选择合适的服务方式，才能够娴熟地开展服务工作。

项目一　中餐服务流程

【学习目标】

1. 了解中餐服务方式。
2. 熟记零点餐午、晚餐服务程序。
3. 掌握宴会服务流程。

>>任务一　中餐服务方式<<

中餐服务方式是指中式餐厅中使用的招待客人的服务方式。中餐在其长期的发展过程中，兼收并蓄，逐步形成了自己的服务方式。这种服务方式是同中餐菜品的许多特点相适应的。常用的中餐服务方式有共餐式、转盘式和分餐式三种。

一、共餐式服务

传统的共餐式服务，由就餐者用自己的筷子到菜盆中夹取菜肴。今天的共餐式服务在此基础上做了较大改进，就餐时客人用附加的公筷、公匙、公勺盛取喜爱的菜肴。

共餐式服务比较适合用于2～6人的中餐零点服务。其服务程序和形式如下。

①摆台时，根据餐桌大小和用餐人数摆放一至两副公筷、公匙。

②上菜时服务员站在适当的位置，将托盘中的菜盘摆放到桌上。

③报出菜名，向客人介绍菜肴特色。

提供共餐式服务时，应注意如下事项。

①中餐上菜常常是所有菜点同时上台，服务员要注意台面上不同菜肴的搭配摆放，尤其是荤素和颜色的搭配。

②菜肴上台时，注意配上适当的公用餐具，方便客人取菜，避免使用同一餐具。

③台面上的菜肴放不下时，应征求客人意见，对台面进行整理，撤下剩菜不多

的盘子，切勿将菜盘叠加起来。

④如遇有外宾用餐，应主动为其提供叉、匙等西餐餐具。

⑤整鸡、整鸭、整鱼等菜肴，应协助客人分切成易于筷子夹取的形状。

⑥所有的菜肴上完后应告知客人，并询问客人品种、数量够否，最后祝客人用餐愉快。

二、转盘式服务

转盘式用餐是在一个大的圆桌面上，安放一个直径为 90 cm 左右的转盘，将菜肴等放置在转盘上面，供就餐者夹取的就餐形式。转盘服务在中餐服务中是一种普遍使用的餐桌服务方式，适合用于大圆台的多人就餐服务，既可用于旅游团队、会议等团体用餐，也适用于中餐的宴会服务。

转盘式服务方法和程序如下。

(一)台面布置

①在台上按铺台布的要求铺好台布。

②将转盘底座转轴摆放到桌子的正中央。

③将干净的转盘放到转轴上，试验其是否转动自如。

④根据便餐或宴会的要求摆台。

(二)转盘式便餐服务

①在台面上摆放 2～4 副公筷、公匙。

②服务员从适当的位置上菜，报出菜名，介绍菜肴特色。

③客人用公用餐具为自己取菜。

④服务员协助客人分派整鱼、整鸡、整鸭等大菜。

⑤在多骨、多刺和口味截然不同的菜肴之间为客人调换骨盘，换盘时注意：先撤后上，先女后男，先长后幼，先宾后主。

(三)转盘式宴会服务

服务员站在适当的位置为客人上菜、分菜。当一位服务员单独服务时，按以下程序分菜：收撤脏盘；介绍新上菜肴；干净骨盘沿转盘边放好；用公用餐具分派；请客人享用新上菜肴。当有两位服务员协作服务时，按如下程序分菜：收撤脏盘；换上干净骨盘；介绍菜肴；两人配合分菜，一人分菜，另一人递盘，注意分清主次先后；请客人享用。

三、分餐式服务

分餐式服务是吸收了西餐服务方式的优点并使之与中餐服务相结合的一种服务

方式，人们又将这种服务方式称为“中餐西吃”。它比较适用于较正式的高档宴会。分餐式服务又可分为“边桌服务”和“派菜服务”两种。

(一)边桌服务

边桌服务是在宴会餐桌旁设一个固定的或可推的流动服务边桌，在边桌上放一些干净骨盘和其他餐具，进行宴会的分菜服务。其服务程序如下。

①服务员将菜肴用托盘送至餐桌上，向客人介绍菜肴特色。

②将菜肴放回到服务边桌上，准备分菜。

③两名服务员配合，一名分菜，另一名将餐桌上前一道菜用过的脏盘撤下，然后将新分好菜的骨盘置于每位客人的面前。

④将菜盘中剩余的部分菜肴整理好，放回到餐台上，以便就餐者需要时添加。

(二)派菜服务

派菜服务的基本程序如下。

①服务员给客人换上干净的骨盘。

②服务员将菜肴送上餐桌，报出菜名，为客人介绍菜肴特色。

③将菜肴放到铺了干净垫巾的小圆托盘上，左手托盘，右手拿服务匙、服务叉分菜。

④分派的次序依照主宾、主人，然后按顺时针方向绕桌进行，分菜时建议从客人的左侧进行，这样可以避免托盘与匙、叉的交错。

⑤每派完一位客人，服务员应退后两步，再转身给下一位客人服务。

⑥最后将剩余的菜肴整理好，放回到餐桌上，以便客人需要时添加。

(三)分餐式服务时应注意的问题

①掌握好分菜服务的时间、节奏，分派的整个过程应尽可能短，不使后派到菜的客人等候过久。

②无论是边桌服务，还是派菜服务，服务员要操作稳健，不出声响。

③注意分派的分量，分派需均匀。

④放回餐桌的多余菜肴，一定要整理好，不要给人以残羹剩菜的感觉。

概括而言，上述几种中餐常用服务方式，在特定的场合各有其实用价值和优点。在进行餐饮服务管理中，要培训服务人员熟练、正确地运用上述方法服务。一个餐台或一次宴会，不必拘泥于某一种服务方式，可以根据就餐的人数和不同的菜肴，选用不同的方法交叉使用。

>> 任务二　零点餐早餐服务 <<

中餐零点餐服务是指在中餐厅接待散客，为临时来用餐的客人提供的服务。其特点为：就餐客人数目不定，接待量较难确定；需求标准不一，菜品种类广而散；就餐时间交错，服务时间较长；需求有不可预见性等。

目前为客人准备的早餐服务主要有：早茶服务、自助餐服务、套餐服务等。其服务流程如下。

一、餐前准备

①开餐前，应检查餐厅是否按要求摆好餐位，台椅摆放是否整齐美观，餐厅环境卫生是否清洁干净。

②备好各种茶叶，上好开水及各种作料、开餐用具。将备用餐具摆放在规定的固定位置。

③做好个人卫生，佩戴好员工号牌，整理好仪表。

二、问位开茶服务

中国人一般都讲究餐前饮茶，因此“问位开茶”成了餐前必不可少的服务环节。开茶的具体做法如下。

①当客人进入餐厅后，迎宾服务员随即以微笑姿态接待客人，并致问候。问清人数后，由领位员将客人带到合适的餐台安排就座。

②服务员主动为客人拉椅让座，送上香巾后开茶。因各人饮茶习惯不同，所以要向客人问茶，在征询客人意见后，按需开茶，并可根据客人对茶叶的喜好介绍适宜品种。

③为客人开茶时，不能直接用手抓茶叶往茶壶里放，应用茶勺按茶位放茶，放时应注意卫生，茶量准确。开茶到台，应在客人的右侧斟倒一杯礼貌茶。一般来说，7 人及以下用一个茶壶，8 人以上用两个茶壶。斟倒茶时，右手执壶，左手自然弯曲放在背后，茶水不宜倒得太满，一般以八分满为宜。如客人有临时加位，应加上适量茶叶，冲水送上，并为其斟上一杯礼貌茶。

④根据客人的人数填写点心卡，记上台号、茶位，签上服务员名字或工号，把点心卡送上台，为客人脱去筷子套并将筷子套收回。如需加位或撤走多余餐具，应左手托盘，右手摆放或取走餐具。

三、开餐服务

(一)早茶服务

早茶最早流行于广东，早茶的服务对象为具有一定消费能力而又有闲暇时间的客人。

①填写点心卡，记上台号、茶位。

②提供茶水服务，推销点心，送上点心。

③提供现点食品。

④桌边服务：续茶水、换烟灰缸、清理台面。

【知识拓展】

广州早茶，是一种民间饮食风俗。

广州人饮早茶，有的是当作早餐，一般是全家老小围坐一桌，共享天伦之乐。有的喝完早茶即去上班，有的则以此消闲。消闲族大多为街坊退休老人，他们一般来得最早，离去最迟，从早上茶馆开门可以一直坐到早茶“收档”。“请早茶”是广州人一种常用的社交方式。

(二)自助餐服务

①开餐前做好食品、饮料的陈列、保温工作。

②迎宾，向客人介绍菜点、饮品，根据客人的需要为客人送上煎炒、煮制食品。

③经常补充、整理菜点，热菜保温。

④桌边服务，及时清理空盘、杂物。

(三)套餐服务

①提供茶水服务后，向客人介绍套餐的种类、价格等。

②客人点餐后，及时送上。

③为客人准备好必要的调料，做好桌边服务。

四、结账服务

①早茶服务后，客人要求结账时，服务员迅速将点心卡送至收银台。收银员核算后，由服务员为客人进行结账。

②如果是套餐服务或自助餐服务，服务员可直接去收银台要账单。

③服务员将账单放入收银夹或收银盘内，站在客人的右侧将账单递给客人。

④早茶服务完，主动提供打包服务。

五、送客服务

①客人起身时，主动拉椅送客，提醒客人带上自己的物品。致谢，送客。

②当客人走到餐厅门口时，迎宾员将客人送出餐厅门口，并欢迎客人再次光临。

六、清点台面

①先检查是否有客人遗留物品，再清理台面，先收小香巾、茶壶、茶杯，最后

收其他餐具。

②台面清洁后，迅速换上干净台布，重新摆台。

>>任务三　零点餐午、晚餐服务<<

一、电话预订程序

①电话铃响三声之内，服务员应迅速拿起电话问好、报餐厅名。

②如是预订电话，应询问客人的姓名、房号或单位名称、人数、就餐时间及具体要求。

③准确记录电话内容，复述以上内容，并提醒客人餐厅留座时间等事项。

④当餐厅预订已满，向客人进行解释，告诉客人需要等候的时间或将客人介绍到酒店的其他餐厅。

⑤向客人道谢，应在客人放下电话后再挂断电话。

二、零点餐午、晚餐服务程序

(一)餐前准备

①清洁整理，摆设台面。

②清洁餐厅，保持各部位卫生清洁。

③擦拭各种餐具。

④清点和更换台布、餐巾等。

⑤领取每日餐厅开餐所用酒水及必需品并放置在规定的各部位。

⑥准备香巾。

⑦准备洗手碗以备客人在开餐中的特殊需要。

⑧叠出充足的口布花。

⑨调制添充好各种酱料。

⑩准备冰水及冰酒桶。

(二)检查各环节的节点

①餐厅地面卫生情况务必保持良好，如有问题及时处理。

②各种设施设备确保运转良好。

③各类摆设布置得当，餐桌上的鲜花确保齐备。

④餐厅内边柜中的餐具是否准备充足、完好无缺并清洁。

⑤开餐时使用的各种酱料是否准备好，盛放容器是否清洁。

⑥冰水饮料是否充足并达到规定的温度标准。

⑦餐桌上的餐具是否清洁、无破损，摆放位置是否正确，转台是否清洁。

⑧清洁的布草能否保证需要。

⑨各种服务用具是否准备停当。

（三）迎宾领位让座

①迎宾。客人走进餐厅，领位员应主动热情问候，问清用餐人数，以便安排座位。

②拉椅让座。餐厅服务员见领位员带进客人后要热情问候，并拉椅让座，递上菜单及点心单。

（四）帮助客人点菜

等客人看完菜单后，服务员应为其点菜并借此推销特色菜肴，在为客人介绍的同时要善于揣摩客人的消费层次、口味，以便为其提出恰当的建议，点完菜后再为客人复述一遍。

（五）下单

客人下单后，服务员务必将菜单迅速送至厨房并将客人的特殊要求写在菜单上，尽可能地满足客人的要求。

（六）递香巾

①客到、茶到，并提供第一次香巾服务。

②将保温箱内折好的香巾放入香巾托内并将香巾托摆放在托盘内送至餐位。递香巾时服务员站在主宾右侧开始以顺时针方向依次服务，并说“对不起打扰，请用香巾”。香巾的开口处朝右。

③香巾较脏或客人用餐完毕，上甜点、水果之前为客人提供第二次、第三次香巾服务。

（七）问茶、斟茶

①问茶。服务时，要站在离客人一步左右的距离向在座的客人询问：“请问各位喝什么茶？我们这里有××茶、××茶。”

②斟茶。从主宾开始以顺时针方向依次为客人斟茶，或遵循礼宾次序为客人斟倒(在客人的右边)，并说：“给您斟茶。”如果发现壶嘴有滴漏现象，应垫一个骨碟在下面。

（八）铺口布、脱筷套

①客人入座后，服务员上前为客人铺口布，按照“女士优先，先宾后主”的原则

在客人右侧为其铺口布。

②左手的食指、中指、拇指抓住筷套的底端，为客人脱去筷套。

(九)撤香巾

从客人右边依次撤下香巾。

(十)斟酒水、饮料

①送上客人点的酒水和饮料后，从客人右侧开始斟倒。如客人点白葡萄酒，应先倒一小口的量让主人品尝，认可后再给主宾斟倒，后再给主人斟满。

②客人如点白酒，价格高的要问清度数，打开前先给客人看下，确认后再开酒。如同时点有白酒、啤酒、葡萄酒，应先倒白酒，其次为啤酒、葡萄酒。

(十一)撤茶杯

①从客人右手边将茶杯撤走(要征得客人的同意)。

②若客人没有点酒水，则不需撤茶杯。

(十二)上小菜、酱油、醋

①向客人推荐一些小吃，供其酌酒时食用。

②在包间服务时应在客人落座后询问客人是否需要酱料。

(十三)上菜、席间服务

①上菜时，服务员要调整餐桌上的用具摆位，留出足够的空位，作为上菜口。

②客人进食虾、蟹等带壳的食物和其他需用手直接食用的食物时，服务员要在上其他用品的同时上洗手碗并上一道香巾。

③客人就餐中，服务员要留意上菜的次序和快慢，及时与厨房联系，并随时撤换骨碟。

④客人就餐中，服务员要随时为客人添加酒水或饮料，直至客人示意不要为止。客人不要酒水后，应将空杯撤下，同时要随时更换烟灰缸。

⑤及时撤掉餐桌上的空盘，留出空位以便其他菜肴上台。

⑥客人如对食品有不满意的地方，服务员应及时报告经理，采取适当措施尽可能使客人满意。

⑦服务员在为客人上汤或主食前，应就台上或台下分碗征询客人意见，决定服务的形式。

⑧待客人用毕菜肴主食，服务员需撤走骨碟、碗、筷子等，留烟灰缸、酒杯于台面。

⑨服务员主动问客人是否需要甜品。

⑩甜品上台后为客人倒茶递香巾。

⑪客人就餐完毕，经理、领班、服务员应主动征询客人意见，询问是否需要其他服务。

（十四）结账

当客人就餐完毕要求结账时，服务员应先检查账单，检查无误再交给客人结账，并表示感谢。如是现金，要当面点清并重复金额，然后送到收款台。

（十五）送客

客人用餐完毕起身时，服务员要主动及时地为其拉椅，对客人的光顾表示感谢，并欢迎其再来本餐厅就餐。

（十六）清理台面

①客人离去后，服务员要迅速清理台面。

②如果有其他客人用餐，应避免发出搬动桌椅的响声。

③台面清理干净，换上干净的台布和餐具，等待迎接新的客人。

>> 任务四　宴会服务 <<

宴会是政府机关、社会团体、公司或个人为了表示欢迎、答谢、祝贺等，根据接待规格和礼仪程序而举行的一种隆重、正式的聚餐活动。

【知识拓展】

宴　会

一、烧尾宴

专指士子登科或官位升迁而举行的宴会，盛行于唐代，是中国欢庆宴的典型代表。“烧尾”一词源于唐代，有以下三种说法。一说是兽可变人，但尾巴不能变没，只有烧掉。二说是新羊初入羊群，只有烧掉尾巴才能被接受。这两种说法虽不同，但都认为“烧尾”是表示从原来的身份发生突然变化的一种仪式。三说是鲤鱼跃上龙门，必有天火把它的尾巴烧掉才能成龙。这个说法源自唐中宗时期，一名叫杨再思的官员为皇帝烹制了一桌佳肴，可等菜做好了还没想到该给宴席起什么名。这时候他听有人报：“龙门守杨俊人到！”这一听，他就由龙门想到鲤鱼跳龙门需要天火烧掉尾巴的故事。于是，“烧尾”二字便有了百折不挠的寓意和前程远大、官运亨通的象征。

二、文会宴

文会宴是中国古代文人进行文学创作和相互交流的重要形式之一。文会宴形式自由活泼，内容丰富多彩，追求雅致的环境和情趣，一般多选在气候宜人的地方。

席间珍肴美酒，赋诗唱和。历史上许多著名的文学和艺术作品都是在文会宴上创作出来的。著名的《兰亭集序》就是王羲之在兰亭文会上写的。

一、宴会的特点

宴会具有社交性、聚餐式、规格化和礼仪性等特点。

宴会是一种重要的社会交往形式，表示欢迎、答谢、祝贺等；宴会就餐人数多，消费标准高，就餐时间长；宴会要求格调高雅，宴会在环境及台面布置上要求体现宴会的主题，突出热烈、隆重的气氛；宴会的菜品设计要求讲究色、香、味、形、器、养的搭配，品种丰富，有一定的格式和质量要求；宴会接待礼仪要求高，讲究接待技艺和服务规格。

二、宴会的经营特点

(一)宴会活动的多功能性

宴会经营项目主要有以下四大类。

①以餐饮为主的宴会活动，有中西餐宴会、酒会等。

②以会议为主的宴会活动。

③以娱乐为主的经营活动，有舞会、文艺演出、时装表演等。

④外卖宴会服务，承办酒店外的各种形式的就餐活动。

(二)消费标准的差异性

尽管宴会形式多样，但主要还是以销售食品、酒水为主。消费标准高低不一，宴会管理要适应多层次的消费需要。

(三)宴会组织工作的复杂性

根据宴会的不同组织规模、主题、消费标准，客人所需的宴会产品也不尽相同。整个组织接待涉及部门广泛，如美工环境设计、采购部原料组织、厨房加工、宴会厅服务、财务收入核算、公关宣传等。因此，宴会整体接待的完成需要酒店各部门的支持与通力合作。

三、中餐宴会服务环节

(一)宴会的预订

订餐方式是指为预订宴会，主办方与酒店宴会预订员之间接洽联络、沟通宴会预订信息而采取的方式、方法。根据宴请的对象和主题，可采用多种方式进行预订。

1. 电话订餐

电话订餐是订餐的主要方式，主要用于小型宴会预订。订餐人应说明单位名称、人数、标准、时间，留下联系人的姓名和电话号码。

2. 面谈订餐

面谈是较常见的一种宴会预订方式，住店客、地区居民多用这种方式预订。订餐者通过与宴会预订员进行面对面的交谈，可以充分了解酒店举办宴会的各种基本条件和优势，洽谈举办宴会的一些细节问题，提出一些特殊的要求。面谈可以增进彼此间的信任和了解，有利于达成一致意见。

3. 信函订餐

信函订餐适宜于远距离、长时间订餐的企事业单位或住店客。它以书面的方式询问和回答有关问题。事后还要与酒店保持联络，并结合电话预订或面谈，最终达成协议。

4. 网上订餐

随着网络技术的发展和普及，网上订餐业务也随之发展起来，它带来的是方便、实惠和个性化。如果公司要预订今天中午的一顿经理宴会，只要从计算机记录中调出参加宴会人员的个人档案，进入网络系统，输入参加宴会的人数、宴会地点、消费标准、个人口味、喜好及忌口，网络上就会出现可选择的餐厅，选中最佳餐厅，进入该餐厅目录，查寻餐厅菜品介绍，最后通过网络订餐、点菜，注明就餐时间、上菜速度及付款方式。

(二)宴会的准备

餐饮部根据宴会预订要求，做好宴会前的服务准备工作，主要包括以下八个方面。

1. 掌握情况

接到宴会通知单后，宴会服务员应对宴会安排进行全面了解，一般要做到“十知”和“三了解”。

“十知”：知主人身份、宾客国籍、宴会标准、开餐时间、菜式品种、宴请人数、主办单位、姓名、收费办法和邀请对象。

“三了解”：了解客人风俗习惯、客人生活忌讳、客人特殊喜好。

2. 明确分工

规模较大的宴会，要确定指挥人员，由指挥人员对服务人员进行工作分工。迎宾、衣帽间、宾客室、值台、传菜、酒吧等岗位人员要有明确的分工和具体任务要求。

3. 设计宴会与布置现场

酒店根据宴会预订要求和宴会厅的具体情况，分析、研究、提炼宴会主题，设法表现宴会主题，创造意境。根据客人需求和宴会厅的现场建筑风格、室内装饰、宴席主题、规格的高低等因素进行宴会厅现场布置。

4. 熟悉菜单

服务员应熟悉宴会菜单内容和主要菜肴的风味特色等，包括每道菜的名称、风味特色、配菜调料和制作方法，以做好上菜、派菜和回答宾客对菜点提出的询问等工作。

5. 物品准备

根据宴会通知单的服务要求，准备好各式餐具和服务用品，备好菜肴应配的作料，备好鲜花、茶、水果等物品。

6. 铺设餐台

宴会开始前1小时，按宴会通知单上的具体要求摆好餐台，并在面向宴会厅入口处摆上席次卡。根据客人需要，还可摆上宴会菜单和座次卡。

7. 摆放冷盘

为保证冷菜的新鲜卫生，大型宴会开始前15分钟左右完成冷盘摆放，中小型宴会视客人情况而定。冷盘摆放要根据菜品的种类和数量，注意色调分布与搭配，荤素菜注意搭配摆放，注意展示菜肴造型，桌面菜点布局均匀，各桌菜点摆放整齐一致。

8. 全面检查

准备工作全部就绪后，宴会管理人员要做一次全面的检查。开宴前的检查必须认真，发现问题及时补救，确保宴会顺畅、高效地进行。

检查以后，服务人员要整理仪表仪容，搞好个人卫生，精神饱满地等候来宾。

(三)迎宾服务

根据宴会的入场时间，宴会主管人员和迎宾员提前在宴会厅门口迎候宾客，值台服务员在各自负责的餐桌旁准备服务，休息室服务员要主动接过衣帽和其他物品，然后为宾客斟倒茶水或饮料，送上小香巾。

(四)宴会就餐服务

1. 入席服务

宾客进入宴会厅时，服务人员站在餐台边，面带微笑欢迎客人，并帮助客人找座位，引请入座。待客人入席坐定后，撤走席位卡、插花等，给客人递餐巾、撤筷套，并礼貌询问客人的酒水要求。

2. 斟酒服务

为客人斟酒水时，要先征求客人意见，根据客人的要求，斟倒各自喜欢的酒水饮料。如客人提出不需要酒水，应将空杯撤去。斟酒应从主宾开始斟葡萄酒，再斟烈性酒，最后斟饮料；红葡萄酒斟五成，白葡萄酒斟七成，烈性酒和软饮料斟八成。当客人干杯或敬酒时，应迅速拿酒瓶到台前准备添酒。观察每位客人杯中的酒水是否已准备好。

3. 上菜服务

①上菜要按上菜技能规定进行。

②宴会中的一些菜要趁热上。如传菜距离太长，可考虑在厨房出菜时在菜盘或托盘上加盖，菜上好后取走，以保证菜品的温度和卫生。

③大型宴会的上菜要看主台的上菜情况或听指挥，做到行动统一，以免造成上菜不一致，引起客人的不悦。

④大型高级宴会由餐厅统一规定菜品服务的方式，以显示出宴会气氛的一致性和服务人员的训练有素。普通宴会根据客人的要求和菜品具体情况，适时给客人提供适当的分菜服务。

4. 席间服务

席间，服务员要勤巡视、勤斟酒，并细心观察客人的表情及需求，主动提供服务。当客人杯中的酒水少于1/3时，应给客人续酒；骨碟的更换次数一般不少于3次；上甜品、水果时，送上热茶和小香巾，撤去酒杯、茶杯和牙签之外的所有餐具；当客人吃完水果时，撤走水果盘、点心碟和刀叉，派香巾，摆上鲜花，以示宴会结束。

(五)送客服务

1. 结账准备

上菜完毕后即可做结账准备。清点所有酒水、加菜等宴会菜单以外费用并累计总数，送收银台准备账单。

宴会结账由宴会负责人指定专人负责。付款时，如用现金可以将现金交给收银员；如是住店客人签单，要核对客人房卡并确认前台押金情况，请客人签名后交收银员；如是合同单位签单，应核对签单人的身份证明并确认其签单权，然后将账单交给收银员。给宴会客人结账时同样需要账单夹，并注意礼貌。

2. 拉椅送客

主人宣布宴会结束，值台员要提醒客人携带好随身物品，不要遗忘寄存的物品。客人在离席的同时，值台员要检查客人是否有遗留物品。然后视其情况，站在餐台旁或大门旁，热情欢送客人。如宴会后还有其他活动安排，要根据接待要求进行服务。

3. 取递衣帽

衣帽间的服务人员根据衣牌号码，及时、准确地将衣帽取递给客人。

4. 收台检查

在客人全部离去后立即清理台面。收台工作要循序渐进，先收小香巾、餐巾，然后收酒具、瓷器、金属器，贵重餐具要当场清点。收餐具和运送餐具要小心，避免餐具破损。

5. 清理现场

清理宴会场地，搞好地面清理工作，将餐桌椅按规定位置码放整齐，以备下次使用。关好门窗，关闭空调、音响、电灯。

（六）宴会服务注意事项

①服务操作时注意轻拿轻放，严防打翻餐具和碰翻酒杯、酒瓶，以免影响场内气氛。

②宴会服务应注意节奏，快慢应以客人进餐速度为准。

③服务员之间要分工协作，出现漏洞时，要相互弥补。

④宴会期间，两个服务员不应在宾客的左右两边同时服务，以免给宾客带来不便。

⑤当宾主在席间讲话或在国宴演奏国歌时，服务员要停止操作，迅速退至工作台旁肃立，姿态要端正，排列要整齐，餐厅内要保持安静，切忌发出声响。

⑥席间若有宾客忽感身体不适，应立即请医务室协助并向领导汇报，将食物原样保存，留待化验。

⑦宴会结束后，应主动征求客人对服务和菜点的意见，礼貌地与客人道别。

⑧宴会主管要对完成任务的情况进行小结，不断提高服务质量和服务水平。

【知识拓展】

筷子礼仪

在长期的生活实践中，中国人对使用筷子形成了一些礼仪上的忌讳。

一忌敲筷。即在等待就餐时，不能坐在餐边，一手拿一根筷子随意敲打，或用筷子敲打碗盏或茶杯。

二忌掷筷。在餐前发放筷子时，要把筷子一双双理顺，然后轻轻地放在每个人的餐桌前；距离较远时，可以请人递过去，不能随手掷在桌上。

三忌叉筷。筷子不能一横一竖交叉摆放，不能一根是大头，一根是小头。筷子要摆放在碗的旁边，不能搁在碗上。

四忌插筷。在用餐中途因故需暂时离开时，要把筷子轻轻搁在桌子上或餐碟边，不能插在饭碗里。

五忌挥筷。在夹菜时，不能把筷子在菜盘里挥来挥去，上下乱翻，遇到别人也来夹菜时，要有意避让，谨防“筷子打架”。

六忌舞筷。在说话时，不要把筷子当作刀具，在餐桌上乱舞；也不要在请别人用菜时，把筷子戳到别人面前，这样做是失礼的。

【复习自测】

一、选择题

1.（　　）是一种普遍使用的餐桌服务方式，适用于大圆台的多人用餐服务。

A. 共餐式服务　　　　B. 转盘式服务

C. 分餐式服务　　　　　　　　D. 自助餐式服务

2.(　　)是吸收了众多西餐服务方式的优点并使之与中餐服务相结合的一种服务方式，主要适用于较正式的高档宴会服务。

A. 共餐式服务　　　　　　　　B. 转盘式服务

C. 分餐式服务　　　　　　　　D. 自助餐式服

3. 开茶到台后，应该在宾客的右侧倒第一杯礼貌茶，通常以(　　)分为宜。

A. 五六　　　B. 七八　　　C. 八九　　　D. 倒满

4. 客人随到随点随煮，按实际消费结账，自行付款的餐厅是(　　)餐厅。

A. 零点餐厅　　B. 特色餐厅　　C. 主题餐厅　　D. 自助餐厅

5. 值台员餐中服务工作流程正确的是(　　)。

A. 热情迎宾—开茶服务—引客入座—点菜、开单、下单—斟酒服务—上菜服务

B. 热情迎宾—引客入座—点菜、开单、下单—开茶服务—斟酒服务—上菜服务

C. 热情迎宾—引客入座—开茶服务—点菜、开单、下单—斟酒服务—上菜服务

D. 热情迎宾—引客入座—开茶服务—点菜、开单、下单—上菜服务—斟酒服务

6. 宴会开始前(　　)左右摆上冷盘。

A. 5 分钟　　　B. 10 分钟　　　C. 15 分钟　　　D. 20 分钟

二、简答题

1. 简述中餐零点餐服务特点。
2. 简述宴会预订的方式。
3. 简述宴会服务注意事项。

三、案例分析

一个晚上，酒店中用餐客人络绎不绝，餐厅咨客忙着迎来送去，满头大汗。这时 6 位客人在一位女士的引导下来到了二楼中餐厅。咨客马上迎了过去，满面笑容地说：“欢迎光临，请问女士贵姓?”这位女士边走边说：“我姓王。”“王女士，请问您有没有预订?”“当然了，我们上午就电话预订好了牡丹厅。”咨客马上查看宾客预订单，发现确实有一位姓王的女士在上午预订了牡丹厅，于是咨客就迅速把这批客人带进了牡丹厅。过了半小时，餐厅门口又来了一批人，共有 12 位客人，当领队的王女士报出自己昨天已经预订了牡丹厅时，餐厅咨客发现出了问题，马上查阅预订记录，才发现原来今晚有两位王姓女士都预订了厅房，而咨客在忙乱中将两组客人安排进了同一间厅房。餐厅咨客为了补错，立即就把客人带到了紫荆厅，客人进房一看更加不满意了。王女士满脸不高兴地说：“我们预订的是一张 12 人台，这是一间 10 人台的厅房，我们 12 个人怎么坐得下?”王小姐不耐烦地径直到牡丹厅一

看，里面的客人已开席了，12人台只坐了7个人，咨客看了看这么多的客人，为这不恰当的安排而再次赔礼道歉，但是这12位客人仍然不愿意坐进这间10人厅房。“你们这么大的酒店，居然连预订都会搞错，还开什么餐厅！同意了我的预订就要兑现，我们要去牡丹厅，其他的厅房我都不去！今天我的客户很重要，这样让我多没面子，把你们的经理找来！”王小姐突然生起气来。“十分抱歉，这是我们的工作失误，这几天预订厅房的客人特别多，我们弄乱了，请你们先进房间入座，我们马上给你们加位好吗?”餐厅经理急忙过来好言好语地解释。“我们这么多人坐得如此拥挤，让我多没有面子！好像我宴请朋友非常小气一样。”“对不起，这是我们的错误，今天客人太多，请多多原谅。”

看着客人进了紫荆厅房，经理和咨客才松了一口气，但看到这群客人坐得那么拥挤，咨客心里又过意不去，这正是因为自己的工作失误带来的错误。

请根据案例分析咨客在迎接客人服务中有哪些注意事项？如何更好地完成该项服务？

分析：

咨客应该在为客人预订的时候把客人的中文全名和联系电话记下来，在客人到达时，咨客要先核对客人的全名和电话，再把客人带到预订好的厅房就餐。

即使带错厅房，也应尽量安排客人到座位数与人数相应的房间。

处理结果：

1. 咨客与经理均对客人诚恳道歉。餐厅咨客为了补错，立即把客人带到了10人台的厅房紫荆厅。

2. 为客人提供额外的优惠，如送果盘、甜品等，以此表达餐厅因为本身工作失误给客人造成麻烦的歉疚之意。

3. 再次当众向王小姐一行客人表示歉意，使她在朋友们面前挽回面子，也充分让客人感觉到他们是餐厅重要的客人。

4. 以此事件作为经验教训，培训全体员工，规范服务流程，务求所有员工明确顾客第一的意识。

项目二 西餐服务流程

【学习目标】

1. 熟记西餐服务方式。
2. 了解扒房服务。
3. 掌握西餐宴会服务流程。

>> 任务一 西餐服务方式<<

西餐服务源于欧洲贵族家族，经过多年的演变，各国各地区的服务方式及摆台方式都不尽相同。目前，国际上在饭店中常见的服务方式有法式服务、俄式服务、美式服务。除了某些特色餐厅为追求一种别具一格的风格而采用某种特殊服务方式外，大多数餐厅都采用两种以上的服务方式。

一、法式服务

法式服务是在欧洲国家，特别是在法国、英国的高级餐厅里，一代代沿袭下来的一种服务方式。它是由西查·里兹在20世纪初创造的一种豪华服务方式。因此，这种服务也被称为“里兹服务”。

(一)法式服务的特点

传统的法式服务在西餐服务中是非常细致和周密的。法国餐厅装饰豪华和高雅，以欧洲宫殿式为特色，餐具常采用高质量的瓷器和银器，酒具常采用水晶杯。通常采用手推车或旁桌现场为顾客提供加热和调味菜肴及切割菜肴等。在法式服务中，服务台的准备工作很重要。通常在营业前做好服务台的一切准备工作。法式服务注重服务程序和礼节礼貌，注重服务表演，注重吸引客人的注意力，服务周到，每位客人都能得到充分的照顾。但是，法式服务节奏缓慢，需要较多的人力，用餐费用高。餐厅空间利用率和餐位周转率都比较低。

(二)法式服务的方法

1. 法式服务的摆台

法式服务的餐桌上先铺海绵桌垫，再铺台布，这样可以防止台布在餐桌上滑动，也可以减少餐具与餐桌之间的碰撞声。摆装饰盘，装饰盘常采用高级的瓷器或银器等。将装饰盘的中线对准餐椅的中线，装饰盘距离餐桌边缘 1～2 cm。装饰盘的上面放餐巾。装饰盘的左边放餐叉，餐叉的左边放面包盘，面包盘上放黄油刀。装饰盘的右边放餐刀，刀刃朝向左方。餐刀的右边常放一个汤匙。餐刀的上方放各种酒杯和水杯。装饰盘的上方摆甜品的刀和匙。

2. 传统的二人合作式的服务

传统的法式服务是一种非常周到的服务方式，由两名服务员共同为一桌客人服务。其中一名为经验丰富的正服务员，另一名是助理服务员，也可称为服务员助手。正服务员请客人入座，接受客人点菜，为客人斟酒上饮料，在客人面前烹制菜肴，为菜肴调味，分割菜肴，装盘，递送账单等。助理服务员帮助正服务员现场烹调，把装好菜肴的餐盘送到客人面前，撤餐具和收拾餐台等。在法式服务中，正服务员在客人面前做一些简单的菜肴烹制表演或切割菜肴和装盘服务。助理服务员用右手在客人右侧送上每一道菜。通常，面包、黄油和配菜从客人左侧送上，因为它们不属于一道单独的菜肴。从客人右侧用右手斟酒或上饮料，从客人右侧撤出空盘。

3. 上汤服务

当客人点汤后，助理服务员用银盆将汤端进餐厅，然后把汤置于熟调炉上加热和调味，其加工的汤一定要比客人需要的量多些，方便服务。正服务员用大汤匙将银盆中的汤装入客人的汤盘后，助理服务员用右手从客人右侧服务。助理服务员把热汤端给客人时，应将汤盘置于垫盘的上方，并使用一条叠成正方形的餐巾。这条餐巾能使服务员端盘时不烫手，同时可以避免服务员把大拇指压在垫盘的上面。

4. 主菜服务

主菜的服务与汤的服务大致相同，正服务员将现场烹调的菜肴，分别盛入每一位客人的主菜盘内，然后由助理服务员端给客人。服务员为客人服务牛排时，助理服务员从厨房端出烹调半熟的牛肉、马铃薯及蔬菜等，正服务员在客人面前调配作料，把牛肉再加热烹调，然后切肉并将菜肴放在餐盘中。正服务员这时应注意客人的需求，看他要多大的牛排。同时，应该配上沙拉，助理服务员应当用左手从客人左侧将沙拉放在餐桌上。

二、俄式服务

俄式服务起源于俄国的贵族与沙皇宫廷中，在拿破仑战争中第一次出现在欧洲。它以其简便、迅速的服务优势，很快超出当时占主要地位的英式服务和法式服务，成为当时欧洲王室里非常流行、时髦的服务方式，至今被大多数豪华餐厅所采用。

(一)俄式服务的特点

俄式服务是西餐普遍采用的一种服务方法。俄式服务的餐桌摆台与法式的餐桌摆台几乎相同。但是，它的服务方法不同于法式。俄式服务讲究优美文雅的风度，将装有整齐和美观菜肴的大浅盘端给所有客人过目，让客人欣赏厨师的装饰和手艺，并且也激发了客人的食欲。俄式服务，每一个餐桌只需要一名服务员，服务的方式简单快速，服务时不需要较大的空间。因此，它的效率和餐厅空间的利用率都比较高。俄式服务使用了大量的银器，并且服务员将菜肴分给每一位客人，使每一位客人都能得到尊重和较周到的服务，因此增添了餐厅的气氛。由于俄式服务是在大浅盘里分菜，因此，可以将剩下的、没分完的菜肴送回厨房，避免不必要的浪费。俄式服务的银器投资很大，如果使用和保管不当会影响餐厅的经济效益。在俄式服务中，最大的问题是最后分到菜肴的客人，看到大浅盘中的菜肴所剩无几，总有一些影响食欲的感觉。

(二)俄式服务的方法

1. 分发餐盘

服务员先用右手从客人右侧送上相应的空盘，开胃菜盘、主菜盘、甜菜盘等。注意冷菜上冷盘，即未加热的餐盘，热菜上热盘，即加过温的餐盘，以便保持食物的温度。上空盘依照顺时针方向操作。

2. 运送菜肴

菜肴在厨房全部制熟，每桌的每一道菜肴放在一个大浅盘中，热菜盖上盖子，然后服务员从厨房中将装好菜肴的大银盘用肩上托的方法送到客人的餐桌旁。

3. 分发菜肴

服务员用左手以胸前托盘的方法服务，用右手操作服务叉和服务匙在客人的左侧分菜。分菜时以逆时针方向进行。斟酒、斟饮料和撤盘都在客人右侧。

三、美式服务

美式服务是餐厅服务中最普遍、最有效的服务方式之一。美式服务是餐厅服务人员根据客人的点菜，将装有已烹调装饰好的菜肴的餐盘直接送到客人面前的西餐服务方式，故也称为“盘式服务”。

(一)美式服务的特点

美式服务是简单和快捷的餐饮服务方式，一名服务员可以看数张餐台。美式服务简单，速度快，餐具和人工成本都比较低，空间利用率及餐位周转率都比较高。

美式服务是西餐零点和西餐宴会理想的服务方式，广泛用于咖啡厅和西餐宴会厅。

美式服务的餐桌上先铺海绵桌垫，再铺台布，这样可以防止台布在餐桌上滑动，也可以减少餐具与餐桌之间的碰撞声。台布的四周至少要垂下 30 cm。但是，台布不能太长，否则，影响客人入席。有些咖啡厅在台布上铺上较小的方形台布，这样，重新摆台时，只要更换小型的台布就可以了，可以减少大台布的洗涤次数。同时，也起着装饰餐台的作用。通常，每两个客人使用糖盅、盐盅和胡椒瓶各一个。

将叠好的餐巾摆在餐台上，它的中线对准餐椅的中线，餐巾的底部离餐桌的边缘 1 cm。两把餐叉摆在餐巾的左侧，叉尖朝上，叉柄的底部与餐巾对齐。在餐巾的右侧，从餐巾向外，依次摆放餐刀、黄油刀、两个茶匙。刀刃向左，刀尖向上，刀柄的底部朝下，与餐巾平行。面包盘放在餐叉的上方。水杯和酒杯放在餐刀的上方，距刀尖 1 cm，杯口朝下，待客人到餐桌时，将水杯翻过来，斟倒凉水。

(二)美式服务方法

在美式服务中，菜肴由厨师在厨房中烹制好，装好盘。餐厅服务员用托盘将菜肴从厨房运送到餐厅的服务桌上。热菜要盖上盖子，并且在客人面前打开盘盖。传统的美式服务，上菜时服务员在客人左侧，用左手为客人送上菜肴，从客人右侧撤掉用过的餐盘和餐具，从客人的右侧斟倒酒水。目前，许多餐厅的美式服务上菜服务从客人的右边，用右手，顺时针进行。

四、英式服务

英式服务又称家庭式服务。其服务方法是服务员从厨房将烹制好的菜肴传送到餐厅，由客人中的主人亲自动手切肉装盘，并配上蔬菜，服务员把装盘的菜肴依次端送给每一位客人。调味品、沙司和配菜都摆放在餐桌上，由客人自取或相互传递。英式服务家庭的气氛很浓，许多服务工作由客人自己动手，用餐的节奏较缓慢。在美国，家庭式餐厅很流行，这种家庭式餐厅采用英式服务。

五、综合式服务

综合式服务是一种融合了法式服务、俄式服务和美式服务的综合服务方式。许多西餐宴会采用这种服务方式。通常用美式服务上开胃品和沙拉；用俄式或法式服务上汤或主菜；用法式或俄式服务上甜点。不同的餐厅或不同的餐次选用的服务方式组合也不同，这与餐厅的种类和特色、客人的消费水平、餐厅的销售方式有着密切的联系。

>> 任务二　西式早餐服务(咖啡厅)<<

一、西式早餐特点及分类

(一)西式早餐特点

西式早餐比较科学，主要供应一些选料精细、粗纤维少、营养丰富的食品，如各种蛋类、面包等。

(二)西式早餐分类

西式早餐一般可分为三类：欧式早餐、英式早餐、美式早餐。

星级酒店中的“欧式早餐”也叫“简单早餐”，而美式早餐相对项目繁多，因此也被称为“复杂式早餐”和“全早餐”。

欧式早餐比较简单，类别较少，主要包括面包、黄油或果酱、咖啡或茶、果汁。

英式早餐通常包括主食、副食、饮料。英国还有专门的“早餐茶”，这是一种拼配红茶，喝的时候加牛奶和糖，或者柠檬片。

美式早餐是个大杂烩，汇集了欧洲大陆各国的早餐内容，项目繁复。除了欧式和英式早餐的内容，还有一种大包蛋。

二、西餐早餐服务程序

(一)迎接客人

①保持正确的站姿和仪表仪容。

②向客人微笑并打招呼。

(二)引领客人入座

①在客人左前方 1.5 m 处引领客人。

②根据客人人数及客人特殊要求，为客人安排餐桌。

③按照女士优先的次序为客人搬开餐椅，示意客人入座，当客人到达餐椅前，即将落座时，将餐椅轻轻前送。

(三)早餐服务

1. 服务咖啡或茶

①问候客人，并询问客人要咖啡还是茶。

②站在客人右侧 0.5 m 处按先女士、后主人的次序顺时针方向为客人下订单。

③根据客人所订的食品，为客人提供相应的服务。

④及时为客人撤掉空盘和空杯，添加咖啡或茶，清洁台面。

2. 自助餐

①向客人介绍菜品及方位。

②客人自己到自助餐台取所需食品，如需要可帮助客人取所需食品。

③及时为客人撤去空盘、脏盘，保持台面清洁。

3. 零点菜单

①客人就座后为客人介绍菜品，推荐咖啡或茶。

②根据客人的要求下订单，并且重复订单让客人确认。

③将订单送入厨房，并且写上入单时间。

④根据所订的食品摆、换餐具。

⑤将食品送入餐厅，为客人服务。

(四)结账并送客

①检查账单，保证清楚无误，并准备好笔和账单夹。

②若为住店客人，客人结账时，礼貌地请客人出示房卡。

③核对客人的房卡无误后，将笔和账单递给客人。

④客人签字后，礼貌地感谢客人，同时将账单收回或当面点清钱数。

⑤迅速将账单交给收款员。

⑥客人起身离开餐厅时，服务员应及时检查餐桌旁有无客人遗留下的物品并表示欢迎客人下次再来。

>> 任务三　扒房服务 <<

一、扒房概念

扒房是五星级酒店必须要设的一个餐厅，是全酒店最高档的餐厅，基本上要有一流的服务和最高级的食物。扒房所采用的是法式服务，服务一桌(基本上是两个客人)需要花 2～3 小时，有沙拉、汤、主菜和甜品。

二、西餐扒房服务流程

(一)物品准备

铺台布，拿餐具，摆餐具按西餐摆台流程执行。

(二)迎客入座

拉椅，铺餐巾，点蜡烛，上菜单、酒单，为客人订菜、点酒水。推销餐前酒："请问餐前需要用些什么酒水？我们备有各种鸡尾酒、啤酒和果汁饮品，请选点。"上餐前酒时，轻声重复酒水名称，并视需要用搅拌棒为客人调和餐前酒。

(三)点菜服务

点菜除按西餐点菜服务流程执行外，首先应向客人介绍当日特色菜点："各位中午好/晚上好，今天除了菜单上的菜品外，我们的厨师还备有几种特色菜，相信各位会喜欢的。请各位挑选，过一会儿我再来为各位点菜，谢谢。"

(四)酒水服务

在上酒水单时，应根据客人所点的菜，主动推销红、白葡萄酒："先生，您的牛排/海鲜如配上红葡萄酒/白葡萄酒，风味将会更好，请问需要一瓶吗?"

(五)其他服务

客人用餐完毕，摆上配套的甜品银餐具，上甜品时轻声重复其名称，甜品完毕后，上咖啡、茶并跟上糖、奶。

(六)注意事项

①给客人面包时，须用服务叉将面包放入客人的面包盘内，使用敬语"请"。

②现场分切牛羊排时，应由两名服务员操作，将切好的肉片装盘并盖上银盖，上桌后跟上沙司。

③将奶酪盘向客人展示，供请挑选后，切成三角形片，配以水果、蔬菜或饼干上桌。

④示酒、开瓶、斟酒等服务按斟酒操作流程执行。

⑤当客人进餐到约 1/2 时，主管或领班主动上前，向客人征求对食品质量和服务质量的意见："请问几位先生，今天的菜还合口味吗？服务还有什么要改进的吗?"

>> 任务四　西餐宴会服务 <<

西餐宴会服务是很讲究气派、排场和规格的，高级宴会的服务需几个人看一台，通力协作，配合默契。

一、西餐宴会的特点

西餐宴会是使用刀叉等西式餐具，采用西式摆台，品尝西式菜肴，按西餐礼仪提供服务的宴会。西餐宴会的餐桌一般用长台，较少用圆台；用餐方法采用分餐制；一人一份餐盘，多套刀叉服务；每吃一道菜，更换一套餐具，不同的菜式摆上不同的刀叉餐具；不同的菜上不同的酒及酒杯。宴会厅灯光柔和，气氛轻松而舒适。宴会进行中有乐队伴奏或插放轻音乐。

二、西餐宴会的服务流程

西餐宴会服务包括餐前准备、迎宾服务、用餐服务、餐后服务四个环节。

(一)餐前准备

①布置宴会场所与摆台。根据宴会通知单的要求布置餐厅，摆出台型，做好宴会厅的清洁卫生工作，并根据宴会菜单和规格进行摆台。宴会场所的布置与摆台应注意烘托宴会气氛。

②准备临时工作台。根据宴请人数、菜单准备宴会临时工作台，在工作台上准备咖啡具，茶具，冰水壶，托盘，服务用刀、叉、勺等；在备餐间内准备面包篮、调味品及酒水，并将需要冰镇的酒水提前放入冰箱。

③餐前检查。对宴会前各项准备工作进行检查，服务人员整理自己的仪表仪容，调整好精神面貌，为宴会服务做好心理准备。

(二)迎宾服务

①客人到达时，服务人员礼貌、热情地欢迎客人。

②餐前鸡尾酒服务。根据宴会通知单的要求，在宴会开始前30分钟或15分钟左右，在宴会厅门口或休息室为先到的客人提供鸡尾酒服务。服务时由服务人员端送饮料和鸡尾酒，并在餐桌上或茶几上准备好小吃。

③宴会开始前请宾客入宴会厅，为客人拉椅、送椅，客人坐下后为客人铺上餐巾。

(三)用餐服务

①宴会开始前进行递送黄油、面包服务。可以用面包篮在客人左侧进行分派，注意所有客人分派的面包数量应一致；也可将面包篮放在客人前面让客人自行取用。

②安排客人就座后，先女后男为客人斟佐餐酒，最后给主人斟佐餐酒，询问是否需要其他酒品。

③西餐宴会多采用美式服务，有时也采用俄式服务。

④上菜顺序依次是冷开胃品、汤、鱼类、副盘、主菜、甜食水果、咖啡或茶。

⑤按菜单顺序撤盘上菜。每上一道菜前，应先将用完的前一道菜的餐具撤下。服务员要留意宾客对撤盘的示意方法，如果将刀叉并拢放在餐盘左边或右边或横于餐盘上方是表示不再吃了，可以撤盘。如果呈“八”字形搭放在餐盘的两边，则表示暂时不需撤盘。西餐宴会要求等所有宾客都吃完一道菜后再一起撤盘。

⑥上每一道菜前将所配的酒水从客人右侧提前递送上桌。

⑦为客人斟酒前，先向主人展示酒水，经主人同意后，再开瓶。佐餐葡萄酒开瓶后先给主人杯中斟少量酒，主人品尝认可后，才可按顺序给每位客人斟酒。斟酒完毕后，将白葡萄酒或香槟酒放回冰桶。

⑧上主菜前，先将配菜递送给客人。如使用俄式服务进行分菜，注意站在客人左侧进行派菜服务。如宴会客人较多，应由几名服务人员同时进行派菜。

⑨上甜点水果之前撤下桌上除酒杯以外的餐具(主菜餐具、面包碟、黄油盅、胡椒盅、盐盅)，摆好甜品叉匙。水果要摆在水果盘里，跟上洗手盅，水果刀、叉。

⑩上咖啡或茶前放好糖缸、淡奶壶，每位宾客右手边放咖啡或茶具，然后拿咖啡壶或茶壶依次斟上。有些高档宴会需推酒水车问送餐后酒。

(四)餐后服务

①结账服务。宴会接近尾声时，清点所用的酒水、饮料，请收银台打出总账单。当主人示意结账和按规定办理结账手续时，应向宾客致谢。

②送客服务。客人起身离座时，主动为客人拉椅，检查并提醒客人是否遗留物品，向客人致谢并邀请再次光临，然后礼貌送客人到餐厅门口。

③餐后整理工作。整理台面，用托盘或小推车收台、撤台布；整理桌椅，为下一次宴会做准备；领班记录宴会服务情况，并关闭电灯、门窗等。

【知识拓展】

进餐时手提包的摆放礼仪

在欧美，女士入座后，通常会直接把手提包放在脚边的地板上。把手提包放置在桌上，对她们来说，是不太合适的。

因此，除了夹在腋下的小皮包外，其他手提包不能放在餐桌上。

那么，手提包应该放在哪里呢？可能有很多人不习惯把手提包放在地板上，这时，你可以把手提包放在背后和椅子之间或大腿上(餐巾下)。

若是邻座没有人，也可以放置在椅子上，或挂在皮包架上。

西餐喝酒的礼仪

一般情况下服务员会按顺序倒酒，这时，不要动手去拿酒杯，而应把酒杯放在桌上由服务员来倒。如果你不想让服务员给你倒酒，那么就用指尖碰一下酒杯的边缘，以示不想要了。

为避免手的温度使酒温增高，正确的握杯姿势是用三根手指轻握杯脚，即用大拇指、中指和食指握住杯脚，小指放在杯子的底台固定。

喝酒时绝对不能吸着喝，应该倾斜酒杯，就像是将酒放在舌头上喝。可以轻轻摇动酒杯，让酒与空气接触以增加酒味的醇香，但不要猛烈地摇晃杯子。

非敬酒时的一饮而尽，或是边喝酒边透过酒杯看人、拿着酒杯边说话边喝酒、将口红印在酒杯沿上等，都是失礼的行为。

【复习自测】

一、选择题

1.(　　)是从分餐车上为客人准备菜式的服务形式。

A. 法式服务　　B. 俄式服务　　C. 美式服务　　D. 英式服务

2.(　　)是将在厨房内已经准备好的食物预先放在餐碟内，由服务员直接将餐碟上到餐桌上的服务形式，又称“盘式服务”。

A. 法式服务　　B. 俄式服务　　C. 美式服务　　D. 英式服务

3.(　　)的最大特点是使用大量的银器增添餐桌气氛，是一种优美典雅、十分讲究礼节、服务效率较高、能使每位宾客享受到体贴服务的方式。

A. 法式服务　　B. 俄式服务　　C. 美式服务　　D. 英式服务

4. 西餐服务中，(　　)的服务规则是：加热后的空盘从客人右边，按顺时针方向绕台摆放，派送食物则从左边按逆时针方向进行；斟酒、上饮料和撤盘都在宾客右侧进行。

A. 法式服务　　B. 俄式服务　　C. 英式服务　　D. 美式服务

5. 西餐厅中被人们习惯称为扒房的餐厅是指(　　)。

A. 高档法式餐厅　　B. 高档美式餐厅

C. 高档俄式餐厅　　D. 高档意式餐厅

6.(　　)是一种非常豪华的服务，最能吸引宾客的注意力，给宾客的个人照顾较多。

A. 英式服务　　B. 法式服务　　C. 俄式服务　　D. 美式服务

7.(　　)较法式服务节省人力，服务速度也较快，餐厅的空间利用率高，又能显示其讲究、优雅的特点。

A. 美式服务　　B. 英式服务　　C. 俄式服务　　D. 意大利式

8. 被称为里兹服务、正规服务、手推车服务的服务方式是(　　)。

A. 法式服务　　B. 英式服务　　C. 俄式服务　　D. 美式服务

9. 被称为家庭式服务，多用于私人宴会的服务方式是(　　)。

A. 法式服务　　B. 英式服务　　C. 俄式服务　　D. 美式服务

10. 被称为标准早餐、健康式早餐的是(　　)。

A. 欧式早餐　　B. 美式早餐　　C. 英式早餐　　D. 日式早餐

11.（　　）是西餐正餐中最主要的部分，是全套菜的灵魂。

A. 开胃头盘　　B. 汤　　C. 色拉　　D. 主菜

二、简答题

1. 法式服务的特点是什么？

2. 什么是扒房？

3. 西餐宴会服务包括哪些环节？

三、案例分析

一天，A女士和朋友来到一家西餐厅吃饭。坐下之后服务员小刘过来为她们点菜。A女士点了一份蔬菜汤、一份肉酱面和一份水果布丁。当前菜和主菜都上来并且她们已经吃了比较长的一段时间之后，A女士发现她的布丁还没有来。于是叫来小刘问道："我的布丁还没有好吗？"小刘当场有种恍然大悟的感觉："对不起，对不起，我刚才忘记下单子了。真不好意思。我现在马上去为您下单子好吗？"A女士不开心地说："算了。我不要了。结账吧！"A小姐心里想："有没有搞错，居然忘记了！"

酒店应该如何处理此次事件？

分析：

1. 当A女士询问为什么布丁还没有上的时候，小刘可以对客人说：不好意思，我马上帮您去看看。然后马上去冷厨把布丁拿给客人。因为布丁是在餐前已经准备好的，是拿出来就可以上的成品。

2. 人难免会犯错，但是在应变能力和服务技巧上需不断提高。

处理结果：

1. 餐厅经理与小刘向客人道歉，以期取得客人原谅。

2. 管理人员批评教育小刘，并以此事件作为经验教训，培训全体员工，务求所有员工明确顾客第一的意识。

3. 将此事作为案例存档，供餐饮部培训学习，以避免日后再次发生同类事件。

项目三　特殊餐饮服务流程

【学习目标】

1. 了解自助餐服务流程。
2. 掌握客房送餐服务。
3. 熟记蒙餐服务流程。

>> 任务一　茶歇服务 <<

茶歇就是工作期间片刻的休闲，是在平时工作和会议进程休息中安排提供一些热饮(以咖啡/茶为主)和一些甜品、水果等，有时也会根据员工或会议组织者的要求和季节的变化，增加一部分软饮料(可乐、果汁、矿泉水等)和一些三明治。在这片刻中，大家聚在一起，喝茶，聊天，以舒缓身心。

茶歇服务

一、准备工作

①看清预订单(EO 单)的茶点要求：会场名称、人数、茶点时间和次数及茶点品种，有无自带茶点(如小食或水果，接收时应该核对好品种和数量，尽可能让客人把自带的茶点提前拿来，可询问销售跟单人，方便安排工作)。

②根据相关要求准备好茶点物品：茶点碟、点心盘、水果盘、咖啡羹、奶盅、咖啡杯、咖啡糖、咖啡伴侣、咖啡杯底碟、足够的矿泉水、食物夹和相关装饰物、咖啡机、茶点台(要擦干净)、食物叉、垃圾桶、下栏盆、脏餐具台，同时检查相关物品是否卫生及是否有破损，要确保用具卫生和食品安全。

③茶歇台应该提前布置(一般提前半天)。

④用席巾将相关用具盖好。

二、出品和装盘

①根据预订单的出品时间和出品要求及出品份数(核对有无增减)将出品信息提

前 1 小时通知西厨饼房和冻房。

②为了确保茶歇上得及时，应该提前 30 分钟推三层木车（人数在 50 人以下，如果茶歇人数多，管理人员应该根据具体情况安排）下去拿茶歇，核对茶歇品名和数量，如果遇到电梯难搭（3～5 分钟没搭上）应该选择走楼梯，并及时与当班领班或主管联系，增派人手，以确保茶歇不延误。

③在上茶歇时，专业的茶歇摆放能为其增值，因此茶歇的造型也很有讲究，茶点应装入茶歇台上的专用盘中，不要大盘上，摆放要求卫生、美观、简洁，注意色调搭配合理，错落有致，以获得良好的视觉效果，让客人体验超值的会议服务。

④安排好切或洗水果的人，注意把握时间，一般来说应该提前准备。

⑤放茶歇台卡。

三、茶歇服务

①首先是咖啡服务：咖啡机需要在茶歇开始 20 分钟前插电，在茶歇开始前 3～5 分钟可以先磨出几杯咖啡（保持原味），以防排队等候，同时也体现出超前服务和人性化服务。磨咖啡的过程中应该注意以下几个方面：

咖啡豆、水需及时添加，咖啡豆粉需及时清理；

保证人均一杯咖啡；

非茶歇时间不提供咖啡；

主动询问是否要加糖和咖啡伴侣，以提升服务质量。

②其他茶歇品种一般来说都是客人自助为主，服务人员要做好台面清理工作（不要对客人用茶歇造成不便），有客人要求帮忙拿取茶点时，应该主动热情。

③及时清理垃圾桶和收好脏的茶歇用具。

④不要让其他会议室的客人或闲杂人等来拿茶点，如有发现要及时阻止并及时上报，以免造成客人投诉。

⑤如客人要将吃剩的茶歇放到下一节会议使用或打包带走，应该上报当班领班或主管（由其做好解释工作）。

四、送洗

①将茶歇餐具分类（茶歇专用餐具和其他餐具分开），选择洗碗低峰期送洗，0.5～1 小时后回收。

②不锈钢制品易流失，因此由服务人员自己清洗（先用茶水泡去油，清洗后点数），放回原位。

③清理垃圾桶和茶歇台面，将各种物品放回原位，重要物品要放在安全区域。

总之，茶歇服务主要分为茶歇前的准备、茶歇时的服务和茶歇后的清理，如表 3-3-1所示。

表 3-3-1　茶歇服务的流程

序号	阶段	服务事项
1	茶歇前准备	将咖啡提前放入咖啡壶，杯具码放整齐 将客人自备的水果及茶点分类装盘 将纸巾及垃圾桶准备好 将所有水壶打满开水
2	茶歇中服务	将咖啡或茶水准备好，按客人需要为其提供服务 茶歇期间随时添加水果及茶点 随时将客人用过的餐盘及杯具收回
3	茶歇后清理	将客人用过的餐具及杯具收回处理 询问客人剩余水果或茶点是否带走，如遗留则及时分类处理 清洗并消毒所用过的咖啡壶 清理茶歇台，将其余用具收回

>> 任务二　自助餐服务 <<

“自助餐”这个舶来品的真正起源是在 8 世纪至 11 世纪北欧的斯堪的纳维亚半岛。自助餐在大型的商务活动中尤为多见。它的具体做法是由就餐者在用餐时自行选择食物，然后或立或坐，自由地与他人在一起或是独自一人用餐。之所以称为自助餐，主要是因其可以在用餐时调动用餐者的主观能动性，而由其自己动手，自己帮助自己，自己在既定的范围之内安排选用菜肴。

自助餐服务

一、自助餐的特点

(一)菜点丰富，价格低廉

客人支付规定数量的钱后即可品尝到品种繁多的菜肴、点心，且不限取食次数，所以客人用餐较为自由。

(二)进餐速度较快

客人付钱进入餐厅后，无须点菜并等候，即可取食菜点，较为适合现代社会快节奏的生活方式，同时也可使饭店提高餐厅的座位利用率。

(三)人力费用较低

因为客人是自取菜点，服务员仅需提供简单的服务，如整理餐桌、补充菜点和餐具等，这样可使餐饮企业节省人力资源，降低费用。

二、自助餐的餐前准备工作

(一)餐台设计

自助餐台，又称菜点陈列台，通常设在餐厅靠墙的一侧，也可放在餐厅的中央或一角。其台形与冷餐酒会的台形相似，一般以“一”字形长台居多，也可是方形或圆形台。如果餐厅的客流量较大，可由一个主台和几个小台组成；若仅有一个主台，也应进行分区设计，如自助早餐可分为饮料区、菜区、甜点水果区等，自助正餐可分为饮料区、冷菜(头盆)区、热菜区、汤类点心区等。

(二)餐桌摆台

首先应准备摆台的相应餐用具，主要是台布、汤匙、餐刀、餐叉、筷子、餐巾及餐巾纸和酱醋壶、盐椒盅、牙签筒、花瓶等。通常的自助餐摆台采用西餐零点摆台方式，但可不放纸垫式菜单(早餐)和展示盘(正餐)。餐巾花(盘花)放在餐位正中。餐巾纸叠成三角形，插入水杯，摆放在餐桌中央。如饭店客源以内宾为主，也可采用中餐零点摆台方式，但应备好西餐餐具，以满足客人需要。花瓶、酱醋壶、盐椒盅、牙签筒等按中(或西)餐摆台要求摆放。

(三)餐台陈列

①开餐前应将所有菜点、饮料及餐盘等餐具陈列在餐台上。

②餐台服务员应用鲜花、黄油雕等装饰餐台。

③餐盘等餐具应整齐地陈列在距餐厅门口最近的餐台一侧，以便客人取用。

④饮料区应备好果汁、咖啡、茶等，并注意供应温度，该冰的应冰，该热的应热，并备好杯具，整齐地排列在餐台上。

⑤热菜点上台后应点燃固体酒精，使保温炉内的水处于沸腾状态，始终保持热菜点的温度。

⑥取食菜点的服务叉匙或点心夹应统一放在菜点盘中或放在菜点盘旁边的餐碟中。

⑦自助早餐的煎煮台(区)应备足原料，餐碟等应整齐地放在餐台上备用，同时备好所需调料。

(四)检查

餐前准备工作做好后，应仔细检查有无疏漏或不妥之处，如有发现应及时纠正，最后整理自己的仪表仪容，在规定位置上站立恭迎客人的到来。

三、自助餐服务规程

(一)迎领服务

①领位、领班在客人到达餐厅门口时，向客人打招呼，如“先生/女士，您好，欢迎光临”。询问客人的人数，并引领客人到相应的位置，如“请问一共几位，5位是吗？请跟我来，这边请”。

②领位迎走在客人的前方，带领客人走进餐厅，要确定客人跟随在后，介绍餐厅的餐台方向(与客人保持1 m距离)。

③客人到餐台时，负责该区域的服务员要主动上前与客人问候，“先生/女士，您好，欢迎光临”，同时拉椅让客人落座，并说“您请坐”。

④服务员做自我介绍，并征询客人喝什么酒水或茶水。“先生/女士，您好！我叫×××，是为您服务的服务员，请问你们喝点什么？我们有小瓶的啤酒和鲜榨果汁，请问您喜欢喝凉的啤酒还是新鲜的果汁，现在是秋季了，新鲜果汁很好，可以补充维生素，您可以试一下。”若客人喝茶，要微笑介绍：“我们有乌龙、香片、菊花、龙井等，请问您喜欢喝什么茶?”

⑤详细记清客人所点酒水、茶水等，并向客人复述，查看客人的手牌号；填写详细的消费单(包括人数、时间、台号、日期、手牌号)，请客人签字确认。

(二)上酒水

①迅速将消费单传给吧台录入员，并取回酒水。

②服务员以左手托住托盘拿酒水，站在客人的右边，从女士开始顺时针斟倒酒水。

(三)席间服务

①客人自由取拿自助餐食品，要提示客人少拿勤取；如客人需要盛汤或取食较多的情况下，服务员要主动上前帮助客人将食物端回餐位。

②当客人盘中的菜吃完时，服务员应从客人的右边，顺时针方向将客人用过的餐盘收回，一边收一边分类放在圆托盘中。

③服务员将脏托盘送到洗消间，沿途经过客人的餐桌时，继续收取客人用过的餐盘，分类放在托盘内。

④服务员将托盘内的脏碗、脏盘等分类放在洗消间的工作台上，切不可随意乱放，以免碗、盘等破碎。

⑤服务员要迅速回到工作区域。

⑥当客人起身取食时，要主动上前帮助客人拉椅；当客人取食回来时，服务员也要主动上前帮助客人拉椅。

⑦收取客人用过的空杯之前，一定要询问客人是否要再来一瓶啤酒或一瓶饮料，确定客人不要时方可将空杯收走。

⑧如客人饮用茶水要及时为客人添茶。给客人倒茶时茶壶应倾斜 45°。

⑨当客人开始取用甜品或水果时，服务员应及时收取餐桌上用过的餐盘。

⑩再次为客人斟倒茶水。

（四）餐台工作

①菜卡摆设符合菜名，缺菜卡的要及时补齐。

②保证分类菜肴充分供应，如客人较多要及时通知厨房加菜。

③避免餐台同时缺少 2～3 种食品，否则会给客人已收餐或缺少菜色的错觉。

④补充水果时，水果夹不可带入厨房。

⑤检查带皮的水果，是否有压破、过熟、长霉的情形。

⑥检查并挑出破损餐具。将破损餐具收回洗碗间，并在破损簿上登记。

⑦酒精膏燃尽，要及时更换补充。酒精膏为易燃物，在取用时要注意方法：将已确认燃尽的酒精膏从酒精架上取下，换上新的酒精膏，待放在酒精架上以后再点燃。

⑧在开餐时间要不断补充餐台上的餐具，如餐盘、汤碗、勺、筷子。

⑨长分羹、长分叉、菜夹应放在餐盘上，置于热锅、凉菜、主食等菜位下面；垫碟应经常更换。

⑩长分羹、长分叉、菜夹手柄处沾到油污时要立刻更换。

（五）结账送客

①随时留意客人想结账的举动。

②结账之前将客人剩余的酒水及时送回吧台。

③客人起座时要主动为客人拉椅并提醒客人带好随身物品。

④由领位员引领客人到总台结账。

（六）其他注意事项

①自助餐餐厅布置要科学合理，既便于客人用餐，又便于服务人员服务。

②随时注意食物供应量的变化，做到及时添加食物。

③尽量采用合理的方式提示客人注意量力而行，少取多次，以节约成本。

④自助餐的菜单设计要充分考虑顾客的饮食习惯和爱好，对菜品数量的调整和控制，以既要满足客人的需要，又要减少菜品的浪费为原则。

>> 任务三　鸡尾酒会服务 <<

鸡尾酒会服务

一、鸡尾酒会的形式和特点

(一)鸡尾酒会的形式

鸡尾酒会是比较流行的社交、聚会的宴请方式。举办鸡尾酒会既简单又热闹、欢愉且又适用于不同场合。它不需要豪华设备，可以在任何时候举行。参加者不分高低贵贱，气氛热烈。从酒会的主题来看，多是欢聚、庆祝、纪念、告别、开业典礼等。鸡尾酒会通常在下午、晚上举行，以供应各种酒水饮料为主，附设各种小吃、点心和一定数量的冷热菜。

(二)鸡尾酒会的特点

鸡尾酒会不拘于形式，客人可以迟到早退，席间常由主人、主宾即席致辞，鸡尾酒会一般不摆台不设座，只在边上为年老者或愿意落座者设少量的桌椅，桌上摆餐巾纸、花瓶等，在酒会大厅摆设几个类似自助餐的餐台，陈列小吃、菜肴。

鸡尾酒会的菜肴摆放在餐桌上供客人自由选取，因此，供应的菜肴必须是即使放得时间长一些也不会走味的冷餐。酒会前根据客人的人数布置餐桌，多布置为V形、T形或S形长台，置于餐厅中间。在餐厅的另一端有一张工作台，上面放着为酒会准备的鸡尾酒和其他饮料。

酒会饮料，按惯例以鸡尾酒、啤酒为主，另外再加一些果汁饮料。这些饮料有的备置在餐桌上供客人自取，但大多数是由服务员拿着酒轮流为客人斟倒的。

二、鸡尾酒会的服务标准操作和程序

表 3-3-2　鸡尾酒会的服务标准操作和程序

工作准备	服务过程	注意事项
准备工作	1. 开餐前半小时将一切准备工作做好 2. 场地大小主要根据参加的人数而定，但每人应有 1 m^2 左右的活动空间 3. 根据方案的具体细节要求设计台型、摆放桌椅，准备所需的各种设备，如麦克风、横幅等 4. 吧台。鸡尾酒会临时设的吧台由服务员负责在酒会前准备好 5. 食品台。将足够数量(一般到席人数的 3 倍数量)的食品盘、小叉、小勺放在食品台的一端或两端，中间陈列小吃、菜肴 6. 小桌、椅子。小桌摆放在餐厅四周，桌上置花瓶、餐巾纸、牙签盅等物品，少量椅子靠墙放置	根据方案上的“酒会需要”栏，准备各种规定的酒水、冰块、调酒用具和足够数量的玻璃杯具等 高级鸡尾酒会还准备牛肉车为宾客切割牛柳、火腿等 根据客人的要求看是否摆放桌椅

续表

工作准备	服务过程	注意事项
服务工作	1. 在入口处设主办单位列队欢迎客人的地方，服务员列队迎宾，在主办代表欢迎客人后，引宾入场(某些场合不用迎宾) 2. 负责服务酒水的服务员，用托盘托好斟满的酒杯在厅内来回向宾客敬让，自始至终不应间断，托盘内应放置一些餐巾纸，每杯饮品均用餐巾纸包住杯脚或杯底后，递给客人 3. 要及时回收客人手中、台面上已用过的酒杯，保持台面的整洁和酒杯的更替使用 4. 负责菜点的服务员要在酒会前半小时左右摆好干果、点心和菜肴，酒会开始后注意帮助年老人取用，随时准备加干果、点心，保证有足够的盘碟餐具，撤回桌上和客人手中的脏盘，收拾桌上用过的牙签、餐巾纸等 5. 吧台的服务员要负责在酒会开始前准备好各种需要用的酒水、冰块、果汁、水果片和兑量工具等物品。酒会开始后负责斟酒和领取后台洗刷好的杯具，整理好吧台台面，对带气的酒和贵重酒类应随用随开，减少浪费，各种鸡尾酒的调制要严格遵循规定的比例和标准操作 6. 虽然大多数客人是站着边谈边吃，但在四周仍应设有少数座位，这是专供客人中的老年人和病弱者坐的，服务员要给予照顾 7. 酒会中，不允许服务员三三两两相聚一起。每个服务员都应勤巡视，递送餐巾纸、酒水等 8. 主人致辞、祝福时，事先要安排一位服务员为主人送酒，其他服务员则分散在宾客之间给客人送酒，动作要敏捷麻利，保证每一位客人有一杯酒或饮料在手中，作祝酒仪式之用	酒会开始后，每个岗位的服务员都应尽自己所能，为宾客提供尽善尽美的服务 最好是分设专人负责上酒水和收杯两项工作，不要在一个托盘中既有斟好的酒杯，又有回收的脏杯 服务员在巡视过程中不得从正在交谈的客人中间穿过，也不能打扰客人的交谈 若客人互相祝酒，要主动上去为客人送酒 服务过程中，要注意不要与同事发生碰撞，尤其不要碰着客人和客人手中的酒杯
结束工作	1. 鸡尾酒会一般进行 1.5 小时左右 2. 酒会结束，服务员列队或目送客人出门 3. 宾客离去后，服务员负责撤掉所有的物品。余下的酒品收回酒吧存放，脏餐具送洗涤间，干净餐具送回家私柜摆放，撤下台布，收起桌裙，为下一餐做准备	如酒会在餐厅内部进行，需迎、送客人 如酒会在餐厅外部进行，则根据现场负责人的要求进行各项工作

【知识拓展】

鸡尾酒会礼仪常识

一、准时出席

通常酒会的开始时间是以范围来衡量的，在酒会开始之后的 30 分钟是最好的到达时间。

二、着装规范

1. 男装礼仪

男士参加鸡尾酒会的着装较简单。对于大部分的鸡尾酒会，只要穿着西装就可以去了，当然最好是深色西装。

2. 女装礼仪

通常礼服是女士参加鸡尾酒会必需的，不管穿什么，衣料一定要讲究。千万不能是羊毛或是涤纶等厚重的织物。比如可以选有垂感的丝绸、缎子、透明硬纱、针织物、天鹅绒，有时候还可以加上金属小亮片点缀，但是要记得一个原则，长的总是比短的更正规。

鞋子：最好是高跟鞋，有没有装饰都可以；颜色可选金色或者银色；面料可选丝织的。

首饰：真的假的都可以，但一定要像水钻一样闪亮。首饰包括闪亮的垂吊耳环和手镯，宝石的纽扣和项链，或者简单无装饰的珠宝。有时，一个大胸针也很有用，这些都会使你更加端庄亮丽。

包包：千万别背一个大皮包，可以带一个小的鸡尾酒会包，面料可以是真丝、天鹅绒、织锦或者缎子的。

三、社交

当遇上新认识的人时一定要握手，展示最真切的笑容，报上你的名字并请教对方的名字。要记住这些派对是让你认识新朋友的，尽量利用好你的时间和机会。当你要停止聊天的时候要有礼貌，如和一群人聊天的时候，你要跟每个人说一声抱歉。和单独一人聊天的时候，你要设法让对方和其他人聊天才退出，这样你就能轻松自在地离开。

四、进食

为了能让聊天顺利进行，进食的时候咬一小口即可，方便快速咀嚼吞咽。鸡尾酒会上通常有服务员捧着开胃小菜四处走动，或有自助餐供应。

五、举止

走时一定要和主办整场活动的主人告别和道谢，当然也要和别的宾客道别。这是一个非常好的机会来回敬自己受到的邀请。

六、八卦

不要在鸡尾酒会上讨论八卦。谈论八卦是不尊重别人的表现，容易被人误解。让你的话题远离八卦。内容低下的对话是不适宜出现的。你想多了解别人并让别人也了解自己，就要远离这些话题。

七、饮酒

每一个酒会都会提供酒水，在酒会上喝酒是常规的活动。但是喝酒一定要适量，以免在人们面前显示自己的醉态，也能确保你能安全回家。要保持左手拿酒杯，这样方便右手能够随时与人问候握手。要熟悉不同的玻璃酒杯，练习好拿杯的姿势。

八、道别

不要偷偷溜走，一定要感谢酒会主人，然后道别离开。这能表达你对受到邀请的感谢。要记住因为主人喜欢你，才会邀请你出席酒会，因此要遵守纪律和文明礼貌，给人留下良好的印象，这样也能让你结识到更多的新朋友。

任务四　客房送餐服务

一、客房送餐服务的种类

(一)饮料酒水服务

1. 普通冷饮料

普通冷饮料指汽水、果汁、可乐等。宾客在房间点要饮料时，客房送餐部服务人员需将饮料和杯具送到宾客房内并将饮料倒入杯中。

2. 普通热饮料

普通热饮料指咖啡、红茶、牛奶等。宾客在房间点要这些饮料时，客房送餐部服务人员须将方糖、袋糖、咖啡匙及碟等备好后，与热饮料一同送至宾客房间，供宾客使用。运送速度要快，以保持热饮料的温度。

3. 酒类

酒类指开胃酒、烈性酒、葡萄酒、香槟酒等。当宾客点要酒时，送餐服务人员要准备好相应的酒杯和开瓶器，与所点酒品一起送到宾客房内，并为其开瓶和斟倒。重要宾客在客房内配备酒车服务。

(二)其他食品服务

①早餐。客房送餐服务部主要为宾客提供欧式、美式和零点式早餐。

②午、晚餐。提供烹制较为简单、快捷的西餐和快餐，一般包括开胃菜类、汤类、鱼类、肉类、凉菜类、点心类、饮料、水果等。

③点心。

(三)特别服务

①饭店总经理送给重要宾客的花篮、水果篮、巧克力篮、高档礼品(如书籍)、欢迎卡等，由客房送餐服务部负责在宾客到店前送入房间，并按规定放置在适当的位置。

②送给重要宾客的生日礼物，如鲜花、蛋糕等，应由客房送餐服务部派人送入房内。

③与客房部协作给全部或部分住店宾客赠送节日礼品。

④为住店宾客承办房间酒会，如生日酒会、庆祝酒会、欢迎酒会、饯行酒会等。

⑤与酒水部员工协作共同做好行政楼层、贵宾酒廊的接待服务工作等。

⑥与客房服务人员配合照顾生病客人。

二、客房订餐服务的形式

(一)门把手菜单预订

门把手菜单预订一般适用于早餐预订，宾客须将填写好的“门把手早餐菜单”在前一晚 12 点前挂在客房门外侧的门把手上。主要为宾客提供欧式、美式和零点式早餐。

早餐门把手菜单服务程序如下：客房送餐服务部夜间服务人员在指定的时间(晚 12 点以前)到楼层收订单；将订单按房间号排序，注意核对房号；将订餐时间、房号、订餐种类及特殊要求抄在订餐记录单上；打印出账单，交给当班领班。

(二)全天候电话预订

全天候电话预订是宾客在 24 小时任意时间需要进餐时，临时打电话通知客房送餐服务部送所需食物到客房的一种订餐方式。全天候点菜菜单一般放在客房服务指南内。

全天候电话订餐服务程序如下。

①接受宾客预订。订餐员须在电话铃响三声之内接听电话，首先向宾客问好，然后仔细聆听宾客预订要求，掌握宾客姓名、房号、用餐时间、订餐种类、人数及特殊要求，并解答宾客提问；可以主动向宾客推荐，说明客餐服务项目，介绍当天推荐食品，描述食品的数量、原料、味道、辅料及制作方法；复述宾客预订内容及要求，得到宾客确认后，告知宾客等候时间并向宾客致谢；待宾客将电话挂断后，方可放下听筒。

②填写订单并记录。订餐员按用餐顺序将宾客所订食品依次填写在订单上，订单一式四联，厨房、冷菜、收款、酒吧各执一联；若宾客需要特殊食品或有特殊要求，需附文字说明，并同订单一同送往厨房，必要时可向厨师长说明；在客餐服务记录本上记录宾客订餐情况，包括订餐宾客的房间号码、订餐内容、订餐时间、服务人员姓名、账单号码等。

三、客房送餐的服务程序及注意事项

(一)普通送餐服务

1. 准备工作

①送餐员接到订单后，根据时间要求及时将订单送至厨房或酒吧。

②根据订单内容准备餐车或托盘、口布、餐具、餐巾等，准备好账单及签字用笔。

③取回食物与酒水后，迅速将热菜盖上保温盖或放到保温炉中保温。

④检查菜品是否按照要求制作，保证质量符合酒店的相关标准。

⑤根据食物的类型和客人要求，将菜品和饮料整齐地摆放在餐车或托盘上。

⑥核实账单内容，将无误的账单放入账单夹内。

2. 送餐进房

①送餐员使用酒店规定的专用电梯进行客房送餐服务。

②走到客房门前，确认客人的房号准确无误后，有节奏地敲门，并报“送餐服务”。

③待客人开门后，向客人问好。征得客人同意后，进入客房，把餐车或托盘放到适当的位置并征求客人对摆放的意见。

④按照客人的要求摆好餐具及其他物品，将账单夹用双手递给客人，请客人签字。

⑤询问客人是否需要其他服务。若客人不再需要其他服务，应请客人慢用，然后退出客房，将门轻轻地关上。

⑥回到餐厅后，立即将账单交给收银员结清，并请订餐员做好记录。

(二)客房送餐特别服务

送贵宾水果篮。了解当日贵宾情况，根据等级和酒店规定配备水果；按规格准备刀、叉、口布、甜食盘、洗手盅；提前 20 分钟送达房间，按要求摆放在统一位置；检查并确保水果新鲜、洁净、卫生，确认用具及食品摆放合理。

患病宾客的服务。了解患病宾客的病情、饮食禁忌和所需的特殊服务；积极向宾客推荐清淡可口、营养丰富、易于消化的食品；送餐时根据宾客的病情合理安排就餐位置，言行举止要体现对宾客的关切和安慰；为宾客提供白开水或矿泉水，方便宾客服药；根据酒店有关规定送上鲜花和水果，祝宾客早日康复。

(三)客房送餐服务注意事项

①送餐服务规范，送餐迅捷，餐具及时回收。

②送餐员在工作过程中应注意礼貌问候客人(包括房内其他客人)。

③注意安全，防摔，防烫，防打破餐具、杯具等。

④注意操作的“三轻”(走路轻、说话轻、操作轻)。

⑤若客人不方便，应适当提供帮助。

四、客房收餐服务流程

客房收餐服务流程如下。

①订餐员检查订餐记录，看是否到收餐时间(早餐为 30 分钟后打电话收餐；午、晚餐为 60 分钟后打电话收餐)并确认房间号码。

②致电给客人，向客人问好并介绍自己，询问客人是否用餐完毕，能否到房间收餐，若能收餐通知送餐员到客房收餐。

③送餐员收餐完毕后，立刻通知订餐员，订餐员做好详细记录。

④若客人不在房间，送餐员请客房服务员开门，及时将餐车、餐具等取出。

⑤若客人在房间，收餐完毕，询问客人是否还有其他要求，如没有，礼貌地向客人道别。

>>任务五　蒙餐服务流程<<

一、蒙餐含义

在继承和创新传统蒙古族饮食的基础上，融合内蒙古各民族的饮食习俗，以内蒙古草原牛羊肉、奶食及制品为代表的动植物食材为主要原料，以烧、烤、蒸、煮、涮、焖、烙为主要烹饪技法，吸收全国各地菜系的原辅调料和烹饪技艺，结合蒙古族膳食礼仪，形成了具有内蒙古民族饮食特点的餐饮体系。

二、蒙餐接待服务的基本流程

(一)迎宾

①蒙餐餐厅主人应立于门外西侧迎接宾客，并敬献哈达；有条件的地方可以根据本地习俗，举行更加具体的迎宾仪式。

②引导宾客入座，通常请男宾坐于西侧，女宾坐于东侧。

(二)礼宾

①蒙餐进餐前应以泼洒食物的形式来敬天、地、祖先的圣灵。通常是将食物的德吉，即食物的头一口或头一份来做象征性的泼洒；酹洒酒水是用右手的无名指蘸一蘸酒杯中的酒，酹洒三次。均表示对苍天、大地和祖先神灵的祭祀和敬奉。

②餐厅经营者可向宾客敬茶或敬酒来表达祝福。

③蒙古族接待宾客的最高礼节为“放五茶”，即献哈达、尝鲜奶、喝奶茶、摆羊背、敬美酒。

(三)宴宾

①应主动提供菜品特色鲜明、价格明晰的菜单，供宾客选择。

②根据宾客预订或零点的菜单准备菜肴。

③上菜次序应遵循先茶后酒，先白后红的次序，即先上新鲜熬制的奶茶和奶制

品，后上酒类饮品和肉制品。

(四)娱宾

①经由宾客预订，提供唱祝颂词服务。

②根据宾客需要，提供好来宝、呼麦、长调，或其他具有民族特色的歌舞娱乐服务。

(五)送宾

①应根据宾客要求，主动提供结账服务，耐心细致地解释款项构成。

②送客应送到餐厅外或蒙古包外，目送宾客走出一段后方可返回。

【知识拓展】

蒙餐种类

一、马奶酒

马奶酒，又叫蒙古酒。此为草原上的一大特色，以其独特的醇香、丰富的营养而著称于世。马奶酒酒精度不高，牧民们用它来款待客人，蒙医则常用它与其他药物配合治疗疾病。

二、手扒肉

手扒肉是蒙古族日常生活中肉食的主要吃法。做法是将肥嫩的羊切成若干块，洗净，放入白水中清煮，待水滚肉熟即取出，置于大盘中上桌，大家手拿蒙古刀大块大块地割着吃。因不用筷子，用手抓食而得此名。

三、奶制品

蒙古族的奶制品可谓多种多样。有黄油、奶皮子、奶酪、奶豆腐、奶油、酸奶、奶渣、奶糕等。奶豆腐，也称奶干。做法是把鲜奶放置发酵后，撇取上层白奶油后，倒入锅里煮熬。等奶子呈老豆腐状，装入刻有各种图案的木模，放通风处晾干即成。白色透明有油性的为上品，发黄较硬的次之。奶皮子的做法是将新鲜牛奶放入铁锅中，用文火熬，待牛奶稍微滚起后，用勺子不断翻扬，至泛起泡沫为止，停火后，冷却到第二天，一层奶脂凝结于表面，像蜂窝状麻面圆饼，用筷子挑放在案板上，折成半圆形，在通风处晾干。放入茶中或跟炒米拌在一起吃均可，香甜可口，营养价值极高。秋季是制作奶皮子的最佳季节。

四、蒙古炒米

蒙古炒米是用糜子米炒制而成的脆炒米和硬炒米。脆炒米的做法是把糜子浸泡，也有的用温火煮到一定程度，使米泡胀。之后拿出晾干，再倒入锅中翻炒。有的在铁锅里放入细沙，待沙子烧红后放入适量泡胀的糜子，用特制的搅拌棒快速搅拌，待米迸出花且水分蒸发完毕，火速出锅并过筛子。这样炒制的米呈黄色，米粒看似坚硬，实则吃时干脆，色黄而不焦，带有特殊的香味。硬炒米的做法更为简单，不放沙子，也不用泡水，干炒到半生不熟即可。炒米主要的吃法是：脆炒米用于泡奶茶喝，用奶茶泡着吃时，加黄油、奶豆腐，味道则更佳；硬炒米可以煮肉粥或干饭。此外，炒米还可以直接食用。由于炒米具有味美、食用方便且耐饥的特点，因而成为蒙古族生活、生产、旅行中不可或缺的食品。蒙古族有“暖穿皮子，饱吃糜子”的俗语。

五、全羊席

全羊席是蒙古族的名宴，精选羊身各部位，分别采用烧、蒸、爆、烤、焖、熘、烩、煎等技法，成菜品种繁多，令人回味无穷。

六、稍美

稍美又称烧卖，是蒙古族一种流传很久，至今不衰的传统风味食品。稍美制作工艺独特，选料精良，皮子精而薄，羊肉馅肥瘦适中，葱姜等作料齐全。稍美出笼，鲜香四溢。观其形，只见皮薄如蝉翼，晶莹透明，用筷提起垂垂如细囊，置于盘中团团如小饼。

七、羊杂碎

羊杂碎——蒙古族的羊杂碎在该地的诸小吃中占有很高的地位，讲究“三料”“三汤”“三味”。

三料又分为主三料和副三料。主三料即心、肝、肺，又称“三红”；副三料即肚、肠、头蹄肉，又称“三白”。三料下锅时切成长条或细丝。

三汤即“原汤杂碎”“清汤杂碎”“老汤杂碎”。原汤杂碎：将羊杂碎洗净，下锅煮好，连汤带水一起品尝，味在鲜美清淡。清汤杂碎：先将洗净的羊杂碎氽一下，汤扔掉，再将杂碎蒸熟切好，重新入锅添水放调料煮开，味在细嚼慢咽之中。老汤杂碎：老汤即一锅汤稠如油、色酽如酱、常熬不换的羊杂碎汤，用这种汤煮的羊杂碎，其味醇厚绵长，尽在汤里。

三味说来很简单，凡青城专营羊杂碎的饭店其饭桌上都摆放着这三种佐餐之味：春意葱茏的香菜末儿，红灿灼目的辣椒面儿，洁白晶莹的食盐。食者可视口味自行调兑。

【复习自测】

一、选择题

1. 咖啡厅一般采用(　　)，服务迅速周到，座位周转率高，菜肴简单。

A. 法式服务　　B. 英式服务　　C. 俄式服务　　D. 美式服务

2. 自助餐台要布置在(　　)的地方，使宾客一进餐厅就能看见。

A. 明亮　　B. 显眼　　C. 进门　　D. 安全

二、简答题

1. 简述鸡尾酒会的特点。

2. 简述客房送餐服务的注意事项。

三、案例分析

有一位外国客人入住某酒店，他个性孤僻，不喜欢言笑。在该酒店住了一周，几乎从不开口，不跟别人打招呼，更难得让人看到一丝微笑。楼层服务员觉得这位客人极难伺候，任凭他们如何笑脸相待，主动招呼，所得到的总是一张铁板的脸，天天如此。

每天早上，他爱去自助餐厅吃早饭。当他吃完自己挑选的食品之后，便开始在台上寻找什么东西，一连三天都是如此。第一天，服务员小梅问他要什么东西，他没吭一声，掉转头便走出餐厅。第二天小梅又壮起胆询问他，他还是一张冷峻的脸，小梅尴尬得双颊发红。当这位外国客人正欲步出餐厅时，小梅又一次笑容满面地问他是否需要帮助，也许是小梅的诚意感动了他，他终于吐出"香蕉"一词，这下小梅明白了。第三天早上，那位沉默寡言的客人同平时一样又来到自助餐厅，一盘黄澄澄的香蕉吸引了他的注意力，绷紧的脸第一次有了一丝微笑，站在一旁的小梅也喜上眉梢。她领悟到"精诚所至，金石为开"的道理。在接下来的几天里，酒店每天早餐都特地为他准备了香蕉。

几个月后，这位客人又来到该酒店。第二天一早他步入自助餐厅，原以为这次突然"袭击"，餐厅一定没有准备好香蕉。孰料走进餐厅，迎面就是引人注目的一大盘香蕉。这位金口难开的客人见到小梅，第一次主动询问是不是特意为他准备的香蕉。小梅嫣然一笑，告诉他昨晚总台服务人员已经把他入住本店的信息通知了餐厅。"太感谢你们了！"这位客人几个月第一次向酒店表示发自内心的感谢。

该酒店的哪些做法是值得借鉴的？

分析：

常言说得好："于细微处见精神""精诚所至，金石为开"。酒店服务员面对来自天南地北，性格、文化、风俗习惯不同的客人，细心观察客人的言行举止，摸准其心思，采取灵活机动的服务技巧，提供具有针对性的个性化的服务，这是非常重要的。

自助餐准备一些香蕉，这不是一件难事，重要的是去探索客人的心理，了解他们的需求。这位外国客人对香蕉情有独钟的信息不仅餐厅知道，连总台都掌握，可见酒店极为重视有关每个客人特殊需求的档案。此外，该酒店的信息传递渠道畅通，前厅、客房、餐厅共享客人的相关信息。晚上客人到达，第二天早上餐厅已经有了充分地准备，由此可见酒店对客人的重视。

处理结果：

1. 要求餐厅所有服务员都记录下这位客人的饮食爱好，以便日后为其提供个性化的服务。

2. 表扬小梅的处理方法，并对全体员工培训，提倡所有员工多观察，尽量满足客人需求。

模块四　餐饮服务质量提升与设计

【学习导读】

服务质量是餐饮企业生存与发展的基础，餐饮企业之间的竞争从本质上来讲是服务质量的竞争。随着人们生活水平的不断提高和餐饮业竞争的日趋激烈，客人对餐饮服务质量的要求也越来越高。餐饮经营者必须不断探索提高餐饮服务质量的途径和方法，通过优质服务吸引客源，以争取良好的经济效益和社会效益。按照服务质量管理过程中所需要的服务质量及管理知识和提升服务质量的技能、素质要求，本模块共设计两个项目。项目一为餐饮服务质量提升，主要介绍了服务质量的相关概念、内容、特点和控制餐饮无形服务质量的方法。项目二是餐饮服务环境设计，从企业定位、选址和内部环境设计等多方面介绍了如何提升餐饮有形产品质量。

项目一 餐饮服务质量提升

【学习目标】

1. 记忆餐饮服务质量的内容。
2. 理解餐饮服务质量的概念和特点。
3. 理解餐饮服务质量控制的基础。
4. 理解并应用餐饮服务质量全过程控制法。
5. 根据具体情况，分析并评价餐厅服务质量检查表。

>> 任务一 餐饮服务质量内涵 <<

一、餐饮服务质量相关概念

(一)质量

ISO 9001：2000 版质量管理体系认证将“质量”定义为：质量是一组赋予特性满足要求的程度。具体可从以下三个方面理解。

第一，质量具有广义性，包括产品质量和服务、过程、工作等质量。

第二，特性是固有的或被赋予的。固有特性指某物或某事中本来就有的、用于区别其他事物的性质，如食品原材料本身的味道。赋予特性不是事物本来就有的，而是产品完成后按照不同要求被增加的特性，如菜品上桌前的摆盘要求。固有特性与赋予特性之间是相对的，某事物的赋予特性也许是另外一些事物的固有特性。例如，摆盘对于菜品本身而言属于赋予特性，对于服务而言，就属于固有特性。

第三，要求指“明示的、通常隐含的或必须履行的某种要求或期望”。“明示的”即为规定的要求，如顾客明确提出的要求。“通常隐含的”指各方的惯例或一般做法，通常相关文件或标准不会给出明确的规定，但组织应根据产品性质和用途进行识别和说明，如菜品应满足顾客某种健康需要。“必须履行的”指法律法规或强制性标准明确要求的，如《中华人民共和国食品卫生法》对食品安全的要求。要求可以由各不同相关方提出，且各相关方对同一事物的要求可能不尽相同。例如，对餐饮产品来说，顾客要求味道好、环境好、服务好，社会则要求卫生健康且承担一定社会责任。组织制定产品要求时，应同时兼顾顾客和各相关方的需求。

(二)服务质量

服务质量指企业提供的服务水平(或产品)与顾客服务期望(或服务标准)之间的差异程度。影响服务质量的两个主要因素是顾客的期望和感知，两因素之间产生的差距，即是服务质量差距。如果实际服务水平超过顾客对服务的期望，服务质量就高；反之，服务质量就低。服务质量既是产品本身特性和特征的综合，也是顾客感知的一种反映。

(三)餐饮服务质量

餐饮服务质量指餐饮企业以其所拥有的设施设备作为依托，为顾客提供的服务在使用价值上适合和满足顾客物质与心理需要的程度。适合是指企业为顾客提供服务的使用价值被顾客接受和喜爱；满足是指该种使用价值能为顾客带来身心愉悦和享受。因此，餐饮服务质量的优劣取决于餐饮服务的使用价值适合和满足顾客需要程度的高低。

餐饮服务质量概念有广义和狭义之分。广义的餐饮服务质量包括餐厅的位置、环境和设施等可见部分；狭义的服务质量仅指餐饮劳务服务的质量，纯粹由服务员的劳动所提供。通常提到的餐饮服务质量指狭义概念。

二、餐饮服务质量内容

餐饮服务质量是有形产品质量和无形劳务质量的统一。有形产品质量是无形劳务质量的凭借和依托，无形劳务质量则是有形产品质量的完善和体现。两者相辅相成，共同构成完整的餐饮服务质量内容。

(一)有形产品质量

有形产品质量指餐饮企业提供的实物产品、设施设备和服务环境的质量，主要用以满足顾客在物质方面的需求。

1. 餐饮实物产品质量

实物产品质量直接满足顾客的物质消费需要，是影响餐饮服务质量的主要因素，它包括菜品酒水质量、客用品质量、服务用品质量等。

餐饮企业所提供的菜品和酒水不仅要满足顾客最基本的生理需求，还应该从色、香、味、形、器、质及营养方面满足顾客的多种要求。从原材料的采购、验收、储存，到菜品的加工、烹饪、出盘和酒水的调制、盛放，再到餐饮产品的传送、上桌，所有的程序都应该按照国家、地方相关卫生质量标准及企业的工作准则和消费者的服务需求严格执行。客用品是指在餐饮服务过程中直接交给客人供其消费的各种生活用品，包括一次性消耗品和多次性消耗品，如餐巾纸、火柴、牙签、打包袋等。客用品数量应充足，供应要及时，质量需符合要求。服务用品包括托盘、餐巾、开瓶器、账单夹、点菜单(器)、手推车等，是提高员工劳动效率和服务质量的必要条件，要求品种齐全、使用方便、性能优良。

2. 餐饮设施设备质量

餐饮企业的设施设备包括供应设施设备和客用设施设备。前者指餐厅经营管理所需要的生产性设施设备，如炉灶、盛器、消毒柜等厨房设施设备和调酒器等酒水设施设备；后者指直接供客人就餐使用的设施设备，如餐椅、餐具、餐桌、吧台、备餐柜、收银台等。餐饮企业员工凭借以上设施设备完成对客服务。设施设备是餐饮企业档次的基础，也是餐饮劳务服务的依托，更是餐饮企业接待能力的反映，是餐饮服务质量高低的决定性因素之一。

3. 餐饮服务环境质量

服务环境质量指餐饮企业员工通过使用设施设备营造的服务气氛，给顾客带来感觉上的享受和心理上的满足。这种享受和满足通常需要某些媒介物来实现，包括餐厅的地理位置、建筑风格、装潢特色、物品摆设、背景音乐等。好的环境质量在满足顾客物质享受的同时，又能满足其精神需求。由于顾客对餐厅第一印象的好坏，很大程度上受餐饮环境气氛影响，因此，为了使餐厅能够产生先声夺人的效果，管理者应格外重视对餐饮服务环境质量的管理。

(二)无形劳务质量

无形劳务质量指餐饮企业提供的劳务服务的使用价值，即劳动服务质量。劳动服务质量主要满足顾客心理和精神上的需求，具体体现在以下几个方面。

1. 礼貌礼节和仪容仪表

礼节礼貌是内在要求，仪容仪表是外在表现，都是以一定形式向顾客表示尊重、谦虚、欢迎和友好等态度的方式，是餐饮企业的基本态度和意愿。餐饮服务员要求具有端庄的仪容仪表、文雅的语言谈吐和得体的行为举止，要时时处处表现出彬彬有礼、友善好客、和蔼可亲的态度，努力为顾客创造一种宾至如归的亲切感。

2. 服务技能和服务态度

服务技能指餐饮服务员应掌握丰富的专业知识、具备娴熟的操作技能，能在不同场合、不同时间为不同客人提供针对性的服务，同时还要具有宾客至上的服务意识，能够主动、耐心、热情、周到地为顾客进行服务。餐厅员工服务态度的好坏是顾客关注的焦点，特别当问题出现时，服务态度常常成为解决问题的关键。顾客可以理解就餐过程中服务员出现的许多过错，但往往不能忍受服务员低级、恶劣的服务态度。服务态度是无形产品质量的关键，直接影响着顾客对于餐饮服务质量的评价。

3. 职业道德和安全卫生

服务员的素质和责任感影响着餐饮服务质量。服务质量不到位，多源于员工素质不高和责任感缺失。因此，遵守职业道德是提高餐饮服务质量的最基本要求。作为餐饮员工应遵循“热情友好、信誉第一、真诚公道、文明礼貌、一视同仁、不卑不亢、团结协作、顾全大局、廉洁奉公、遵纪守法、钻研业务、提高技能”的职业道德规范，真正做到敬业、乐业、爱业和勤业。安全卫生是优质餐饮服务的基本要求，时刻保证餐饮安全卫生也是餐饮企业的重要责任。餐饮企业应做好食品卫生、各区域环境卫生、设施设备和用品卫生、服务员个人卫生等方面的管理，保障顾客和餐饮工作人员的人身和财产安全，同时在环境气氛上也要营造出一种安全的氛围，给顾客心理上带来安全感。

餐饮服务质量的最终评判取决于顾客的满意程度。满意程度指顾客享受了餐饮服务后的印象、感受和评价，它是餐饮服务质量的最终体现，也是餐饮企业做好经营管理的重要努力方面。

餐饮服务质量内容

【知识拓展】

肯德基顾客导向的质量标准体现在它推广的“CHAMPS”(冠军计划)：

C(Cleanliness)——保持美观整洁的餐厅。

H(Hospitality)——提供真诚友善的接待。

A(Accuracy)——确保准确无误的供应。

M(Maintenance)——维持优良的设备。

P(Product Quality)——坚持高质稳定的产品。

S(Speed)——重视快速便利的服务。

三、餐饮服务质量特点

餐饮服务质量特点源于餐饮生产、销售和服务的特点。正确认识餐饮服务质量的特点，是餐饮企业管理和提升服务质量的前提。

(一)构成的综合性

餐饮服务质量的构成包括有形产品质量和无形劳务质量等多种因素。它的有效提升依赖于计划翔实，业务控制，设备、物资、劳动的合理组合，服务人员的综合素质，财务管理，餐饮与其他部门的协同配合，以及餐饮环境、餐饮促销、餐饮价格、客户回访等多方面的保证与顺利运转。餐饮管理者必须树立整体观念，多方搜集餐饮服务质量信息，分析影响服务质量的各种因素，把餐饮服务质量管理作为一项系统工程来抓。

（二）显现的短暂性

餐饮产品现生产、现销售，生产与消费几乎同步进行。餐饮服务由一次次不同的服务过程组成，每一次具体服务的使用价值非常短暂，如迎宾服务、微笑服务、点菜服务、斟酒服务等。这些具体服务不能储存，结束即失去了其使用价值，留下的只有顾客的感受，没有任何弥补和改正的机会。短暂的时间限制对餐饮管理及其工作人员的素质是一个考验，餐饮企业员工应努力做好每一次服务工作，争取每次服务都能让顾客感到满意，从而提高餐饮的整体服务质量。

（三）内容的关联性

餐饮服务包含众多环节，从饮食产品生产的后台服务到为顾客提供餐饮产品的前台服务，各个环节之间紧密关联，每个环节的好坏都关系到服务质量的优劣。在餐饮服务质量管理中流行一个公式：100－1＝0。也就是说为顾客提供的100次服务中，只要某一次服务令客人失望，客人就可能会全盘否定之前的99次优质服务，从而影响顾客对企业的整体评价和企业的社会声誉。因此，餐饮企业各部门、各服务过程、各服务环节之间必须互相合作、协调配合，充分发挥集体的力量与才智，确保每项服务优质、高效，使餐饮服务全方位、全过程“零缺点”。

（四）对员工素质的依赖性

餐饮产品生产、销售、消费同时性的特点决定了餐饮工作人员的表现与餐饮服务质量的直接关联性。餐饮企业的有形实物产品都是通过员工的无形服务送达顾客的。例如，顾客在餐厅用餐，菜肴通过服务人员娴熟的服务技能、热情的服务态度呈现给顾客。餐饮服务质量能否满足顾客的需求，取决于服务人员素质的高低和管理者管理水平的高低。服务质量对员工素质有较强的依赖性，因此，餐饮企业管理者应对员工进行一系列的素质培训，不断提高员工的综合服务能力。

（五）评价的主观性

尽管餐饮企业自身的服务质量水平客观存在，但由于餐饮服务质量的评价是由顾客享受服务后，根据其物质和心理的满足程度做出，因此带有很强的个人主观性。顾客的满足程度越高，其对服务质量的评价就越高，反之亦然。餐饮管理者无法要求顾客必须对餐饮服务质量做出与客观实际相一致的评价，更不应指责顾客对餐饮服务质量的评价存在偏见，尽管有时的确存在偏见。这就要求餐饮工作人员在服务过程中细心观察，了解、掌握顾客的物质和心理需要，不断改善对客服务的方式方法，尽量提供有针对性的服务，从而提高顾客的满意程度，最终提高并保持良好的餐饮服务质量。

>> 任务二　餐饮服务质量控制 <<

一、餐饮服务质量控制

（一）餐饮服务质量控制的基础

行之有效的餐饮服务质量控制，必须满足以下条件。

1. 制定完善的服务规程和严格的管理制度

服务规程。服务规程指各项餐饮服务应达到的规格、程序和标准，是餐饮工作人员应该遵守的基本准则和内部法规，是保证和提高餐饮服务质量的基本依据。餐饮企业制定服务规程必须依据目标顾客的消费水平和服务要求，同时兼顾餐饮企业类型、等级风格、餐饮市场需求、国内外先进水平等因素，并结合具体服务项目的内容和过程来实施。完善的餐饮服务规程应分别针对零点用餐、团队包餐、自助餐、宴会、咖啡厅和酒吧等各种餐饮形式，制定包括预订、迎宾、开茶问位、点菜、上菜、桌面服务、酒水服务、结账等全套服务程序。

管理制度。餐饮管理制度有两种形式。第一种是直接为宾客提供服务的规章制度，如餐饮原料采购制度、餐具补充与更新制度等；第二种是间接为宾客提供服务的规章制度，如交接班制度、员工考勤制度、客史档案制度等。严格的管理制度可以保证质量标准被准确无误的执行，从而确保餐饮服务质量稳中求升。

2. 建立双渠道质量信息反馈系统

成功的餐饮企业必须制定完善的服务质量信息反馈系统。信息反馈系统包括内部系统和外部系统两个渠道。内部系统信息来自餐厅内部，即来自服务员、厨师和管理人员等，这是餐饮企业了解员工满意度、思想动态，征集意见和建议的主要方式。外部系统信息来自宾客，通过收集宾客信息，一方面可以了解餐厅最受欢迎的餐饮产品有哪些、宾客对餐饮服务是否满意、提出哪些改进意见等；另一方面，还可以及时了解宾客的个性化需求，作为今后提供个性化服务的依据。当前，许多餐饮企业都非常重视员工和宾客的意见，提出各种奖励措施，想尽各种方法拓宽并保证信息渠道的畅通，如制定宾客意见单，公布总经理电子信箱和 QQ 号，建立企业微信群和公众号等。

3. 抓好员工入职和在职培训

餐饮行业作为服务性行业，企业之间的竞争主要取决于人才的竞争和员工素质的竞争。员工素质的高低对餐饮服务质量影响很大，只有经过良好训练的员工才可能提供更为优质的服务，因此餐饮企业必须抓好全员培训，包括入职培训和在职培训。一方面，新员工上岗前应进行严格的基本服务技能训练，进行行业知识、职业意识和企业相关规章制度的培训，不允许没有经过职业技术培训、尚未取得资格的人员上岗服务。另一方面，在职员工必须利用行业淡季和空闲时间进行再培训，进一步提高业务水平和综合素质，帮助企业更具竞争优势。

(二)餐饮服务质量全过程控制

餐饮服务质量是餐饮企业生存和发展的基础，企业可以通过多种方法进行管理和控制。目前，餐饮企业多采用全过程质量控制法，即按照餐饮服务流程，餐饮服务质量的控制分为预先控制、现场控制和反馈控制三个阶段。

1. 预先控制

预先控制指为使服务结果达到预定目标，餐饮企业在开餐前所做的一切管理方面的努力，其根本目的是根据企业餐饮服务质量管理标准，防止开餐服务中各种资源在质和量上产生偏差。预先控制包括以下四个方面。

第一，物资资源的预先控制。开餐前，服务员必须按规格摆好餐台，准备好餐车、托盘、菜单、点菜单、开瓶工具及工作台小物件等。另外，还必须备足相当数量的“翻台”用品，如台布、餐巾、餐碟、餐纸、刀叉、调味品、火柴、牙签等。各种设施和用具要落实专人负责制，职责分明。

第二，人力资源的预先控制。餐厅应根据自己的情况，合理增减员工数量，灵活安排人员班次，保证有足够的人力资源。凡是“闲时无事干，忙时疲劳战”，或者宾客多而服务员少、宾客少而服务员多等现象，都是人力资源使用不当的表现。例会中，管理者必须对员工的仪容仪表进行检查。开餐前，所有员工必须进入指定岗位，姿势端正地站在最方便服务宾客的位置上。男服务员双手背后或贴近裤缝线，女服务员双手自然叠放于腹前或自然下垂于身体两侧。全体服务员面向餐厅入口等候宾客到来，给宾客留下良好的第一印象。

第三，卫生质量的预先控制。开餐前半小时管理者应对餐厅卫生做最后一次全面检查，例如，餐厅和厨房用具的消毒处理等，特别应注意墙角、桌底、卫生间、过道等容易被忽略的地方，以保证餐厅给顾客带来舒适的环境和优质的服务。同时，为了保证卫生质量检查的常态性，避免发生责任事故，餐饮企业应制定具体的规定并严格贯彻执行。

第四，突发事件的预先控制。开餐前，餐厅主管必须与厨师长联系，认真核对前后台所接到的客情预报和宴会通知单等是否一致，以避免因为信息的传递失误而引发事故。另外，管理者还要了解当天的菜肴供应情况，如果个别菜肴估清，应在例会中告知，让全体服务员知晓，以保证当宾客点到该菜时，服务员可以及时向宾客道歉，避免事后引起宾客不满。预先控制还应包括对于在服务过程中经常发生意外情况的处理方法进行培训。

2. 现场控制

现场控制指管理者现场监督正在进行的餐饮服务，从而使其程序化、规范化，并及时稳妥地处理各种意外事件，这是主管等餐厅负责人的主要职责之一。现场控制包括以下三个方面。

第一，服务程序的控制。就餐期间，餐厅负责人应始终在第一线，通过现场巡视、观察、判断和监督，指挥服务员按照标准服务程序提供服务，以便发现偏差，及时纠正。特别注意控制好上菜时间，要根据宾客的用餐速度、菜肴烹制时间、就餐人数、厨房的闲忙程度等上菜，既不要让客人等太久，也不应将所有菜肴一下子摆上餐桌。

第二，意外事件的控制。餐饮服务是面对面的直接服务。生产和消费的同步性，使得服务不当容易引起宾客的投诉。一旦发生投诉，服务人员和管理者首先需要保持镇静，然后迅速采取弥补措施，以防止事态扩大，影响其他宾客的就餐情绪。此外，餐饮服务中会出现上错菜品、泼洒汤汁、菜肴味道不佳、客人物品遗失等意外事件，都需要餐饮工作者结合实际情况灵活处理，努力将风险降到最低。

第三，人力控制。通过事先区域划分和任务分配，餐饮服务员被安排在固定区域盯台。在宾客就餐期间，餐厅主管应根据客情变化，随时调整人员分工。如果某一个区域的宾客人数太多，就应从就近或客人数较少区域抽调员工支援，等待情况正常后再将其调回原服务区域。用餐高峰期过去后，可让一部分员工交替休息，以保证提高工作效率。宴会等营业时间较长的餐厅多会采用该种方法。

3. 反馈控制

反馈控制指通过质量信息的反馈，及时发现问题，找出服务工作在准备阶段和执行阶段的不足，采取措施加强预先控制和现场控制，从而提高服务质量，使宾客更加满意。

反馈控制的关键是建立服务质量信息反馈系统。每餐结束后，餐厅管理者应召开简短的总结会，总结经验，找出问题，及时改进服务质量。为了及时得到宾客意见，餐厅可在餐桌上放置宾客意见卡，或在宾客用餐后，主动征求客人意见。同时，餐厅还应高度重视宾客通过旅行社、大堂、公关部、营销部、高层管理人员等反馈回来的投诉，保证以后不再发生类似的质量偏差。餐饮企业只有建立健全内外两个信息反馈系统，服务质量才能不断提高，更好地满足宾客需求。

【知识拓展】

5S 管理精神

源于日本的5S管理，是体现“预防胜于补救”理念的一种新的质量管理方法。近年来，这种方法逐渐被国人了解，并被一些国内酒店广泛应用。

5S管理的名称源自五个不同的词汇，因其罗马拼法的第一字母都是“S”而得名。5S的具体含义如下。

常清理(Seiri)：把工作场所内不要的东西坚决清理掉。

常整顿(Seiton):使工作场所内所有物品保持整齐有序的状态,并有必要的标识,要求杜绝乱堆乱放、用品混淆、该找的东西找不到等无序现象的出现。

常清洁(Seiso):使工作环境及设备等始终保持清洁的状态。

常维持(Seiketsu):养成能够长期保持的好习惯,并辅以一定的监督检查措施。

常自律(Shitshke):树立讲文明、积极敬业的精神,如爱护公务、尊重他人、遵守规则、有强烈的时间观念等。

酒店推行5S管理,主要是从上述五个方面整顿员工思想,训练员工习惯,强化文明工作观念,从而使酒店中每个服务场所的环境、每位员工的行为都能符合5S精神的具体要求。

(资料来源:刘勇、马磊,《餐饮服务与管理(第二版)》,185~186页,北京,化学工业出版社,2013。)

二、餐饮服务质量监督检查

服务质量的监督检查是提高餐饮服务质量的保障,也是餐饮管理工作的重要内容,其实施主要分为部门和班组两个层次。部门将制定的具体质量目标分解到班组和个人,通过现场督导、信息收集、定期检查等方法分析工作中的薄弱环节,之后提出改进和提高服务质量的方案、措施和建议。

服务质量检查的核心是“我们的服务给客人带来了何等感受?”质量检查人员应对餐厅的经营主旨有明确的认识,凭借敏锐的洞察力,对各部门的运作规程有清楚的了解,善于通过服务现象体察员工的心态和情绪,从而进一步探究客人的需要。

(一)现场巡视与指导

餐饮服务的特殊性决定了管理者必须深入服务现场,只有实地观察服务、观察客人的反应,才能真正了解服务质量。这种“走动式管理”方便管理者在第一时间掌握真实情况,便于推广好的经验,处理尚在萌芽状态的问题,从而提高管理决策的科学性和正确性。大多数酒店和高档餐饮企业均采用此种管理方式。

(二)质量监督检查内容

有形产品质量的管理多由餐饮企业投资方、设计者和厨师等负责,餐饮服务管理者的重点主要在于对无形劳务质量的管理。具体可将质量检查归纳为以下内容:仪容仪表、就餐环境、服务规范、工作纪律、服务技巧、安全意识等。餐饮企业应根据自己的具体情况,设计质量检查表(表4-1-1)。

表 4-1-1　餐厅服务质量检查样表

部门：　　　　　　　　时间：　　　　　　　　监察人：

检查项目	检查细则	评定等级			
		优	良	中	差
仪容仪表	1. 服务员是否按规定着装并穿戴整齐 2. 制服是否合体、清洁、无破损、无油污 3. 工牌是否端正佩戴于左胸前 4. 服装是否熨烫平整、无褶皱 5. 发型是否怪异 6. 男员工是否蓄胡须、留大鬓角 7. 女服务员是否长发披肩 8. 妆容是否过分 9. 指甲是否修剪整齐，是否涂带色指甲油 10. 牙齿是否清洁，口中是否有异味 11. 衣裤口袋是否放有杂物 12. 女服务员头饰是否过于花哨 13. 手腕上除了手表外，是否有其他饰物 14. 是否使用刺鼻香水 15. 衬衫领口是否干净并扣好 16. 男服务员是否穿深色鞋袜 17. 女服务员是否穿肉色长袜，丝袜无破损				
就餐环境	1. 玻璃门窗、镜面是否清洁、无灰尘、无裂痕 2. 窗框、工作台是否无灰尘和污渍 3. 地板有无碎屑及污渍 4. 墙面有无污渍或破碎 5. 盆景花卉有无枯萎或带灰现象 6. 墙面装饰品有无破损污渍 7. 天花板是否清洁，有无破损、漏水痕迹 8. 通风口是否清洁、无破损 9. 灯泡、灯管、灯罩有无脱落、破损、污渍 10. 餐厅内温度、湿度、气味是否正常 11. 餐厅通道内有无障碍物 12. 餐桌椅是否有破损、灰尘、污渍 13. 菜单是否清洁，有无缺页或破损 14. 广告宣传品有无缺页或污痕 15. 餐桌调味品等是否清洁卫生、足量 16. 背景音乐是否适合就餐气氛 17. 背景音乐的音量是否过大或过小 18. 总体环境能否吸引宾客				
服务规范	1. 客人进入餐厅是否主动问候、表示欢迎 2. 是否协助客人入座 3. 服务是否及时 4. 接受点菜服务是否仔细聆听并重复确认所点菜品 5. 能否向宾客提出建议、进行适时推销 6. 能否根据点菜单准备好必要的工具 7. 斟酒操作是否规范 8. 服务中是否用托盘操作 9. 上菜时是否报菜名				

续表

检查项目	检查细则	评定等级			
		优	良	中	差
服务规范	10. 是否及时撤换餐具，以及操作时是否发出过大声响 11. 宾客召唤时，能否迅速到达餐桌旁 12. 发现疏忽或不妥时，能否向宾客道歉 13. 结账是否迅速准确 14. 是否检查餐桌、桌椅、地面有无宾客失落物件				
工作纪律	1. 工作时间是否相聚闲谈或大声喧哗 2. 是否有人放下手中工作干私事 3. 是否有人上班时间打私人电话 4. 有无在柜台内或值班区域随意走动现象 5. 有无交手抱臂或手插入衣袋现象 6. 有无在前台喝水、吃东西现象 7. 有无在宾客面前打哈欠、伸懒腰行为 8. 值班时有无倚、靠、趴在柜台的现象 9. 有无对宾客指点或品头论足现象 10. 有无不理会宾客投诉或争辩现象 11. 态度上、动作上有无对宾客或同事撒气现象 12. 有无对熟客过分随便现象 13. 能否对所有宾客一视同仁 14. 是否对老、幼及特殊顾客提供针对性服务				
服务技巧	1. 尽可能称呼客人姓名 2. 避免与客人过于亲密 3. 能积极把握各种推销机会 4. 准确解释菜单 5. 尽力满足客人个别要求 6. 对老人、儿童等需要照顾的客人给予特别关照 7. 能够灵活处理客人投诉 8. 能为客人创造愉快的用餐环境				
安全意识	1. 熟悉火情、盗窃等紧急情况的处理程序 2. 熟悉紧急疏散程序 3. 注意操作安全 4. 了解基本安全预防措施 5. 具备使用基本防火设备的能力 6. 保持消防通道通畅 7. 明确急救箱摆放位置及箱内物品 8. 了解紧急照明系统的安置				

（资料来源：李晓冬，《餐饮服务与管理》，188～190 页，北京，中国人民大学出版社，2017。）

【复习自测】

一、选择题

1. 有形产品质量包括（　　）。

A. 餐饮实物产品质量　　B. 餐饮设施设备质量

C. 餐饮服务环境质量　　D. 服务技能和服务态度

2. 餐饮服务质量的最终评判取决于(　　)。

A. 服务人员的自检　　B. 餐饮质检部门的检查

C. 餐厅管理人员　　D. 宾客的满意程度

3. 餐饮企业与顾客建立信息反馈系统的方式有(　　)。

A. 宾客意见单　　B. 总经理电子信箱

C. 企业公众号　　D. 电话或当面访谈

4. 餐饮服务质量的现场控制内容包括(　　)。

A. 服务程序的控制　　B. 物资资源的控制

C. 意外事件的控制　　D. 人力控制

二、简答题

1. 餐饮无形劳务质量主要包括哪些内容?

2. 餐饮服务质量特点有哪些?

3. 餐饮服务质量的预先控制有哪些内容?

三、实训题

根据餐饮企业具体情况，设计并分析餐饮服务质量检查表(表 4-1-2)。

表 4-1-2　餐饮服务质量检查表

组别：　　小组成员：

实训日期：　　实训地点：

检查项目	检查细则	评定等级			
		优	良	中	差
仪容仪表	1. 2. 3. 4. 5. ……				
就餐环境	1. 2. 3. 4. 5. ……				
服务规范	1. 2. 3. 4. 5. ……				

续表

<table>
<tr><th rowspan="2">检查项目</th><th rowspan="2">检查细则</th><th colspan="4">评定等级</th></tr>
<tr><th>优</th><th>良</th><th>中</th><th>差</th></tr>
<tr><td>工作纪律</td><td>1.
2.
3.
4.
5.
……</td><td></td><td></td><td></td><td></td></tr>
<tr><td>服务技巧</td><td>1.
2.
3.
4.
5.
……</td><td></td><td></td><td></td><td></td></tr>
<tr><td>安全意识</td><td>1.
2.
3.
4.
5.
……</td><td></td><td></td><td></td><td></td></tr>
<tr><td colspan="6">检查结果分析：</td></tr>
<tr><td colspan="6">改进意见：</td></tr>
</table>

项目二　餐饮服务环境设计

【学习目标】

1. 理解餐饮企业定位的重要性和主要内容。
2. 应用定位理论分析餐饮企业实际情况。
3. 理解影响餐饮企业选址的因素。
4. 评价具体餐饮企业选址的优劣。
5. 理解影响餐饮服务环境设计的因素。
6. 分析餐饮服务环境的设计与布局技巧。

>>任务一　餐厅定位及选址<<

一、餐饮企业定位

“定位理论之父”杰克·特劳特在1969年发布的论文《定位：同质化时代的竞争之道》中指出：“在大竞争时代，差异化和定位对于企业来讲必不可少，只有依靠精准的定位和差异化，企业才能在残酷的市场竞争中脱颖而出。”此后，定位理论在全世界范围内掀起了热潮，各行各业争相将定位工作付诸实践。具体到餐饮企业，定位准确是餐饮企业凸显差别化竞争优势的基础，也是营造良好餐饮服务环境的前提。完整的餐饮企业定位包括品类、客群、对手、模式和优势五个方面。

(一)品类定位

品类定位首先是身份定位，是用一个词语或一句话来定义品牌的身份，且身份越具体越好，如香飘飘的“杯装奶茶开创者”；同时也是价值定位，是赋予品牌所在大品类中的一个价值概念，这个概念必须是消费者通俗易懂的，既能影响消费者购买，又能区别竞争者，如崔字牌“小磨香油”。品类定位解决的是品牌最顶层、最核心的问题，即“如何定位品牌身份”和“能为消费者带来什么样的核心价值”。设立餐厅时的品类定位，即餐饮经营者打算做哪方面的餐饮生意，可以是火锅或外卖、正餐或简餐、米饭或面条……品类细分的实质是对餐饮消费者心智的抓取，消费者总是习惯用自己熟悉的东西来定义一个不熟悉的东西。通常情况下，初创餐饮品牌可以通过对公众耳熟能详的常见品类进行叠加的方式形成细分市场，然后引向品牌，最终使品牌成为该细分品类的代名词。例如，麦当劳、肯德基都是叠加品类“汉堡加炸鸡”的代名词。中国餐饮业经过几千年的发展，任何品类的市场几乎都已接近饱和，要在市场中占有一席之地，最关键的就是独特性。这种独特性可以是占据某一个品类，也可以是占据某一种消费感，或者占据某一种得天独厚的选址优势。

餐饮企业定位

(二)客群定位

客群定位即解决餐饮经营者“要做哪类人的生意”的问题。餐饮行业曾流传“开门做生意、笑迎八方客”的说法，但这样的心态很难在当前细分市场和细分需求旺盛的年代找到自己的目标客户。多数经营者都是在餐厅营业一段时间后才逐渐摸索出自己的消费者属于哪个类型。餐饮企业可按照以下标准进行客群划分和定位。

1. 根据消费水平划分和定位客群

消费水平定位决定了品牌的获客成本。通常情况下，低端市场的获客成本较低，利润空间相对比较小；中端市场的获客成本一般，利润空间相比会有所上升；高端市场的获客成本很高，利润空间相对较大。不同的用户定位会使餐厅有不同的获客成本，会直接反映在餐厅的营销成本和其他众多层面。因此餐厅最终模式的选择取决于餐厅对消费者的定义。消费水平划分的前提是餐厅经营者需要明确自己所属层次，因为经营者最了解和其处于同一层次或具有同样属性的人，这部分人极有可能成为餐厅的第一批客户群体。

【知识拓展】

Tomocado 花厨：专做女性生意的餐厅

2015 年，北京城新崛起的一家网红餐厅成为餐饮行业的新星——Tomocado 花厨餐厅。这家餐厅的创始人是一位名叫凯伦(Karen)的女性，她用花＋美食跨界结合的方式吸引消费者。老板凯伦并不避讳自己的店是一家女性餐厅。作为曾经的金融行业从业者，她曾在冰冷的写字楼里朝九晚六甚至晚八、晚十的工作。凯伦身边有很多过着同样生活的职业女性，年龄在 20～40 岁，或单身，或成家，有的还要同时照顾儿女或专注事业。在选择开店时，这个人群就成为花厨的主要目标客户群。这个足够精确的客群，帮助店铺有了更完整地呈现形式。凯伦用大量女性喜欢的花卉将餐厅塞得满满当当，菜品之中也大量使用了花卉元素。从店名到消费者体验，它传达的关键信息都极其明确——本餐厅做的就是职业女性的生意。

(资料来源：宋宣，《从零开始做餐饮》，47 页，北京，中信出版社，2017。)

2. 根据消费场景定位客群

消费场景指适应特定时刻用户和特定目的的消费所需的行为场合和形态，具有时空性、指向性和目的性特点。品牌所处的消费场景决定了餐饮企业的获客效率、商业模式以及最终是否获得商业成功。餐饮企业要想获得消费者的青睐，就应当从消费者的实际需要出发，结合消费场景，切实帮助消费者解决问题。具体来讲，即餐厅出现在消费者生活中的什么时间？是周末还是工作日；什么位置？是工作、休闲空间还是世外桃源……这些都会成为影响消费者选择餐厅的重要因素。例如，快餐店多集中在人流密集、人口流动大的区域，其要解决的核心问题是顾客如何快速进食，同时又如何保证最充沛的能量摄入。

3. 根据市场区域定位客群

市场区域指餐饮企业对顾客的吸引力所能达到的范围，即来餐厅就餐客人所处的地理范围。根据餐厅所在街区情况、地理环境、交通状况等不同，以餐厅所处位置为圆心，以就餐者习惯性的消费距离为半径，即可确定该餐厅的市场区域。国际常用的市场区域划分标准如表 4-2-1 所示。

表 4-2-1　国际市场区域划分标准表

市场区域类型	交通工具特征	距离半径/m	时间/min	时速/km
核心市场区域	徒步	600	10	4
次级市场区域	自行车	1300	10	8
边缘市场区域	汽车	6000	10	40

（资料来源：刘勇、马磊，《餐饮服务与管理(第二版)》，23 页，北京，化学工业出版社，2013。）

对于不同地区的餐厅，不同市场区域的消费者所占比例有所不同。通常，核心市场区域的消费者占到顾客总数的 55%～70%，次级市场区域的消费者占 15%～25%，边缘市场区域的消费者占比较低(特别受欢迎的特色餐厅例外)，占 15%～20%。受到经济发展水平、交通便利程度、人口密度、竞争餐厅距离远近、餐厅声誉等因素的影响，处在不同地理位置的餐厅，市场区域的半径距离也存在一定差异。例如，位于城市的繁华闹市区，餐厅的市场区域半径通常只有几个街区的距离，而位于郊区的餐厅则可能是十几千米的距离。

(三)对手定位

对手定位即餐饮企业考虑“会被谁替代?”的问题。市场扩大来源于消费者的关注，而关注背后又源于不断的竞争和超越。餐饮行业进入门槛低和拥有大量现金流的优势，使得各个细分市场下的餐饮企业都面临激烈的竞争。竞争对手不仅有同类型的餐饮门店，还有可能是与餐饮业态完全不同的品牌或消费模式。因为消费者分配给每种服务的时间有限，所以竞争的本质不是惧怕或消灭竞争对手，而是如何与竞争对手抢夺消费者的时间。

1. 创造良好的卫生环境

消费升级使得用餐感受成为就餐者选择餐厅的一个重要标准。良好的卫生环境既能给消费者创造显著的视觉感受，也能在很大程度上提升消费者对餐饮产品卫生的信赖感，是吸引消费者进入餐厅的一个重要因素。餐饮企业要想在短时间内战胜竞争对手，首先就需要对就餐环境的舒适度进行打造。

2. 选择交通便捷的位置

随着生活节奏的加快，消费者对于餐饮企业位置的关注程度越来越高。优越的地理位置包括交通便捷、停车位置充裕、辨识度高等因素，是餐厅战胜竞争对手的一大优势。

3. 主打轻餐饮消费模式

消费升级的一个明显特点是人们越来越关注个性化的体验。与传统大众化餐饮模式不同，以经营甜品、小吃等为主的轻餐饮模式凸显休闲、充满惬意感的生活方式，有利于缓解现代人的生活压力，更容易得到年轻消费者的关注。

(四)模式定位

商业模式指为实现客户价值最大化，把能使企业运行的内外各要素整合起来，形成一个完整的高效率的具有独特核心竞争力的运行系统，并通过最优实现形式满足客户需求、实现客户价值，同时使系统达成持续赢利目标的整体解决方案。商业模式的核心是对企业效率体系的搭建。利用有限资源做正确的事情，从而为消费者提供有价值的产品，是餐饮企业构建有竞争优势的商业模式的前提条件。任何商业模式都不可能指望在每一个成本控制环节都能挤出利润，利润来自某几项核心竞争力的组合。需要注意的是，这里强调的效率是指一件事情本身的有效性。现代餐饮企业主要从以下三个方面提高效率。第一，对时间的高效利用。餐饮企业降低无效等待时间、提高就餐者时间利用率的目标主要通过点餐方式和配送、供应链方式的改变来实现。其中，微信点餐方式的大量推广，增加了顾客对餐厅的消费黏性，餐饮企业竞争优势极大提高。第二，对空间的高效利用。传统餐厅要求把空间尽可能填满，现代的经营理念则希望消费者充分享受空间带来的价值，如空间非常豪华、空间非常大、空间具有典型的巴洛克风格等。第三，对食材的高效利用。拥有为人称道的顶级食材，是餐厅的一大竞争优势。餐饮企业还可以通过去厨师化、去服务化和洗碗工作外包等节省成本、提高净利润的方式实现食材的高效利用。

【知识拓展】

川鱼婆的微信点餐方式，星巴克咖啡第三空间的创设，武圣羊杂割去厨师化的操作……餐饮企业以多种方式提高经营效率，构建有竞争优势的商业模式。

川鱼婆是2015年开业的一家互联网智能餐厅，其与传统餐厅最大的差别就是“颠覆传统”的点餐模式。川鱼婆提供微信点餐支付模式：在餐桌四角贴有微信点餐的桌贴，消费者只要通过微信扫码，即可自行点餐。第一步扫码点餐，第二步成为会员，第三步选择菜品，第四步核对订单，第五步支付订单。结束以上步骤即可完成全部流程。如今这种方式已经被大量推广，出现在各地各类餐厅中。

星巴克咖啡馆在嗅觉、视觉、听觉、触觉和味觉各方面都努力为消费者提供一种独特的浪漫情怀。精美而独特的包装、自然醇正的咖啡浓香、有自主知识产权的音乐，以及一流的环境和极致的服务，星巴克为消费者打造了一种细腻而美妙的空间场景。

武圣羊杂割一个 100 m^2 的店面里，一般只需要 6 个人，没有大厨，只有操作员和服务员。由于武圣羊杂割的内部环节全面实现了规范化和标准化，因此员工只需要按照流程和步骤操作，大大节省了后厨成本。

（资料来源：宋宣，《从零开始做餐饮》，54～56 页，北京，中信出版社，2017。）

(五)优势定位

竞争优势指企业拥有的某种不同于其他竞争对手的独特品质，这种品质难以被观察和测量，但在竞争中却能够比较明显地表现出来，且很难被对手超越。餐饮企业能够成功的标志有两点，一是可以存活，二是可以存活得很好。当企业面临生存危机的时候，能否找到自己的竞争优势就显得尤为重要。餐饮企业的竞争优势主要体现为以下五点。第一，速度。抢占先机，把好的想法尽快付诸实战，餐厅就具备了客户优势和相应的资源利用优势。特别对于同步启动的餐厅，资金回笼优势更为明显。第二，品牌。餐饮企业最难被复制的就是品牌，品牌之间的竞争才是竞争的最高阶段。离开品牌，餐厅构建的所有特征都会失去表达的载体，所有努力也会付诸东流。第三，模式。模式高效、管控得力，会让餐厅生意运转快速有效，可以大量节省餐厅成本，加速餐厅扩张。第四，产品。菜品好吃是餐饮企业的命脉，是餐饮企业的最大优势。新的市场环境中，好的产品应与优秀的商业模式和相应的品牌模型融合。只有通过产品建立企业品牌感，餐厅才能最终打造更好的生意。第五，创始人。餐饮企业在创业初期的最大竞争优势是创始人，因为创始人足够热爱自己要做的事情，会用心把事情做到最好，这是竞争对手无法轻易超越的。

二、餐厅选址

美国的埃尔斯沃斯·密尔顿·斯塔特勒(Ellsworth Milton Statler)提出饭店经营成功的根本要素，即“地点，地点，还是地点”。餐厅作为饭店主要的业务部门，其位置优劣对今后的经营发展发挥着决定性的作用和影响。餐厅位置有宏观和微观两种解释。宏观位置指餐饮企业在一个较大地理范围中所处的位置，例如，餐饮企业处于某一国家、某个地理区域，或是某一城市。宏观位置的选择受到当地劳动力成本、土地成本、交通条件、经济发展水平和其他社区因素的影响。微观位置即细节性位置，指餐饮企业的宏观位置选定之后在更小范围内的具体地点，例如，餐饮企业设在某一街区、某一购物中心、某个社区等。本文所讲餐厅选址主要是指微观位置的选择。

(一)影响餐厅位置选择的因素

第一，可进入性。可进入性主要指公共交通设施是否方便，是否能够直接到达，是否有足够的停车位置，这些都是消费者选择就餐地点时考虑的因素。城市周边的高档餐厅和特色餐厅主要吸引自驾车前来就餐的客人。前往城市中心快餐店、中低档餐厅就餐的消费者则主要乘坐公共交通工具。

第二，潜在消费者数量。潜在消费者数量的多少主要取决于来往人流量或车流量的大小。餐厅选址应多选择在商业活动中心地带，以及工厂、院校、住宅、飞机场、火车站等人口密度较高的地区和有大量游客停留的旅游风景区。

第三，可扩展的余地。主要指从餐厅长远发展角度考虑，服务地点周围是否还有扩大服务范围的余地。

第四，餐厅的可见度。指餐厅位置的明显程度。餐饮经营者要考虑到客人是否从任何角度看，都能获得对餐厅的认知，以及餐厅指示牌标志、外观装饰物、霓虹灯等的可见性和餐厅是否临街等。

第五，餐厅规模及外观。餐厅位置的地面形状应以长方形为最好，餐厅占地面积应适中，土地利用率高。

第六，竞争对手的相对位置。主要指餐厅与竞争对手的服务网点是否过于靠近、客源是否被竞争对手截留等。

【知识拓展】

美食街选址的陷阱

人潮拥挤，消费群体聚集，美食街是一个专门因为美食和餐饮消费群体而存在的地方，通常很多创业者开店首选地址都会考虑美食街，它存在着很强烈的先天优势，然而在选址美食街的过程中应注意防止掉入以下陷阱。

第一，交通枢纽周边配套成熟但空间拥挤。

美食街多在城市中心繁华地段，或者是商业设施非常成熟的区域。然而有两个缺点，一是交通特别拥堵，周边停车位置有限；二是很多处于老城区，一年有很长一段时间都在施工或是修缮。此时，黄金地段立马会变成人人绕道而行的地段，人流聚集就不复存在。所以选址美食街，投资者要特别考察周边的全部配套以及城区的新旧程度和发展前景。

第二，大牌云集，突围是一场大战。

在美食街、美食广场，最不缺乏的就是大品牌餐饮，除了肯德基、麦当劳这样的标配品牌，还有各具特色、各种类型的大品牌。所以选址美食街的时候，不要一有空铺就直接签约，对于周围店铺的情况一定要了解。否则你的生意可能每天都需要在各种甩卖价、跳楼价的环节中夹缝求生。

第三，客源不断也许仅是一种假象。

美食街成为各大餐饮创业人士的首选，他们往往都是冲着高人流量去的，但是有一个问题经营者必须要了解清楚：美食街除了周末，到底有几天是拥有源源不断的客流的。一般美食街，虽说客流比其他地方都要多，但其实也分时间段，周末客户多，平时工作日支撑消费的只是周围的小区居民以及寥寥可数的写字楼上班族。

第四，管理不统一，宣传自生自灭。

美食街的宣传口号多是统一管理和推广宣传，然而实际情况是，入驻前期会有基本的宣传，在之后经营中，基本都是餐饮企业自己准备各种营销活动或宣传海报。所以投资前不仅要问清商家情况，还得多和周边商家了解情况。

(二)餐厅入驻购物中心的选址

人气旺、就餐环境优越是众多餐饮企业在选址时优先考虑购物中心的原因。近几年，城市大型购物中心的疯狂扩建引起了产能过剩、饱和度超标和品牌同质化等问题，使得入场餐厅经营业绩下滑，甚至面临朝生夕死的困境。入驻购物中心的餐厅选址时需要考虑以下四个方面的问题。

第一，人气热度。购物中心的人气级别，从高到低分为A、B、C、D四个等级，初创餐饮企业应尽可能进入A级或B级购物中心，以扩大知名度，让更多的消费者知晓自己的品牌。在判断购物中心人气热度时，餐饮企业应分别进行工作日、休息日和早、中、晚不同时段的热度分析，以便得出较为科学、准确的结论。

第二，经营业态。经营业态的主要参考指标是购物中心周围写字楼和社区等的入住率、住宅特色、居民消费能力和有效人流等。此外餐饮企业还需综合考虑购物中心内是否有必胜客、麦当劳等大型餐饮品牌，餐饮品类组合是否多样化，餐饮品牌布局如何规划，购物中心的主力店是哪种类型等一系列问题。

第三，开发商的综合实力。成熟度高的购物中心开发商，具有较强的营销、物业管理和规划能力，同时通过对餐饮品牌、品类数量的严格把控，能让餐饮企业在“差异化”上具备先发优势。餐饮企业考虑进驻购物中心时，应首选在全国范围内有较大知名度的开发商，或是在当地拥有较高话语权和认知度的企业。

第四，地理位置。餐厅的潜在顾客主要分布在3 km内的商圈和社区。能否让这些消费者感觉就餐过程简单、方便、快速，直接决定着餐厅在购物中心的经营业绩。通常，地理位置优越的购物中心应满足以下条件：距离地铁站300 m以内，距离公交车站100 m以内，半径1 km以内的酒店等住宿设施有10家以上，停车相对便利等。

(三)餐厅入驻社区的选址

中国餐饮行业从社区起步发展至今，大量家常菜餐厅曾经依靠社区构建了非常庞大的餐饮网络。但随着消费者生活水平逐渐提高，人们不再以性价比作为评价餐饮质量的唯一标准，大众性的聚餐需求也明显下降。同时，新型社区居住人群以“80后”“90后”“00后”的消费者、小家庭和流动人口为主，顾客对餐饮的消费需求更偏向于温馨、特色、精致和个性化等特点。社区餐饮将迎来新的商机，成为继购物中心之后另一个巨大的餐饮消费市场。不同类型的餐饮企业，选择社区的侧重点不同。

商务餐厅——高档社区。商务餐厅多用于商务宴请或宴客，客单价多在200元以上，消费对象以高收入人群和商务消费人群为主。因此，商务餐厅对于社区的选址标准最高，必须是地处商务氛围浓厚、周围拥有较多写字楼和星级酒店的高档社区。

大众餐厅——大型社区。大众餐厅用于满足普通消费者的用餐需求，选址较为多元化，要求不严苛，多开在比较集中的住宅区。距离市区较远的社区不在考虑范围内，因为该类社区大多数住户工作单位较远，中午基本不回家，餐厅的经营重点只能放在晚餐。

异国风情餐厅——艺术区、高校集中区和外国人聚居区等。异国风情餐厅的消费对象主要集中在外国人群体、高校学生和有海外生活经历的中等或以上收入人群，餐厅选址可考虑艺术区、高校集中区和外国人聚居区等位置。例如，北京Flatwhite咖啡馆有两家门店位于艺术区，三家门店进入外交公寓，一家门店位于大学，还有一家门店位于音乐厅附近。

>> 任务二 餐饮环境设计 <<

本任务主要介绍影响餐饮服务环境设计的因素，并从店面设计，空间布局，用具选择，动线设计，灯光布局，色彩运用，温度、湿度调节和音乐控制八个方面阐述了餐饮服务环境设计的具体要求。通过学习，学生能够在记忆和理解的基础上灵活运用餐饮服务环境的设计与布局技巧。

餐饮服务环境是为宾客提供就餐服务的空间和氛围，良好且舒适的环境对餐厅的经营发挥着很大的宣传作用，能够直接刺激宾客的消费欲望，为投资者带来经济效益。餐饮服务环境设计则是通过专业人员对空间进行合理的规划和布置，利用视觉传达的方式为消费者提供精神上的欢娱和享受。理想的餐饮服务环境设计应发挥吸引并招徕宾客到餐厅用餐、给宾客留下深刻印象、刺激宾客增加消费额、体现餐厅产品特色的作用。随着“80后”“90后”年轻人逐渐成为餐饮市场消费主体，单一的味觉上的满足已经不再是就餐者衡量餐厅好坏的唯一标准，装修风格和用餐氛围越来越受到顾客的重视。

一、影响餐饮服务环境设计的因素

(一)餐厅的市场定位

不同的宾客对就餐环境的要求有所差异，餐饮企业应该了解并确定自己的目标顾客，根据宾客的要求来布置餐厅，确定环境的基调和主题。例如，老年客人偏爱清净明亮的环境，年轻情侣喜欢温馨浪漫的环境，小朋友对新奇别致的环境感兴趣。

(二)餐厅的建筑结构

餐饮营业场所的建筑结构各不相同。设计者在布置安排时，应结合餐饮品类，因地制宜，服务设施的选择、服务路线的设计、服务氛围的营造都要考虑与现有的建筑结构相协调。例如，草原上的蒙古包餐厅，宜用蓝、绿、白等颜色，用银碗、皮囊等装饰物来烘托服务气氛。

(三)餐厅的服务方式

餐饮服务员侍应招待宾客的服务方式不同，需要相对应的环境来配合。例如，中餐圆桌式服务和西餐分餐式服务，无论是对装潢、气氛还是对家具、餐具都有不同的要求；又如，美式服务、法式服务、俄式服务等，对服务设施与餐具的选择都不尽相同。

(四)餐厅的档次和规格

餐厅的档次和规格取决于多种因素，餐饮经营者应有明确的市场定位，谨慎地选择目标市场，营造与消费档次相一致的就餐氛围。例如，从消费水平角度看，是选择吸引一般消费水平的宾客还是高消费水平的宾客。目标市场确定后不仅有利于投资决策，而且也从某种程度上决定了餐厅的布置与安排。

(五)餐厅的地点和位置

不同类型的餐饮场所对位置的选择要求不一样，布置与安排也不相同。例如，咖啡厅通常要求靠近大厅，多用自然采光，布置要求简洁、明快，餐具要求简单实用。中餐宴会厅多为酒店的2～4楼，门前多有宽敞的厅廊，在布置上要求金碧辉煌、热情隆重，装饰上体现中华民族传统特色，摆台讲究，餐具精致且豪华。

(六)企业的资金实力

毫无疑问，餐饮企业资金实力是决定餐厅布置、设备选择的决定因素之一。资金实力不强，会制约餐厅的设备购买、环境布置、氛围营造。

在以上所列影响服务环境安排与布置的因素中，餐厅的市场定位、餐厅的建筑结构和企业的资金实力最为重要。餐饮企业经营人员应根据具体情况，分清主次，做好餐饮服务环境的布置与安排。

二、餐厅环境设计内容

餐饮服务环境设计包括餐厅的外观设计、内部空间设计和背景设计，具体涵盖名称、面积、用具、动线、灯光、温度、色彩、背景音乐等多个内容。

(一)餐厅店面设计

餐厅店面主要包括建筑外形、门窗装饰、广告牌、霓虹灯、入口空间、停车场等要素。精美的餐厅外表设计既可以起到美化营业场所、装饰店铺的作用，又具有吸引顾客、招徕生意、传达信息和促进销售的功能。广义上讲，餐厅店面设计属于室内设计的范畴，二者根本上都追求美观实用，但店面设计更侧重以招徕和吸引客人为主要目的，要让未进店的公众感觉到餐厅的存在，并能帮助其决定进入餐厅用餐，因此餐厅店面设计应兼具美观外表和辨认功能。

第一，符合整体性要求。整体性首先表现在餐厅内部环境和外部环境的有机统一，其次表现为各组成要素的风格尽可能保持一致。例如，中式餐厅应突出东方文化特色，包括色彩、装饰物和陈列品等的选择；西式餐厅应以西方艺术和文化为背景，突出西方特色。

第二，突出餐厅的产品特征。餐厅店面设计应能够充分烘托餐厅的产品特征，使经过餐厅的客人一眼就能够看明白餐厅的经营特色。具体来讲，门口橱窗要有餐饮产品的陈列；餐厅标志鲜明，与周围建筑物造型相协调；霓虹灯文字要简明扼要，图案装饰要新颖醒目；餐厅名称应与餐厅规模、档次和顾客层次相适应，保证通俗易懂、朗朗上口，避免雷同和出现生僻字；餐厅周围环境要清洁卫生，方便客人建立良好的第一印象。

第三，人情化的设计理念。随着消费主体的转变和消费理念的提升，现代餐厅设计更追求“人情化”的餐饮空间，设计亮点突出和谐的用餐气氛，风格上多采用自然鲜明的色彩，减少多余的装饰堆砌。例如，有的餐厅将店面设计为开放式，临街位置选用大型落地玻璃窗，剔透明亮、一览无遗，餐厅内的情调氛围和用餐顾客都成了一道亮丽的风景线，尽情地展现给过往行人。

(二)餐厅内部空间布局

餐厅内部空间布局是指根据各类餐厅的规格、功能特点及具体位置，运用各种手段，对餐厅进行空间处理。对餐厅进行空间布局时，应视餐厅实际情况合理调整、组织和利用空间。空间布局必须具有实用性，餐饮空间大小、形式以及空间组合方式都必须能满足功能需要，注重空间布局的合理性。

第一，餐厅面积和空间划分。餐厅定位不同，面积大小有很大差别。小型餐厅一般为 100 m^2 以内的空间，功能简单，主要注重室内气氛的营造；中型餐厅一般为 100～500 m^2 的空间；大型餐厅多为 500 m^2 以上的空间。中型和大型餐厅的空间功能较复杂，既要营造特色的环境气氛，还要进行功能分区、流线组织和一定程度的围合处理。根据功能不同，餐厅空间主要划分为宾客空间、管理空间和公用空间三部分。宾客空间是餐厅的主体空间，包括餐桌、餐椅、就餐等候区、衣帽间等；管理空间主要用于餐饮企业行政事务管理，包括服务台、办公室和服务员休息室等；公共空间是餐厅内部所有人员的共有活动空间，包括盥洗室、通道等。餐饮企业经营者应充分考虑顾客的安全性、便利性，营业各环节的机能及实用效果等因素，以科学的方法把具有不同功能的空间进行合理组合。

第二，餐桌和餐椅摆放。餐桌、餐椅的配置和安排，应以餐厅档次、面积和经营性质来确定，按照适用、协调、统一的原则，构成一个完整系统。餐桌和餐椅的摆放形式常有以下几个标准：按照外观形式不同，分为立式、柜台式和卡式等；按照功用形式不同，分为茶坐式、零点就餐式和宴会式等；按照布置形式不同，分为集中式、分散式、纵式、横式和纵横交错式等；按照餐别形式不同，分为中餐式、西餐式和中西结合式等；按照就座人数不同，分为一人式、二人式、三人式、四人式和多人式等。

第三，餐厅隔断设置。餐厅中隔断的使用非常普遍，利用隔断分隔空间时应注意各空间的比例，尽可能不浪费有效面积。常用的隔断方式有：借用屏风、帷幔分隔空间，借用柱体分隔空间，借用花卉、绿植和水体分隔空间等。

(三)餐厅用具选择

餐厅用具通常包括餐桌、餐椅、服务台、屏风、餐具等。餐厅用具的选择必须根据餐厅经营模式、规格档次和产品类型等进行配套设计，保证与餐厅其他装饰和布置相映成趣，形成统一风格。作为餐厅用具的主体，餐桌、餐椅和餐具在选择时要考虑以下因素。

第一，餐桌、餐椅的选择。餐厅桌椅的选择与餐厅面积的大小、餐饮服务的类别和餐饮产品的质量密切相关，最主要的目的是保证客人就餐时的舒适度和提高餐厅空间利用率。通常小孩就餐时每座需要 0.74 m^2 的面积，成年人每座需要 1.1 m^2 的面积，豪华餐厅每座至少需要 1.9 m^2 的面积。快餐厅中，顾客就餐多使用餐盘，该类餐厅最好选择长方桌，使餐桌能够放下一定数量的餐盘。如果餐盘尺寸是 46 cm×36 cm，则两人餐桌的最小尺寸应是 120 cm×76 cm，四人餐桌多为 122 cm×122 cm。中餐厅多以四人方桌和圆桌为主，四人方桌的尺寸略小于快餐厅的四人方桌尺寸，多为 91 cm×91 cm。10 人圆桌的直径一般为 160～180 cm，如果是宴会用餐，因为需要的餐具更多，餐桌面积会随之增大。餐厅中适宜选用相同高度和宽度的餐桌，便于进行拼接，用来满足不同的用餐环境需求。

第二，餐具的选择。餐厅常用餐具有陶瓷、玻璃、搪瓷、密胺、塑料等多种材料。餐厅餐具的质量和样式选择必须符合餐厅的档次和规格，并突出餐厅特色。餐具在使用上要与菜肴相辅相成，起到衬托菜品的作用，同时所有餐具必须保证干净卫生、完好无损。

(四)餐厅动线设计

餐厅动线是指就餐者、服务员，以及食品和器物在餐厅内的流动方向和路线。

一般来讲，餐厅动线分为顾客动线和服务动线两部分。顾客动线是餐厅的主导线路，设计合理的动线能清晰地指引顾客的移动方向，能让顾客在点餐、就餐和出入的过程中流畅、有序地行动，使顾客更加方便地利用空间(图 4-2-1)。服务动线强调高效率，科学的动线规划既能提高工作效率，还能节省成本，提高顾客满意度。作为餐厅经营者，前者需要保证顾客最佳的设计体验，后者需要保证工作人员最快的服务效率，两者的叠加保证了餐厅的总体运营效率。高效率的餐厅动线设计需要注意以下三点。

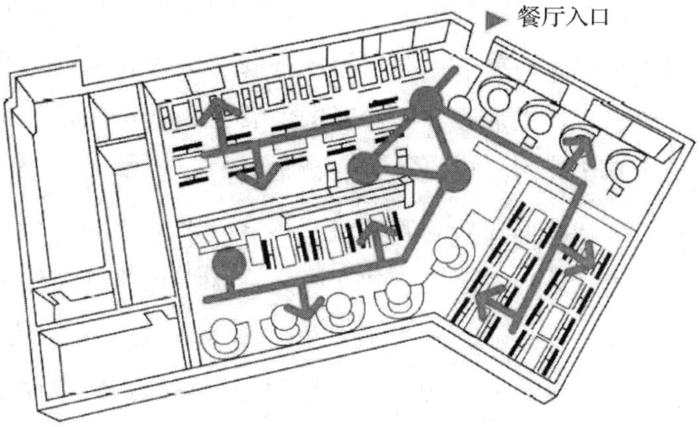

图 4-2-1 顾客就餐动线图

第一，避免交叉。设计动线时，需要避免顾客动线与服务动线的交叉和重合。上菜和撤席通道需要区分，还需考虑过道的方向和宽度。通常普通餐厅服务通道的宽度约为 75 cm，而相对奢华的餐厅通道宽度不低于 90 cm。还应注意同一方向的过道不要过于集中，避免服务员与客人之间发生碰撞。

第二，最短距离。服务动线最重要的作用是缩短出菜距离，让餐品能够最安全、最快速、最新鲜地送达顾客就餐位置。特别对于面积较大的餐厅，通过合理规划片区和设置出菜口位置，能够避免出菜路径过长，从而有效提高服务员工作效率。例如，很多餐厅在每一服务层都设置相应出菜口，或者在居中的餐厅空间设置出菜口。

第三，最佳位置。服务动线设计还需考虑工作台、出菜口、洗碗间、收银台等餐厅各功能点设置是否合理。设计者应从功能区域中找到服务员最佳的待命位置，使员工用最少的行走步数和时间完成对客服务。同时，还可以设置区域性服务台，用于存放餐具或摆放茶水，帮助员工缩短行走路线。

(五)餐厅灯光布局

合理运用灯光能够使餐厅环境得以升华，在为餐厅营造良好氛围的同时，还突出了餐厅的特色。同时灯光对就餐者的味觉和心理有潜移默化地影响，科学的灯光布局能够充分调动就餐者的审美心理，从而实现饮食之美与环境之美的和谐统一。

餐饮企业经营者在进行灯光设计时，不能单纯追求功能性或艺术性，而应将二者完美的结合，重点关注餐厅以下几个位置。

第一，入口处。餐厅入口通常具有较强辨识度，是顾客进入餐厅前就会关注的位置，决定了顾客对餐厅的第一印象。入口处的灯光设计，可通过多种方法实现入口位置与周边环境的明显区分，即通过显著的标识来吸引顾客。例如，在照度上，入口处可比周围更亮或者更暗；在色温上，入口处可更暖或更冷。

第二，就餐位置。通过灯光照射可让桌面上的菜品看起来更加秀色可餐，增加就餐者的食欲。常用的方法有三种：第一，加大光源角度，扩散射灯光束，降低桌面与周围环境的明暗对比度；第二，利用隐藏在墙角、天花板处的灯带在墙面上形成的二次反射，给顾客营造更加柔和、舒适的就餐氛围；第三，增加餐桌周边装饰物的照明强度，投放到墙面的反射光可以有效提高餐厅的整体亮度。

第三，洗手间。洗手间的照明布置应遵守国家标准要求的安全照度，建议安装镜前灯，保证洗手盆等设施通透明亮，便于顾客在洗漱台前整理仪容。

第四，卡座和包厢。卡座和包厢是餐厅私密性最强的位置，为凸显这一特点，餐厅可将光源下压，拉近灯与餐桌的距离。灯的背面被遮挡，空间上方的黑色和桌面周围的光亮就会形成鲜明的对比，人和餐桌周围被光线分出界限。

(六)餐厅色彩运用

不同的色彩可以给大脑带来不同的刺激，可以引起顾客各式各样的心理反应和情绪状态，这些信息和情绪反应会直接影响顾客的选择和判断。色彩的灵活运用对餐厅主要有以下三点作用。第一，黄色、红色、橙色等温暖而热烈的暖色有利于增进顾客食欲，而蓝色、黑色、紫色等冷色则会让顾客冷静地控制食欲。第二，红色、橙色等暖色在使顾客感到愉悦和兴奋的同时，也会使人感觉时间漫长。快餐店等餐饮形式可以通过暖色的布置，提高顾客的进餐速度和翻台率。第三，色彩会影响顾客对餐厅类型的选择。例如，看到正红色会想到中餐，看到草绿色会与健康、有机等理念相联系。餐饮企业的色彩运用应注意以下几个方面。

第一，餐厅的品牌定位。结合不同颜色的含义和作用，餐厅装饰色彩的选择应与品牌定位、规模档次和目标顾客需求相一致。例如，红色代表大胆、热情、积极，多用于肯德基等快餐型餐厅和辛辣口味的餐厅；橙色常给人阳光、友好、实惠的感觉，适合于果汁品牌和连锁快餐品牌；黄色给人的感觉是年轻、新鲜和富有创意，如麦当劳的M形标识、香港元气寿司等以黄色为主打色的餐厅都给人留下深刻印象。

第二，餐厅配色不宜过多。餐厅装饰适宜选用两三种颜色搭配，如果颜色组合过多，容易让顾客产生杂乱的感觉。运用平面和空间设计中60∶30∶10的黄金比例法则，餐厅色彩搭配主张60%的主色彩、30%的次要色彩和10%的辅助色彩。

(七)餐厅温度、湿度调节

四季如春的餐厅，既可以延长客人停留时间，也可以为员工提供一个温馨舒适的工作环境。餐厅温度不是一成不变的，基本要求是冬季暖和、夏季凉爽，温度保持在 25 ℃左右为宜。按照餐饮业的卫生要求，一、二、三级餐厅夏季温度保持在 24 ℃～26 ℃，冬季温度保持在 20 ℃～24 ℃；四级餐厅夏季温度保持在 25 ℃～28 ℃，冬季温度保持在 20 ℃～24 ℃。湿度也是提高顾客就餐体验的一个重要因素，过于干燥的用餐环境，极易引起顾客烦躁。多数餐饮经营者容易忽略餐厅的湿度，尤其在北方地区表现较为突出，这些地区年降水量少、风沙多，干燥少雨的气候特点会严重影响室内湿度，冬季则更为明显。参考餐饮业相对湿度的行业标准，一级餐厅夏季在 55％～65％，冬季在 40％～50％；二、三级餐厅夏季为 65％，冬季为 30％。

(八)餐厅背景音乐选择

背景音乐作为单声道音乐，其特点是音量较小、没有纵深感、可以有效地隐藏声源、有利于创造出轻松愉悦的环境气氛。餐厅的背景音乐具备“开了你不一定会注意，关了又会觉得少了些什么”的特点，其适当运用对于现代餐饮企业具有非常重要的意义。一是影响顾客的消费行为。节奏较快、音量较大的音乐有助于提高顾客的就餐速度。二是强化味觉体验。据科学调查，高音能加强甜味感受，低音会让顾客觉得味道更苦，嘈杂的声音会压抑顾客对甜味和咸味的感受等。三是品牌形象的延伸。背景音乐不直接反映品牌核心价值，而是从意境上勾勒出背景，用餐者可以通过听觉感受加深对品牌的认知。餐饮企业经营者应学会如何选择和应用适当的背景音乐。

第一，音乐风格以抒情、轻松、明快为主。背景音乐的关键特质是平稳，乐曲选择以抒情或轻松风格的纯音乐为主，切忌选择流行歌曲或强烈刺激的音乐，避免有过多且具体的人声。例如，可选择《G 大调小步舞曲》《步步高》《四只小天鹅》《渔舟唱晚》等。

第二，音乐选择要符合餐厅特色和需求。背景音乐的选择不应千篇一律，要突出个性化，要随着餐厅的经营特色、就餐群体对音乐的欣赏习惯和餐厅的生意状况等因店因客因时的调整和变化。例如，一家名为人民公社食堂的餐厅，音乐播放以红色年代的经典歌曲为主；餐厅生意红火时，适宜选择每分钟快于 60 拍的音乐节奏，这类音乐具有刺激兴奋神经，提高顾客就餐速度的作用。

第三，音乐播放应有专人负责。餐厅背景音乐的制作、挑选和控制是一件相对复杂的工作，餐厅应选派专人负责。负责人要控制播放时段，保证声音适中，一般控制在 30 dB 以内，即以不影响小方桌上面对面两个人轻声交谈为宜。每次播放时间不应持续过长，多采用间断播放，以免人们产生疲惫感。还应充分利用背景音乐

餐厅环境设计内容 1

去调节员工的心情，例如，餐前准备时播放轻快音乐，调动员工工作激情；放松休息时播放抒情音乐，缓解员工疲惫状态。

餐厅环境设计内容2

【复习自测】

一、选择题

1. 餐饮企业品类定位要解决的问题是(　　)。

A. 餐厅要做哪方面的生意　　B. 餐厅要做哪类人的生意

C. 餐饮企业会被谁替代　　D. 能否提高餐饮企业效率

2. 餐厅入驻购物中心需要考虑的主要问题有(　　)。

A. 人气热度　　B. 经营业态

C. 开发商综合实力　　D. 地理位置

3. 大众餐厅适合入驻的社区类型是(　　)。

A. 高档社区　　B. 大型社区

C. 外国人集中社区　　D. 小型社区

4. 餐厅名称选择应注意(　　)。

A. 与餐厅规模、档次和顾客层次相适应

B. 通俗易懂、朗朗上口

C. 避免雷同

D. 避免出现生僻字

5. 餐厅服务区域主要划分为(　　)三部分。

A. 宾客空间　　B. 管理空间　　C. 公共空间　　D. 制作空间

6. 按照餐别形式不同，餐桌和餐椅摆放方式有(　　)。

A. 中餐式　　B. 西餐式　　C. 风味餐式　　D. 中西结合式

7. 豪华餐厅每座就餐面积至少需要(　　)。

A. 1.1 m^2　　B. 1.5 m^2　　C. 1.9 m^2　　D. 2.5 m^2

8. 餐厅配色的黄金比例法则是(　　)。

A. 50∶30∶20　　B. 80∶10∶10　　C. 60∶30∶10　　D. 40∶30∶30

9. 餐厅温度通常保持(　　)左右为宜。

A. 20 ℃　　B. 23 ℃　　C. 25 ℃　　D. 27 ℃

10. 餐厅生意红火时，适宜选择每分钟快于(　　)的音乐节奏。

A. 30 拍　　B. 40 拍　　C. 50 拍　　D. 60 拍

二、简答题

1. 完整的餐饮企业定位包括哪些方面？

2. 影响餐厅位置选择的因素有哪些？

3. 影响餐饮服务环境设计的因素有哪些？

4. 高效率的餐厅动线设计需要注意哪几点？

三、案例分析

温迪的店堂布局

温迪(Windy's)是美国三大快餐集团之一，在全世界范围内拥有数千家连锁店，提供以汉堡包、三明治、炸薯条为主的快餐食品与服务。

温迪餐厅总体形状为长方形，占地面积约 8000 m^2，主要使用的建筑材料是砖、木板与玻璃。该店面向公路，两侧十分开阔，后面有近 70 个停车位。该店侧面还设有一个驶入式外卖窗口，为汽车驾驶者提供方便(他们不用下车就可通过该窗口买到食品)。

店内总共设有 98 个座位，其中包括 15 个四座位桌、2 个三座位桌、9 个双人座位桌和 14 个单人座位桌。就餐大厅的家具以橡木制成，装饰有十分漂亮的图案。天花板为扇形，上面悬吊着许多绿色植物。就餐大厅中设有服务柜台，提供餐巾、吸管等小物品，还设有装垃圾的不锈钢罐。大厅边上设有自动饮料服务器，顾客可根据需要自行得到饮料，无须排队购买。就餐大厅约占整个快餐厅一半的面积。顾客必须在等候服务区(由几列栏杆围成的通道)排成单行队，依次到服务台前购买食品。服务台后便是厨房区，所有食品加工设备及设施均摆放在此。从厨房还可以直接看到前面的服务台。厨房区再靠后便是仓库储藏区(包括冷冻室、冷藏室和干藏区)，管理员办公室，员工休息室及员工培训室。仓库区有一个后门，专供接收食品原料用。

(资料来源：汪焰、董鸿安，《餐饮服务与管理(第二版)》，111 页，上海，华东师范大学出版社，2015。)

思考：该餐厅的店堂布局体现了哪些经营理念？哪些经营理念是值得中式餐饮企业学习的？

分析：温迪餐厅的店堂布局体现了美式快餐经营管理的几大理念。

1. 就餐区面积相对较少(前后台面积之比为 1∶1)，后台面积相对较大，这与其大量的外卖服务有关。

2. 后台设置专门的员工培训室与休息区，体现了管理方对员工素质提高和生活条件改善的关注，也表明了餐厅严格区分客用区和员工区的管理理念。

3. 驶入式外卖窗口的设置，说明此类顾客在温迪的客源市场中占有相当大的比例(约占 50%)，这也代表了未来快餐业必须重视此类顾客的发展趋势。

4. 温迪采用单队列排队等候而不是多见的分散多队排队，使顾客进入餐厅后无须为考虑加入哪一队而烦恼，体现了服务的公平性，客观上也提高了工作效率。

5. 自动饮料服务器的设置，节省了劳动力成本，加快了服务速度。饮料服务器搬出厨房，也减少了厨房操作的复杂性，节省了厨房空间。

6. 重视员工、做好市场定位、体现服务公平性，应是我国快餐企业在今后环境布局方面重点考虑的因素。

模块五　餐饮服务与管理技能提升实训

【学习导读】

随着社会经济的发展和进步，教师关于餐饮服务与管理技能的教学水平也需要不断提升。加强餐饮服务与管理技能教学工作有利于提升餐饮服务与管理的质量，促进餐饮服务与管理学习者技能的提升，使餐饮服务与管理适应社会经济发展提出的要求。模块五以餐饮服务与管理技能提升为主线，让学生重点学习菜单设计、主题宴会设计、对客投诉处理、餐饮促销、主题餐厅设计与赏析五个项目。

项目一　菜单设计

【学习目标】

1. 了解菜单的种类和作用。
2. 了解菜单的设计思想。
3. 掌握制定固定菜单的依据和技巧。

>> 任务一　菜单的种类和作用 <<

一、菜单的种类

菜单是餐饮企业向客人提供的餐饮产品的品种和价格的一览表。菜单设计与制作的好坏将直接影响餐饮经营的成败。菜单的种类可谓形形色色、多种多样。根据不同的分类标准，可将菜单分成若干种类。

(一)根据餐饮形式和内容分类

1. 早餐菜单

早晨是一天的开始，无论是何种类型的客人，他们都希望尽快享用早餐，因此，早餐应简单、快速，但要求高质量。星级饭店的早餐菜单一般分为中、西式两种。

2. 午、晚餐菜单

午、晚餐是一天中的主要两餐，所有客人都希望吃得舒服。一般说来，客人对午餐的要求相对简单一些，对晚餐的要求高一些。客人对午、晚餐菜单的要求是品种繁多，选择余地较大，并富于特色。在一部分西餐厅，午、晚餐菜单是分设的，但绝大多数中餐厅的午、晚餐菜单是合一的。

3. 周末早午餐菜单

随着人们休闲观念的增强，相当一部分人会在周末早晨睡懒觉，待这部分客人赶到餐厅时，可能已经错过了早餐时间。为此，有一些餐饮企业为适应这些客人的生活特点和饮食需求，便在周末推出早午餐(也称晚早餐)菜单。早午餐菜单介于早餐和午晚餐菜单之间，既有早餐菜点，又有午餐菜点。

4. 客房送餐菜单

在星级饭店的餐厅，还有客房送餐菜单。住在客房中的客人由于某种原因不能或不愿去餐厅用餐，因而要求在客房中就餐。为满足这些客人的要求，星级饭店大都提供客房送餐服务，并制定了专门的客房送餐菜单。该菜单的特点是：菜的品种较少，菜品质量和价格较高。

5. 自助餐菜单

自助餐菜单与套餐菜单相似，两者的主要区别在菜点的种类和数量上。自助餐菜单的定价方式一般有两种：一种是与套餐菜单相同的包价方式，即价格固定，客人任意选择餐厅提供的菜点；另一种是每种菜点单独定价，客人选择某种菜点就支付该菜点的价格。一般来说自助餐菜单选用的类别如下。

①冷盆类：肉类、蔬菜等凉菜。

②色拉与水果：各种色拉、各种水果。

③热菜：热汤及用炖、炸、炒等烹调技法制作的各种食品。

④甜菜：各种蛋糕、面点或其他甜食和主食。

⑤饮品：果汁、牛奶等。

6. 咖啡厅菜单

咖啡厅的服务特色是快捷、方便，菜肴品种主要以简单、快捷的西餐为主。咖啡厅菜单有固定菜单、附加菜单、台卡式菜单、纸垫式菜单和招贴式菜单等不同形式。

(二)根据菜单价格形式分类

1. 点菜菜单

点菜菜单的使用最为广泛，这种菜单按一定程序排列餐饮企业供应的各式菜点，每种菜点都有单独的价格，就餐客人可以根据自已的口味爱好和消费能力来自由选择所需的菜点。点菜菜单分早餐菜单，午、晚餐菜单和客房送餐菜单等。

2. 套餐菜单

所谓套餐，是指由餐饮企业按一般的进餐习惯为客人提供规定的菜点，而客人不能自由选择。套餐菜单就是这些规定菜点的排列表。其特点是只有一餐的统一价格，没有每道菜点的单独价格。

3. 团队用餐菜单

餐饮企业一般都会接待旅游团队、会议团体等，这些团队客人的用餐一般由餐饮企业根据其用餐标准安排。这类菜单一般应注意以下问题。

①根据客人的口味特点安排菜点。

②中西菜点结合，高中低档菜点搭配。

③这些客人往往会在餐厅连续用餐，所以应注意菜点的花色品种，争取做到天天不一样、餐餐不重复。

4. 宴会菜单

宴会菜单是根据客人的饮食习惯、口味特点、消费标准和宴请单位或个人的要求而特别制定的菜单。餐饮企业一般会根据季节、标准等制定几套宴会菜单，当客人前来预订时再根据客人的要求做适当的调整。

5. 酒单

酒单和菜单同等重要，相当一部分餐饮企业的菜单与酒单合二为一，但最好还是单独设计酒单。酒单应清楚、整洁和精美，不宜太复杂，而且应根据客人的需求经常更新。

上述各类菜单充分体现了餐饮企业所提供的各种餐饮形式和餐饮内容。除上述菜单外，餐饮企业根据其类型及客源对象不同，还有一些其他菜单，如快餐菜单、今日特价菜单、儿童菜单等。

二、菜单的作用

①菜单是餐饮企业与消费者之间的桥梁与纽带。

②菜单决定了餐饮设备的选购。

③菜单决定了餐饮原料采购、库存的方式。

④菜单决定了餐厅的主题与风格。

⑤菜单决定了餐饮企业所需员工的数量与质量。

⑥菜单是餐饮企业成本控制的依据。

⑦菜单是餐饮企业重要的宣传品之一。

【知识拓展】

菜单的由来

菜单，顾名思义就是一份带价目表的菜肴清单。但最初菜单并不是为了向客人说明菜肴内容和价格而制作的，而是厨师为了备忘而写的单子。据说在16世纪初期，法国宫廷菜肴是很一般的。据说直到1533年，法国国王昂里二世的王妃卡得里努从佛罗伦萨带来了厨师作为陪嫁，从此法国宫廷菜肴才逐步得到改善。法国的厨师为了记住这些意大利菜肴的原料及烹制方法，将它们记录下来，这就是菜单的雏形。而这些记录真正成为向客人提供的菜单，已是16世纪中叶的事情了。1544年，布伦斯维克侯爵在自己的宅第举行晚宴，每送一道菜，侯爵都要看看桌上的单子，当客人们知道他看的是今天的菜单时，十分欣赏这种方法。大家争相仿效，在举行宴会时，都预先制作了菜单，菜单便真正出现了。

>>任务二　菜单设计<<

一位美国餐饮学者曾指出："最赚钱的餐厅是那些能提供符合市场需求的菜单的餐厅，它们将平淡无奇的菜单赋予魅力，以得到顾客的青睐。"这句话充分道出了菜单策划的重要性。如果菜单的策划与设计能引发顾客愉快、兴奋的情绪，那么这家餐厅的经营就成功了一半。

一、菜单的内容

菜单一方面是餐厅生产经营的计划书，它的内容和分类要方便厨房的生产安排和餐厅的销售统计；另一方面是推销工具，要清楚的、有逻辑的将产品信息正确而迅速地向顾客传递，通过内容的编写、顺序的安排及艺术处理等影响顾客购买，引导他们多选择餐厅最愿意销售的菜品。

(一)菜品的介绍

①菜品的品名和价格介绍。

②菜品内容介绍。

③特色菜推介。

(二)营业告示性信息

营业告示性信息应当简洁，一般有以下内容。

①餐厅名字，通常安排在封面。

②餐厅特色风味。如果餐厅具有某些特色风味而餐厅名又反映不出来，就要在菜单封面的餐厅名后列出其风味，如巴蜀餐厅(川菜风味)。

③餐厅地址、电话、商标记号一般安排在菜单的封底。菜单的封底上还可列出餐厅在城市中的位置。

④餐厅经营时间，列在封面或封底。

⑤餐厅加收的费用。如果餐厅加收服务费，则要在菜单上注明。例如，在菜单上注明这样一句话："所有价目均加收10%的服务费。"

(三)企业宣传性信息

有的菜单上还介绍餐厅的历史背景和餐厅特点等企业宣传性信息。

二、菜品的选择

菜品是菜单上的主要内容，一张好的菜单应该能够反映出当前餐饮市场菜品的销售动态。在编制菜单前，应首先对餐饮市场的各类菜品进行调查分析，确定哪些菜品特别受顾客欢迎，哪些菜品利润较高，哪些菜品具有可开发性，这样才能保证菜单在实施过程中的稳定性。菜品的选择应遵循以下几点原则。

(一)迎合目标顾客的需求

餐厅的经营宗旨是要迎合某些目标顾客的需要，因此菜单上的菜品应根据目标客源的口味特点、饮食习惯、消费能力等因素有针对性地选择与开发。如果餐厅主要针对的是高收入的顾客群体，菜单上所提供的菜品就应以制作精细、原料考究、讲究服务的菜品为主，当然菜品的价格也可以定的相应高一些。而以流动人群为主要顾客对象的餐厅，菜单上设计的菜品就应以制作简单、价格适中、服务迅速且大众化的菜品为主。

(二)与总体就餐经历相协调

菜单上所提供的菜品应和餐厅赋予顾客的总体就餐经历相协调。一家设计美观、装饰豪华、服务讲究的餐厅，其菜单提供的菜品也应以烹调讲究、原料精细、色香味美形皆具备的菜品为主。

(三)品种不宜过多

餐厅在经营过程中，菜单上提供的菜的品种要能够充分考虑到顾客群的需求，不应缺货。但是这并不意味着菜单上的菜的品种越多越好。

(四)选择毛利润较大的品种

进行菜品选择时应充分考虑到餐厅的营业利润，所选择的菜品应尽可能使餐厅获取可观的毛利，因此在选择菜品时要重视其原材料成本的高低。

(五)经常更换菜品

为保持顾客对餐厅的持续兴趣，就要保证菜单上的菜品对客人具有吸引力。餐厅销售人员要及时准确地把握市场信息，了解目标顾客的口味需求，对菜单上的菜品种类进行调整。

(六)品种要平衡

菜单上的菜的品种要能够满足不同口味特点的顾客需求，因此菜的品种不宜过于狭窄。选择菜的品种时应注意以下几点。

①每类菜品价格要平衡。菜单是针对一定档次的顾客群体的，但是同一类顾客有消费能力高的，也有消费能力低的，所以每一类菜肴在价格上要有高、中、低的搭配。

②原料搭配要平衡。菜品的多种原料搭配可使更多的顾客看到自己喜欢的菜品，因此每一类菜中都应有不同原料的菜品构成，以适应不同口味顾客的需求。例如，汤类菜既要有以肉类、海鲜等为原料的，也要有以各类蔬菜为原料的。

③烹调方法要平衡。菜品烹调方法的多样性可以使顾客选择菜品范围更大一些，在菜单中应该有用各种烹调方法制作的菜品。

④营养要平衡。就饮食潮流而言，越来越多的休闲食品、健康菜点将在餐饮产品中占据重要地位，因此餐厅在选择菜品时要了解客人的营养需求，注意菜品中各种营养成分的合理搭配。

⑤品种要有独特性。"独特"是指餐厅特有的菜品、烹调方法、服务方法。

⑥厨师的烹调技术。餐厅厨师的技术水平、烹饪特长是选择菜品的关键。

三、菜单设计制作依据

(一)目标市场需求

任何餐饮企业，不论其规模、类型、等级如何，都不可能具备同时满足所有客人饮食需求的条件与能力。因此，餐饮企业必须选择一群或数群具有相同或类似餐饮消费特点的客人作为自己的目标市场，以便更有效地满足这些特定消费群体的餐饮需求。

(二)菜品的销售量与获利能力

决定某一菜品是否列入菜单应考虑三个因素：一是该菜品的盈利能力；二是该菜品可能的销售量；三是该菜品的销售对其他菜品销售的影响。

(三)原料的供应情况

餐饮原料供应的影响因素较多，如地理位置、市场供求关系、采购和运输方式、季节、原料的产地等。

(四)菜品的花色品种

花色品种的增加主要通过原料的不同搭配、颜色的变化等方法来实现。但花色品种过多也并非好事，因为花色品种过多会给餐饮企业的原料准备带来困难，很有可能造成单上有名、厨中无物的状况。

(五)菜品的营养结构

选择适合自己的餐饮产品是就餐客人自己的责任，但向客人提供既丰富多彩又营养丰富的饮食无疑是餐饮企业义不容辞的职责。菜单设计者必须充分考虑各种食物的营养成分，了解各类客人每天的营养摄入需求，还应了解如何搭配才能生产出符合营养原理的餐饮产品。

(六)餐饮生产条件

在菜单设计时应充分考虑企业生产条件的局限性。厨师的技术水平和烹调技能无疑是首先必须考虑的问题。否则设计出来的菜肴没有厨师会制作，岂不如同空中楼阁？其次，菜单设计者还必须考虑厨房设施设备的限制，如设施设备的生产能力、适用性等。总之，应避免某些厨师或设备忙不过来，而其他厨师或设备空闲的现象。

四、菜单设计制作原则

(一)以顾客需求为导向

餐厅要以顾客需求为导向，顾客喜欢吃什么菜、吃什么档次的菜必须清楚。因为满足顾客需求是餐厅经营制胜的根本，所以菜单设计也必须体现顾客的需求，如是大众化菜还是风味菜，是川菜还是粤菜。顾客的需求不同，菜单的设计是完全不同的。

(二)体现出自己的特色

餐厅首先要根据自己的经营方针来决定提供什么样的菜单。餐厅要尽量选择反映本店特色的菜品列于菜单上，并对特点菜品进行重点推销。即使大众化的餐厅，往往也有几道拿手菜、看家菜。如果你没有几道稳得住、立得牢的看家菜，便很难吸引老主顾、新客源。因此，设计菜单一定要突出自己的特色，突出自己的“拿手好菜”和“拳头产品”，把它们放在菜单的醒目位置，单列介绍。只有体现了自己的特色，才能给顾客留下深刻的印象。

(三)不断创新以适应新形势

世间万物是不断变化的，循规蹈矩只会走向失败。社会不断发展，顾客的口味和餐饮的形势也在不断变化，所以菜单也要推陈出新。最好是一个季度或半年更换一次，如果菜单长期不换，会缺乏吸引力，从而失去顾客；菜单长期不换，会影响菜品的正常供应，因为有些原料受季节的影响，季节过后，会出现菜单上有菜，而实际上无货供应的局面，从而影响餐厅的信誉；长期不换菜单也不利于厨师烹调技艺的提高。菜单变更除了考虑季节因素以外，还要注意顾客饮食习惯的变化，如顾客在营养、健康等方面的饮食要求。

(四)形式美观大方

菜单不仅是餐厅的宣传工具，也是艺术品。所以菜单的式样、大小、颜色、字体、纸质、版面安排需要与餐厅的等级和气氛相协调，要与餐厅的陈设、布置、餐具、服务人员的服装相适应。大众化的餐厅尽管无须装饰精美的菜单，但美观大方的菜单，对增加菜品的销售是有帮助的。

(五)能创造经济效益

餐厅经营的最终目的是赚钱盈利，所以设计菜单时不仅要考虑菜品的销售情况，更要考虑其盈利能力。如果菜的价格过高，顾客就可能接受不了；如果菜的价格过低，又会影响毛利，甚至可能出现亏损。因此，设计菜单时，应适当降低高成本菜的毛利而提高低成本菜的毛利，以保证在总体上达到规定的毛利率。

(六)量力而行，确有把握

餐厅以自己的能力为依据设计菜单，才能确保其发挥最佳的效用。所以，菜单设计者应对餐厅的生产能力及服务技艺做到心中有数，保证所选择的菜品质量能达到预期的效果。这就要求在策划菜品时充分考虑厨房生产人员的技术水平及生产菜品的专用设备的生产能力。

五、菜单设计制作程序

(一)准备所需材料

1. 菜单的制作材料

菜单的制作材料应根据餐厅使用菜单的方式而定。一般说来，菜单有“一次性”和“耐用”两种使用方式。“一次性”是指使用一次即处理掉的菜单，如咖啡厅的纸垫式菜单、客房送餐服务的门把手菜单、宴会菜单等；“耐用”是指能长时期使用的菜单，如零点菜单等。一次性菜单宜选用较为轻巧、便宜的纸张。耐用菜单则应选用优质铜版纸做封面，内页采用优质胶版纸。西餐厅通常用皮革制作菜单封面。

2. 原有菜单

原有菜单包括餐饮企业目前使用的菜单。原有菜单是新菜单设计时的一面镜子，设计时应当找到原有菜单的优缺点，在新菜单中放大优点，避免之前出现的问题。

3. 标准菜谱档案

菜谱档案详细地记录了每道菜品的信息，包括菜品名称、原料、制作方法、口味特点、功效等，设计时以此为依据，可充实丰富菜单需要的内容，让消费者对此菜品一目了然。

4. 库存原料信息

设计菜单时，应掌握原料的库存信息，在菜品的选择上更加有针对性。

5. 菜品销售结构分析

餐厅可以依据不同的标准来统计所售菜品的受欢迎程度及盈利水平，以菜品销售结构分析为依据，可以将收益高且受大家欢迎的菜品放在醒目位置，同时将长期点座率低的菜品替换掉，以迎合消费者的需求。

6. 菜品的成本

菜单定价的最主要依据是菜品的成本，在保证菜品质量以及合理盈利的前提下，可适当调整菜品的价格以吸引顾客前来消费。

7. 客史档案

每一家餐厅都有目标顾客群，长期收集、积累客史档案是餐厅经营方向的“指挥棒”，通过分析客史档案可提高菜单设计的针对性，让菜单设计与目标顾客的需求相吻合。

8. 相关专业书籍

设计菜单时，应借鉴相关专业知识提升菜单的品质，验证菜品设计搭配的科学性以及合理性。

(二)制定标准菜谱

标准菜谱一般由餐饮部和财务部共同制定，内容有如下。

①菜品名称(一菜一谱)。

②该菜品所需原料(主料、配料和调料)的名称、数量和成本。

③该菜品的制作方法及步骤。

④每盘分量。

⑤该菜品的盛器、造型及装饰(装盘图示)。

⑥其他必要信息，如服务要求、烹制注意事项等。

(三)菜单总体构思

①根据菜单设计要求确定菜品种类。

②根据进餐先后顺序决定菜单程式。

③进行菜单定价。

④着手菜单的装帧设计。

⑤印刷和装帧。

⑥菜单的规格与式样

菜单的尺寸大小应根据餐厅规模、菜点品种而定，一般规格有 26 cm×36 cm 或 28 cm×38 cm。当然这并非绝对，关键是要求菜单的大小必须与餐厅面积、餐桌大小和座位空间相协调。菜单的式样最常见的是长方形，但也可以根据餐厅的具体情况设计成圆形、正方形、梯形、菱形等，但必须与餐厅风格相协调。

六、菜单的设计制作技巧

在具体设计和制作菜单时，要合理运用下述几项技巧。

（一）菜单的封面与封底设计

菜单的封面与封底是菜单的“门面”，设计如何在整体上影响着菜单的效果，所以在设计封面与封底时要注意以下三点要求。

①菜单的封面代表着餐厅的形象。因此，菜单必须反映出餐厅的经营特色、餐厅的风格和餐厅的等级等特点。

②菜单封面的颜色应当与餐厅内部环境的颜色相协调，使餐厅内部环境的色调更加和谐，当顾客在餐厅点菜时，菜单可以作为餐厅的点缀品。

③餐厅的名称一定要设计在菜单的封面上，并且要有特色，笔画要简单，容易读，容易记，这样可以增加餐厅的知名度，另外又可以树立餐厅的形象。

（二）菜单的文字设计

菜单作为餐厅与顾客沟通交流的桥梁，信息主要通过文字向顾客传递，所以文字的设计相当重要。

一般情况下，好的菜单文字介绍应该做到描述详尽，起到促销的作用，不能只是列出菜品的名称和价格。如果把菜单与杂志广告相比，其文字撰写的耗时费神程度并不亚于设计一份精彩的广告词。菜单文字部分的设计主要包括食品名称，描述性介绍，餐厅荣誉的宣传(包括服务水平、烹调技术等)等内容。

此外，菜单文字字体的选择也很重要，菜单上的菜名一般用楷体书写(当然，菜单的标题和菜品的说明可用不同型号的字体，以示区别)，菜单正文较多地使用仿宋字、黑体等字体，菜点类别的题头说明常用隶书字体。同时，以阿拉伯数字编号和标明价格。字体的印刷要端正，让顾客在餐厅的光线下能很容易看清楚。除非特殊要求，菜单要避免用外文来表示菜品。如果使用外文，应符合规范，符合文法，防止差错。

菜单的字号即印刷菜单时所用字的型号大小，根据调查情况统计，最易被就餐者阅读的是二号字和三号字，其中以三号字最为理想。

（三）菜单的插图与色彩运用

为了增强菜单的艺术性和吸引力，往往会在封面和内页使用一些插图。使用图案时，一定要注意其色彩必须与餐厅的整体环境相协调。

菜单中常见的插图主要有菜品的图案、中国名胜古迹、餐厅外貌、本店名菜、重要人物在餐厅就餐的图片。除此之外，几何图案、抽象图案等也经常作为插图使用，但这些图案应与经营特色相对应。

此外，色彩的运用也很重要。赏心悦目的色彩能使菜单显得有吸引力，更好地介绍重点菜品，同时也能反映出一家餐厅的风格和情调。不同的色彩能够让人的心理产生不同的反映，能体现出不同的暗示特征，因此选择色彩一定要注意餐厅的性质和顾客的类型。

菜单的色彩要与餐厅的环境及餐桌、桌布、餐巾和餐具的颜色相协调。通常，鲜艳的大色块、五彩标题、五彩插图较适合用于快餐厅之类的菜单，而以淡雅优美的色彩如浅褐、米黄、淡灰、天蓝等为基调设计的菜单，会使人觉得这个餐厅有档次。无论选用什么色彩，都只能让少量文字印成彩色，因为人眼最容易辨读的是黑白色，把大量的文字印成彩色，顾客读来既费眼神又费精力。

(四)菜单的规格和篇幅

菜单的规格应与餐饮内容、餐厅的类型与面积、餐桌的大小和座位空间等因素相协调，使顾客拿起来舒适，阅读时方便，因此菜单的规格选择要慎重。调查资料表明，菜单较理想的规格为 23 cm×30 cm。经营人员确定了菜单的基本结构和内容，并将菜品清单列出后，应选择几种尺寸较适合的规格，排列出不同型号的字进行对比，在篇幅上应保持一定空白，通常文字占总篇幅的面积不应超过 50%。

(五)菜单的图片

为了增加菜单的营销功能，许多餐厅会把特色菜品的实物图片印在菜单上，为菜单增加色彩，增加美观度，从而加快顾客订菜的速度。但是，在使用图片时一定要注意图片的拍摄质量和印刷质量，否则达不到预期效果。

七、菜单设计制作中的常见问题

虽然大部分餐厅的经营者或管理者都花费了很多心思和精力去设计菜单，但仍然有很多餐厅的菜单不尽如人意，导致出现这样或那样的问题，给餐厅经营造成了很大影响。其常见问题主要如下。

(一)制作材料选择不当

有的餐厅为了节省成本，采用各色簿册制品，其中既有文件夹、讲义夹，也有用影集本来充当菜单，而不是专门设计的菜单。这样的菜单不但不能起到点缀餐厅环境、烘托餐厅气氛的效果，反而与餐厅的风格格格不入，显得不伦不类。

(二)规格和装帧不当

很多小餐厅的菜单正文尺寸相对偏小，会造成菜单上菜品名称等内容排列过于紧密、主次难分的情况；有的菜单甚至只有练习本大小，但页数竟有几十张，无异于一本小杂志；有的菜单纸张单薄，印刷质量差，无插图，无色彩，加上保管使用不善，显得极其简陋、肮脏不堪。

(三)字体选择不当

不少菜单是打字油印本，即使是铅印本，如果字体过小，坐在餐厅不甚明亮的灯光下，阅读3 mm大小的铅字，感觉会很不轻松，况且油印本的字迹容易被擦得模糊不清。而且，大多数菜单字体单一，忽视了使用不同大小、不同字体等手法来突出、宣传重要菜品。

(四)随意涂改菜单

随意涂改菜单是菜单使用中最常见的问题之一。涂改的表现形式主要有：用钢笔、圆珠笔直接涂改菜品、价格及其他信息，或用电脑打印纸、胶布遮贴。菜单上被涂改最多的部分是价格。以上种种，会使菜单显得不够严肃、不够雅观，容易引起顾客的反感。

一些中小餐厅的菜单除了存在上述常见问题外，还存在文字介绍过于简单、菜单上菜品与实际菜品不符、人为省略或粗心遗漏某些信息等问题。这对餐厅的经营带来了不同程度的影响。所以，餐厅的管理者或经营者应注意查缺补漏，避免上述问题的出现，使菜单的设计和制作做到尽善尽美。

菜单设计是餐厅经营活动中的重要环节，菜单既是餐厅提供商品的目录和介绍书，也是餐厅的消费指南，还是餐厅最重要的名片。所以，研究菜单的设计制作，具有重要的意义。

【知识拓展】

菜名典故

你是不是经常在饭店里的菜单上看到奇怪的名字，然后忍不住好奇心点了菜，等端上来才发现其实自己上当了。你有没有发现鱼香肉丝里没有鱼这个食材，蚂蚁上树并不是炒蚂蚁……让我们来看看中国菜里有趣的一些菜名吧！

川菜

宫保鸡丁：丁宝桢原籍贵州平远(今织金)人，清咸丰年间进士，曾任山东巡抚，后任四川总督，讲究烹调。他一向很喜欢吃辣椒与肉爆炒的菜肴，据说在山东任职时，他就命家厨制作“酱爆鸡丁”等菜，很合胃口，但那时此菜还未出名。调任四川总督后，每遇宴客，他都让家厨用花生米、干辣椒和嫩鸡肉炒制鸡丁，肉嫩味美，特点是鲜香细嫩，辣而不燥，略带甜酸味道(小荔枝味型)。任山东巡抚时，曾雇用名厨数十人为家厨，请客时常有“炒鸡丁”一菜。后调任四川总督，便将此菜引进四川，与四川嗜辣的习俗相结合，并加以改进，很受客人欢迎。后来他由于戍边御敌有功被朝廷封为“太子少保”，人称“丁宫保”，其家厨烹制的炒鸡丁，也被称为“宫保鸡丁”。

淮扬菜

扬州炒饭：据说，隋炀帝巡游江都(今扬州)时，把他喜欢吃的“碎金饭”(鸡蛋炒饭)传入扬州；也有学者认为，扬州炒饭原本出自民间老百姓之手。据考，早在春秋时期，航行在扬州古运河邗沟上的船民，就开始食用鸡蛋炒饭。旧时扬州，午饭如有剩饭，到做晚饭时，打一两个鸡蛋，加上葱花等调味品，和剩饭炒一炒，做成蛋炒饭。明代，扬州民间厨师在炒饭中增加配料，形成了扬州炒饭的雏形。清嘉庆年间，扬州太守伊秉绶开始在葱油蛋炒饭的基础上，加入虾仁、瘦肉丁、火腿等，逐渐演变成多品种的什锦蛋炒饭，其味道更加鲜美。随后，通过赴海外经商谋生的华人，特别是扬州厨师，扬州炒饭传遍世界各地。

粤菜

云腿护国菜是广东省的一道传统名菜，属于粤菜系潮州菜。它是一道颇具典故的菜肴。据说这道菜的“原创者”是南宋时期一个寺庙的出家人做给落难的末代皇帝充饥的。这道由出家人发明的菜，现在成了潮菜筵席的主打菜之一。云腿护国菜用的原料是地瓜叶，但汤底使用了上等的清鸡汤。这道菜青翠碧绿，吃起来口感比粥还要嫩滑。地瓜叶充分吸收了鸡汤的香味，味道十分浓郁。为了保证美味，这道菜用油较重，温度较高，吃的时候，千万要放缓速度。值得一提的是，京华的云腿护国菜沿袭了传统的太极造型。在地瓜叶的翠绿之上，恰如其分地淋上一层蛋花，做成一个太极形状，十分美观。

【案例讨论】

全聚德菜单设计方案

一、前期准备——菜品拍摄

菜品拍摄贵在体现食物原料成熟瞬间的质感，以及对菜品本身文化底蕴的理解。在拍摄过程中要掌握主动，控制好食品原料的特性变化，营造与之匹配的灯光、环境背景、餐具、衬托装饰等。另外，菜品在镜头前的摆放、造型设计也非常重要。如今的酒店餐饮行业经营多元化，拍摄和表现的理念要灵活，使视觉效果达到一种极致。

二、后期设计——菜谱的定位

菜谱是认识酒店的窗口，是宣传菜式的媒介，是饮食文化的载体，是品位档次的象征，是增加利润的法宝。菜谱具有实用性、文化性、可视性、独特性。菜谱要实用性和艺术性相结合、多样性和同一性相结合、现代艺术和传统文化相结合。根据全聚德的品牌与产品特色，在设计风格上我们将古典与艺术融为一体，封面以企业色为主，其他元素为辅，设计一种高贵典雅的经典菜谱。

方案一：

方案一封面设计以浅酱色为主，以浪花和旭日为辅，寓意宫廷玉宴，享受国宴之礼遇。回字形状的鸭花边起点睛之意，这是我们的特色和招牌。(图 5-1-1)

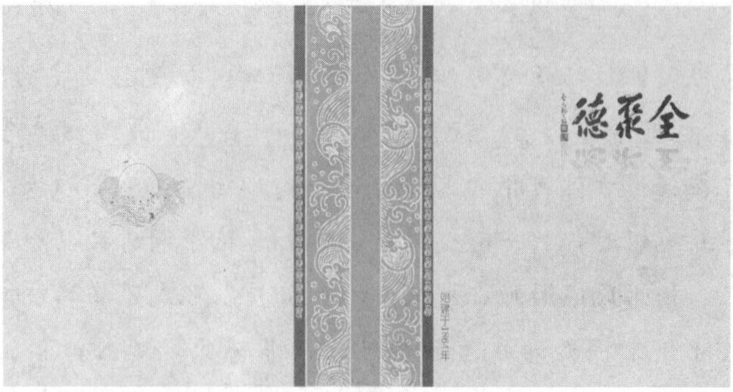

图 5-1-1　方案一

方案二：

方案二取古代书法高雅之意，封面以菜单菜名为背景色，以古代菜品为依托，起装点之效，凸显全聚德年代久远，让人感觉菜谱是一道精美的书法艺术作品。全图以祥云为盘，回字形鸭为心，让人感觉置身世外仙境。（图 5-1-2）

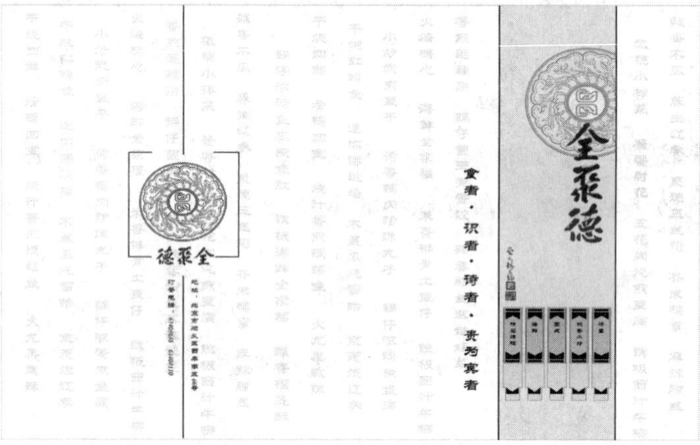

图 5-1-2　方案二

方案三：

方案三以喜庆为主题，以宫廷为文化外延，以团圆为寓意。我们都希望在繁忙的社会，在给自己一点闲暇时间的同时，和身边最亲的人坐在一起说说话，聊聊天，享受一份温馨的盛宴！（图 5-1-3）

图 5-1-3　方案三

简介：

简介以全聚德的“德”为精神主题，彰显企业文化底蕴，中间以可爱的小鸭子为点缀，庄严中不乏可爱，给人一种活力与青春。左下角以门脸为背景，体现一种古代王者气势。（图 5-1-4）

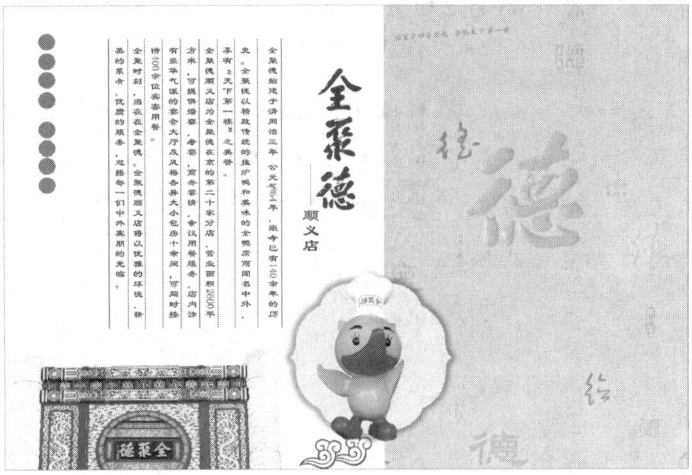

图 5-1-4　简介

内页：

设计风格上：内页设计以体现文化内涵为主。中央以祥云和回字形鸭为主背景。两边以古代对联为联想。配以古代侍女图，在点菜之余加入高雅欣赏元素。菜单以古代挂牌为创意，旁边附以注解，此菜的文化意义和对身体的益处。了解菜的意义同时更多了解此菜的营养元素，给人身体和心灵上全方位满足。（图 5-1-5）

图 5-1-5　内页

产品分类上：

1. 精品烤鸭（京味烤鸭）：以此为第一个板块，把烤鸭系列主题的全部放在一起。

2. 海鲜特色（海鲜共舞）：这是一个高档的消费板块，要体现精美。

3. 小炒系列(知味小炒)：这是一种家庭式的消费，要体现实惠、简洁，更要体现特色。

4. 凉菜系列(清爽凉菜)：这是一席菜中不可缺少的调味菜。

5. 面点系列(酥脆面点)：这是作为人们餐后之余品尝的面点。我们一定要精益求精才能吸引顾客们打开7分饱的胃来仔细品尝。“酥脆面点”老少皆宜，是人们餐后的不错选择。

6. 汤羹系列(珍品美味汤)：饭后之余，来碗清淡解渴的汤是人们不错的选择，“珍品美味汤”既润喉又益补，是餐后必备的一款饮品。

菜谱既是艺术品又是宣传品，能让客人得到视觉和精神上的多重满足，菜谱无疑也是餐厅主要的广告宣传载体。

【复习自测】

一、简答题

简述菜单的分类与作用。

二、拓展题

拓展题具体内容见表5-1-1。

表5-1-1　菜单设计与制作

<table>
<tr><th>任务项目</th><th colspan="2">任务目标</th><th>任务训练方法</th></tr>
<tr><td rowspan="4">菜单设计与制作</td><td>能力目标</td><td>能够综合运用菜单的设计规范，完成固定式菜单的设计与制作</td><td rowspan="4">1. 分组收集当地各类菜单素材
2. 召开菜单制定会议(情景模拟)，分组讨论固定式菜单的设计依据、版面布局和内容安排
3. 根据当地酒店提供的菜单信息，制作固定式菜单，并交流评价，教师总结</td></tr>
<tr><td rowspan="3">知识目标</td><td>了解菜单的含义</td></tr>
<tr><td>熟悉菜单的分类</td></tr>
<tr><td>掌握菜单设计的相关知识</td></tr>
</table>

项目二　主题宴会设计

【学习目标】

1. 识别主题宴会常见类型。
2. 归纳主题宴会方案制定方法。
3. 设计主题宴会服务内容。
4. 应用相应设计技巧，进行主题宴会设计。

>> 任务一　主题宴会种类及发展趋势 <<

一、主题宴会概念

“宴会”一词是由“筵席”发展而来的，古人席地而坐，筵和席都是铺在地上的坐具，不论是“宴会”还是“筵席”，都是借助餐饮而进行的一种聚会形式，只是聚会的目的各不相同。

主题宴会是通过一系列围绕一个或多个历史文化的活动或其他主题为吸引标志，向顾客提供宴会所需的菜肴、基本场所和服务礼仪的宴请方式。也就是说“主题宴会”即围绕着某个主题举办宴会，它最大的特点是赋予宴会某种主题，围绕既定的主题来营造气氛，宴会的菜品、服务、灯光、摆台、装饰以及活动都为主题服务，使主题成为顾客容易识别的特征和产生消费行为的刺激物。

二、主题宴会类型

根据不同的划分标准，我们可以对主题宴会进行不同的分类。例如，按照菜式划分为中式、西式、中西合璧式主题宴会；按照形式划分为正式宴会、便宴、冷餐酒会、鸡尾酒会、茶话会。我们一般常按照宴会的特征将主题宴会分为以下几类。

①地域、民族类主题。如巴蜀宴、岭南宴、东北宴、蒙古族风味、维吾尔风

味、意大利风味、日本料理、韩国料理、阿拉伯风味等。

②人文、史料类主题。如乾隆宴、东坡宴、红楼宴、三国宴、宫廷宴、孔府宴等。

③原料、食品类主题。如西安饺子宴、海南椰子宴、金华火腿宴、东莞荔枝宴、全羊宴、全鱼宴等。

④节日、庆典类主题。如春节、元宵节、儿童节、中秋节及饭店周年店庆等。

⑤营养、养生类主题。如美容食品宴、道家太极宴、长寿宴、养生药膳宴、绿色食品宴等。

⑥娱乐、休闲类主题。如时装晚宴、魔术晚宴、歌舞晚宴、农家休闲宴、影视美食等。

三、主题宴会发展趋势

随着人们生活水平不断提高，人们对饮食的需求不断增加，从过去吃饱、吃好，逐步向吃得营养、吃得健康、吃得有特色方向发展；从过去举办宴会讲排场、摆阔气，逐步向反对浪费、注重文化、讲究特色方向发展。总体来说，主题宴会的发展趋势主要有以下特点。(图 5-2-1)

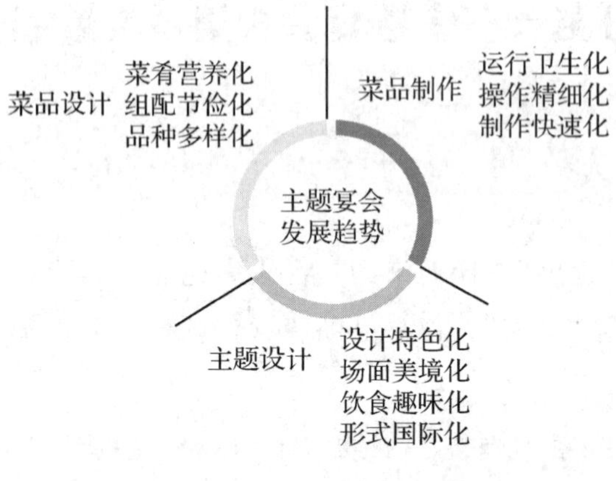

图 5-2-1　主题宴会发展趋势

(一)菜肴营养化

当下宴会的饮食结构已发生了很大的变化：从重荤轻素转为荤素并举；从重菜肴轻主食转为主副食并重；从猎奇求珍转为欣赏烹饪技艺与品尝风味并行。人们更加倾向于实惠又富有营养的菜肴，喜食低胆固醇、低脂肪、低盐的食物，注重营养健康。过去仅从菜肴的色、香、味、形来衡量宴会优劣，现在已不能满足顾客需求了。主题宴会所提供的食物需朝着绿色、保健、环保、营养化方向发展。食物的营养价值将成为衡量主题宴会食品质量的重要标准。

(二)组配节俭化

传统的宴会重“宴”而轻“会”，强调原料稀贵、菜肴丰盛、菜品数量越多越好，而且以菜肴酒水的贵贱和多少来衡量宴会档次，结果导致浪费。现代主题宴会菜点本着去繁就简、控制数量、节约时间等原则来设计，力求主题突出、味美实惠、组配合理。

(三)品种多样化

随着宴会的形式越来越多，宴会菜品设计也越来越多样化。科学和合理地打造主题宴会菜品，不仅能够体现并突出主题宴会的内涵，还有利于人们思想、感情信息的交流及饮食文化的发展。宴会菜品因人、因时、因地而宜，根据各种客人需求而出现多样化的设计。

(四)运行卫生化

主题宴会的卫生越来越受到重视，尤其在食物原料、就餐方式、环境卫生等方面更为讲究。分餐制、自助式的就餐方式值得提倡，而不卫生、不文明的习惯逐渐被摒弃，如宴会上吸烟、唾液横飞地劝酒、盛情布菜等。

(五)操作精细化

无论在菜肴的制作上，还是在服务上，一切以客人为中心。菜肴做到粗料细做，细料精做。原料选用侧重普通化，制作工艺提倡简洁化，菜品突出多元文化，菜品质量强调标准化，服务更加人性化，服务项目多样化。

(六)制作快速化

随着社会发展的节奏越来越快，人们要求宴会的饮食时间缩短，上菜的速度要快，菜品的数量要适量，菜品质量要高，宴会主题要突出。随着菜肴道数的减少、上菜速度的加快以及各种宴会形式的简化，中西结合宴会增多。宴会所使用的原料或某些菜肴，会更多地采用集约化工业化的生产方式制成半成品或成品，加速菜肴制作的速度，使宴会制作时间过长的弊端得到控制。

(七)设计特色化

设计特色化是指主题宴会不但要具有地方风情和民族特色，还要反映本酒店、地区、城市、国家、民族所独有的饮食文化、地域文化、民族特色，使主题宴会呈现精彩纷呈、百花齐放的局面。还可以吸取其他国家的饮食文化及风味特色为我所用，如法国风味宴、意大利特色宴等。

(八)场面美境化

随着人们价值观的改变和社会生产的高速发展，人们不仅对宴会食品的要求越来越高，对服务及环境气氛的要求也越来越高。饭店能否吸引顾客，给顾客留下难忘的印象，与就餐的环境和气氛有密切的联系。举办主题宴会时，精心设计宴会环境，可使顾客在享受美味佳肴和优良服务的同时，从周围的环境中获得相应的感受。宴会的美境化主要是指在宴会厅的布置、场面气氛的渲染、时间节奏的掌握、空间布局的安排、餐桌的摆放、台面的布置、花台的设计、环境的装点、服务员的服饰、餐具的配套、菜肴的搭配等，都紧紧围绕宴会主题来进行，力求调动一切可以调动的因素，努力创造理想的宴会艺术境界，保持宴会祥和、欢快、轻松的旋律，给顾客以美的艺术享受。

(九)饮食趣味化

宴会的趣味化趋势是指在注重宴会服务质量的同时，越来越注重礼仪，强化宴会情趣，体现饮食文化的风采，陶冶情操，净化心灵。美国有一家餐厅将剧场搬了进来，客人在品尝可口食品的同时欣赏美妙的歌舞表演，物质和精神同时得到满足。类似的经营形式目前在我国也已比较普遍。现代宴会在人们进食时放音乐、让人们观看舞蹈表演或提供其他形式的艺术欣赏已成为常事。音乐舞蹈绘画等艺术形式都将成为主题宴会不可缺少的重要部分。

(十)形式国际化

主题宴会的形式逐步向国际标准靠拢，同国际水平接轨。当今世界许多国家，特别是科学文明发达的国家，举办宴会时着重创造一个与交往目标相称的宴会氛围，着重利用宴会这种特定的聚会方式进行交流。宴会食品则以适量、精美和显示特色为主。烹饪文化的国际交流会给中国烹饪文化的发展带来新的活力，各国间相互的融会贯通将对人类的相互理解、合作以及世界和平发挥积极的作用。

>> 任务二　主题宴会方案制定 <<

一、主题宴会方案设计思路

宴会主题的策划相当于写文章拟定中心思想一样，思路决定出路，宴会的主题正是把宴会设计想法表达出来，因而有多少种宴会的形式就有多少种相应的思路。

(一)从顾客需求的角度分析

宴会主题大部分是应顾客需求而产生的，顾客需要饭店设计一个什么样的宴会形式，常常会提出自己的想法和要求，他们的想法就是主题宴会设计最重要的核心部分。顾客的需求是多种多样的，主题宴会也因其多样性而变化。对现代酒店来讲，不怕做不到，只怕想不到。但对顾客的需求需要提炼与挖掘，而不是生搬硬套。

(二)从地域和酒店特色的角度分析

不同国家、地区、民族的特色，是主题宴会最好的素材。如果能够深挖某一区域或民族的文化特色，将民族的服装、饰物、音乐、歌舞、餐具、菜点、习俗、特产等表现出来，形成一个系统化的、完整的主题，就能够吸引消费者。

(三)从文化的角度分析

策划宴会主题离不开“文化”二字，每一个宴会主题都是文化铸就的。地方特色餐饮受当地文化的渲染，各地有不同的地域文化和民俗特色。例如，以某一类原料为主题的餐饮活动，策划者根据该类原料的特点，从原料的使用、知识的介绍，到食品的装饰、菜品烹制特点等进行挖掘，这属于对“原料”文化的展示。北京某餐馆将饮食文化与戏曲结合起来，推出了一系列戏曲趣味菜，如贵妃醉酒、出水芙蓉、火烧赤壁、盗仙草、凤还巢、蝶恋花、打龙袍等，这一创举使每一道菜都与文化紧密相连。服务员在端上每一道戏曲菜时，都会恰到好处地说出该道菜戏曲曲目的剧情梗概，给客人增加了不少雅兴。以怀旧复古作为宴会的主题，也是当下较为流行的一种策划思路。通过历史再现，仿制古代宴会场景，给宾客以身临其境的感受。如西安的“仿唐宴”、杭州的“仿宋寿宴”、湖北的“仿楚宴”等，都是通过对历史文化的深度挖掘，融入现代文化元素，从而创造出以怀旧复古为主题的宴会。

主题宴会的设计，如仅是粗浅地突出宴会“特色”是不可能收到理想效果的。在确定主题后，策划者要围绕主题挖掘文化内涵，寻找主题特色，设计文化方案，制作文化产品和服务，这是最重要、最具体、最花精力的重要一环。独特的主题，运用独特的文化选点，主题宴会自然就会获得圆满成功。

(四)从节日、节事的角度分析

借助不同节日，推出与节日的文化内涵相符的宴会形式，如“重阳宴”“年夜宴”“元宵宴”“中秋宴”等。不同的节日有不同的文化内涵及表现形式，开发节日宴会时应注意有针对性地选择消费群体，如“七夕节”的主要消费对象是年轻情侣。

随着我国经济的发展，会展旅游成为一支新兴的朝阳业态。当前我国的会展旅游具有规模大、档次高、成本低、停留时间长、利润丰厚等特点，因而颇受餐饮业重视。为了更好地举办各种会展活动，与之相配套的餐饮也围绕会展主题策划出主题宴会。国家或地区组织的重大节事、节庆活动，也是宴会主题产生的重要源泉。

（五）从时代发展的角度分析

随着时代的发展，人们的生活观念也随之发生变化，出现许多具有时代感的主题。如饮食观念的变化，由传统的口味逐渐转变为保健养生、绿色健康，应运而生健康饮食主题，这样餐饮企业就会为顾客提供保健养生的主题宴会，融入中国传统文化中药膳养生的食疗观念，结合现代人的健康现状，引导顾客科学消费。近几年，远离城市的喧嚣，回归到自然的怀抱，已成为众多城市消费人群的首选，因而乡村旅游得到快速发展。以休闲娱乐、体验农家生活为主题的餐饮形式成为新的热点，以农家休闲为主题的宴会是时代的需求。这类宴会活动借助农家生活的某些场景、氛围、环境等，让消费者体验农家风味或山野特色，具有原汁原味的宴会形式。

主题宴会赏析

二、主题宴会设计方案总体要求

（一）突出文化内涵

主题宴会设计不仅仅是一个商业性的经济活动，在设计主题宴会及经营的全过程中，始终要贯穿着文化的特征和内涵，这是主题宴会设计的根本。如以某类原料为主题的宴会设计应根据某一类原料的特点，从原料的营养价值、烹制方法、装盘艺术等方面给予介绍，使人们全面了解这一原料。所以主题宴会的设计，不仅要有特色，而且要围绕主题挖掘文化内涵，寻找主题宴会的亮点，在产品的制作、服务的方式等方面均应有文化的气息，这是最重要、最具体、最花精力的一个过程，也是最重要的环节。

（二）善于开拓创新

主题宴会的设计不能照搬照抄，应根据已了解掌握的资源优势，开拓创新，捕捉主题，精心策划，形成自己的特色，从而吸引顾客。宴会主题的创新是多方面的，体现在产品、服务、环境、服饰、设施、宣传、营销等方面的有形或无形的差异。只要有特色，就能吸引市场。

例如，江苏南京某一饭店，以固城湖螃蟹为原料，打造以螃蟹为主题的宴会，策划者紧紧围绕螃蟹的养殖方式、产品特点、历史典故等内容，打造具有鲜明特色的螃蟹宴，菜品有透味醉蟹、子姜蟹钳、蟹黄鲍鱼、四喜蟹饺，从冷菜、热菜、点心到汤均是螃蟹制成，可谓食蟹大全。在服务上也根据食客需求，提供食螃蟹的各种工具，便于客人食用，同时还提供护袖、围裙、手套等，防止蟹汁溅在客人身上。在环境布置及宣传上，利用电子宣传栏、媒体等围绕螃蟹宴做文章，使螃蟹主题宴策划得有声、有色、有味，吸引了大量的客人来店消费，产生了很好的社会效益和经济效益。

(三)注重环境的装饰

主题宴会确定后，除菜单、菜品需精心设计外，策划者还要根据饭店设施及主题宴会的特点，进行装饰布置，如在横幅、展板、餐厅的台布、餐具、员工的服饰等方面进行设计，使主题宴会形成一种浓厚的文化氛围。在服务过程中，注重服务的形式和细节，明确服务的程序及标准，做好活动项目的组织与衔接，使各种活动为主题宴会服务，使客人在浓厚的主题宴会文化中品尝美味佳肴，享受良好的服务和优美的环境。不同风格的主题宴会，会给顾客带来全新的饮食品质和就餐环境，从而刺激顾客的消费欲望，促进餐饮业快速发展。

三、主题宴会菜单设计

主题宴会菜单对宴会台面不仅有点缀作用，而且还是主题宴会的重要标志，可以反映不同宴会的情调与特色，因此也是宴会设计过程中的一个重要内容，需要策划者从风格、色彩等方面进行诸多考虑，精心设计。

(一)主题宴会菜单的设计要求

第一，菜单的核心内容，即菜式品种的特色、品质必须反映文化主题的饮食内涵和特征，这是主题菜单的根本，否则菜单就没有鲜明的主题特色。

第二，菜单中的菜名及技术要求应围绕文化主题这个中心展开。可根据不同的主题确定不同风格的菜单，需要考虑整个菜名的文化性、主题性，使每一道菜都围绕主题进行，这样可使整个宴会气氛和谐、热烈，让人们产生美好的联想。设计主题菜单时应考虑主题文化强烈的差异性，突出个性，而不是泛泛之作。主题菜单只考虑一个独特的主题，菜单的制定必须具有特有的风格。菜单越是独特，就越是能吸引人。

第三，菜单的设计应考虑当地习俗。如在设计婚宴菜单时应先了解宾客的民族、职业、嗜好、忌讳等，搭配出宾客满意的菜单。

(二)主题宴会菜单的设计流程

主题宴会菜单的设计是一项复杂的工作，是宴会活动最关键的一环。一套完美的宴会菜单应由厨师长、采购员、宴会厅主管和宴会预订员(代表顾客)共同设计完成。厨师长应熟知厨房的技术力量与设备，使设计出的菜点能保质保量地生产加工，还能发挥专长以体现酒店特色；采购员应了解市场原料行情，能降低菜点的原料成本，增加宴会利润；宴会厅主管能根据宴会厅接待能力来指导菜单设计；顾客是上帝，宴会预订员可以和顾客沟通，让顾客参与菜单设计，使赴宴者称心满意。菜单的设计步骤具体如图 5-2-2 所示。

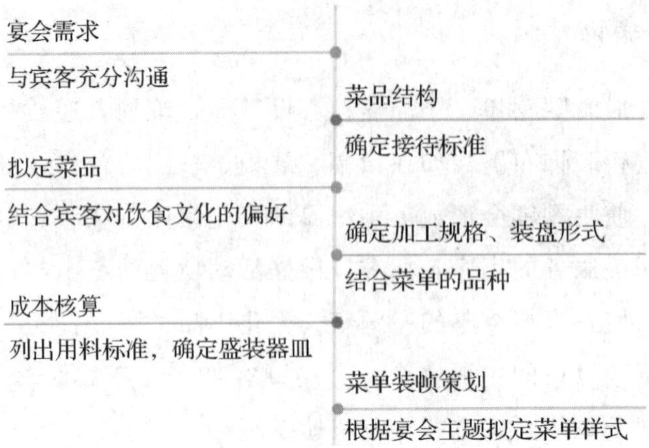

图 5-2-2　菜单的设计步骤

四、主题宴会台面设计

主题宴会台面设计就是主题宴会经营服务者根据宴会的主题、规模、档次、餐饮风格、就餐环境、场地形状、客人特殊需求等，通过一定的艺术手法和表现形式，布置优雅大方、实用美观的就餐台面。

(一)主题宴会台面设计的基本要求

一个成功的主题宴会台面设计，既要充分考虑到宾客用餐的需求，又要有大胆的构思、创意，将实用性和观赏性完美地结合，所以主题宴会台面的设计，至少要满足以下几个基本要求。

1. 满足宾客用餐要求

在进行主题宴会台面设计时，每个餐位的大小、餐位之间的距离、餐具的选择和摆放，都要首先考虑到宾客用餐的方便和服务员为宾客提供席间服务的方便。

2. 符合宴会的主题和档次

主题宴会台面设计应突出宴会的主题，例如，婚庆宴会就应摆喜庆吉祥的台面，如果是接待外宾就应摆设迎宾席、友谊席、和平席等。同时，主题宴会台面设计还应根据宴会档次的高低来决定餐位的大小，决定装饰物及餐具的造价、质地等。

3. 协调宴会厅装饰格调

主题宴会台面设计必须与宴会厅装饰格调协调。如果餐具摆放、装饰物的造型色彩等与餐厅的环境相融、相得益彰，再加上美味飘香、服务周到，定会令人觉得如沐春风。因此，根据宴会厅气氛格调和希望表达的状态选择餐具、装饰物的造型、色彩与质感是十分必要的。

4. 结合菜点和酒水特点

餐具及装饰物的选择与布置，必须由主题宴会菜点和酒水特点来确定。不同的主题宴会匹配不同类型的餐具及装饰物。如中式主题宴会应选用传统的中餐具，每道菜品都应配备相应的餐具，不同酒水也应摆设不同的酒具。

5. 符合美观性要求

主题宴会台面设计在满足以上实用性的基础上，应结合文化传统、美学结构进行创新设计，将各种餐具加以艺术陈列和布置，起到烘托宴会气氛、增强宾客食欲的作用。

6. 充分考虑宴会进餐礼仪

主题宴会台面设计时，应充分考虑到国际交往的礼仪。例如，按照国际惯例安排翻译陪同的餐位；餐具、台布、台裙、餐巾颜色及所选用的插花或餐巾折花应适应宾客的民族风俗等。

7. 满足安全卫生的要求

安全卫生是饮食行业提供服务的前提和基础，也是主题宴会台面设计时应考虑的重要因素之一。要保证摆台所用的餐具都符合安全卫生的标准，在摆台操作时要注意操作卫生，不能用手抓餐具、杯具的进口或接触食物的部分。

(二)主题宴会台面设计的步骤与方法

成功的主题宴会台面设计，就像一件艺术品，令人赏心悦目，给参加宴会的宾客创造出隆重、热烈、和谐、欢快的气氛。因此，主题宴会台面设计已成为现代宴会不可缺少的环境布置。主题宴会台面设计的步骤与方法如下。

1. 明确宴会主题

主题宴会台面设计首先要明确宴会主题，这与文学家创作诗文前要先有一个主题思想再通过文字表达，画家先有了主题思想再以画笔渲染成画的道理是相同的。主题宴会台面主题的确定依据是消费者的用餐目的、年龄结构、消费习惯、顾客心理、经济状况等因素。例如，为开业庆典而设计的台面，应该根据庆典的内容、性质及参加庆典人员的多少、文化层次等来确定宴会台面的主题和格调。如参加者以年轻人为主，应以色彩明快、时尚新意的台面格调为主，表现奔放、热烈的主题，营造活泼、欢快的喜庆气氛。

2. 命名台面

大多成功的主题宴会台面，都拥有一个别致而典雅的名字，这便是台面的命名。只有给主题宴会台面恰当的命名，才能突出宴会的主题，暗示台面设计的艺术手法，增加宴会气氛。具体命名如“中国茶宴”“珠联璧合宴”“红楼一梦宴”“三国英雄宴”等。

3. 设计台形

宴会厅台形的安排，原则上需根据宴会厅的类型、宴会主题、宴会形式、用餐人数以及主办者要求等因素来决定。

4. 台面造型设计

台面造型设计的内容、要求、说明如表 5-2-1 所示，台面造型设计图例如图 5-2-3、图 5-2-4 所示。

表 5-2-1　台面造型设计

序号	内容	要求	说明
1	台布选择与台裙装饰	台布、台裙的颜色、款式的选择要根据宴会主题来确定，以体现服务的内涵。台裙可以选用制作好的常规台裙，可以选用丝质桌盖，上铺台布，也可以选用高档丝绸来现场制作造型各异的台裙	寿宴餐台可以选用红、黄相间的动感台裙，其色彩传统，造型现代，红的热烈，黄的富贵，使寿宴主题尽显其中
2	餐酒具选择与搭配	餐酒具应为自用或特制的精美主题餐具，搭配形态万千的摆台造型，不仅满足顾客进餐的需要，同时还有渲染主题宴会气氛、暗示促销、美化餐台的重要作用	现代餐饮市场上餐酒具主要有中式、西式、民族式、日式、韩式等不同风格，质地、形状、档次也有相当大的差异
3	餐巾折花造型	丰富多彩的各类各色餐巾通过一些折法的变化和手艺的创新，突出宴会主题	可以折出千姿百态的造型，并能衬托出节日式、新潮式、超豪华式等不同宴会主题和气氛
4	菜单设计、装帧与陈列	主题宴会菜单对宴会厅不仅有点缀作用、推销作用，而且还是主题宴会的重要标志，可以反映不同宴会的情调和特色，因此宴会厅的服务人员必须根据宴会的主题精心设计菜单的装帧及陈列方法	可以从大到小，从宏观到微观进行逐一设计，如传统中式菜单、新中式菜单、北欧极简菜单、美式菜单等
5	主题装饰物或花台造型	主题装饰物或花台造型设计是主题宴会台面布置的一项艺术性很强的工作，要求服务员根据不同类型的主题宴会选择、设计出不同装饰物或花台。装饰物或花台设计既美化环境、丰富餐台造型，又烘托宴会的和谐美好的气氛，体现出宴会的隆重	选择的主题装饰物或花台符合主题需求，满足宾客审美要求即可。如花开富贵花台、百鸟朝凤花台、百年好合花台等。装饰物选择范围更为广泛
6	餐垫、筷套、台号、席位卡布置与装饰	在主题宴会台面布局中，虽然餐垫、筷套、台号、席位卡是一个很小的因素，但其作用不容忽视，设计者必须根据宴会的主题风格、花台的主色调、餐具的档次、宴会的规格、宾客的要求精心策划与制作	餐垫、筷套、台号、席位卡的风格、颜色及细节要与整体台面吻合
7	餐椅的布置	餐椅的主要功能是供宾客就座之用。主题宴会餐台设计与布置中常用的餐椅多选用优良原木制成。宴会设计师可采用增加纺织品坐垫、椅套等方法，改变其色调与风格，使其与餐台的其他用品协调，与整个宴会主题相符合	在以红色和粉色为主色调的婚宴摆台中，可将粉色丝绸制成的蝴蝶结挂在椅后，将一束粉色玫瑰插于蝴蝶结中，用这种特有的方式向新人表达美好的祝福

图 5-2-3　台面造型设计图例一

图 5-2-4　台面造型设计图例二

五、主题宴会环境设计

主题宴会环境设计是指依据宴会的主题、形式、标准、性质、宾主要求和宴会厅的装修风格，对宴会环境中的灯光色彩、墙饰标志、家具器皿、花卉盆景、窗帘服饰等非固定化要素进行设计和装饰布置。

(一)主题宴会环境设计的重要作用

1. 形成宴会规格

选择与宴会主题相适应的个性装饰风格，既能营造协调美观、典雅大方、气氛宜人的高档宴会场所，又能广泛吸引客人，让酒店获得良好的经济效益。所以，经营者必须十分重视主题宴会环境的美化设计、装饰布置，确保宴会规格。

2. 是创造主题宴会个性特点的重要条件

现阶段，我国宴会市场已经形成了一个比较成熟的市场竞争格局。而客人早已不仅仅是满足物质的需要，人们追求的是物质和精神享受的完美结合。因此，由宴会环境设计和装饰布置所形成的主题宴会个性特点就成了满足客人消费需求、开展市场竞争的重要条件。

3. 是弘扬饮食文化、提供优质服务的客观要求

饮食文化包括以产品烹制为主的烹饪文化、以装饰美化为主的精神文化和以服饰礼仪与操作为主的行为文化三个方面。因此，搞好主题宴会的环境布置、装饰美化、服饰礼仪及服务操作，本身就是弘扬中华饮食文化的客观要求和具体表现。另外，主题宴会环境布置，既要做到美观大方、舒适典雅，又要搞好空间布局、通道安排、路线设计，确保为客人就餐和服务人员的现场操作及服务创造良好条件。所以，主题宴会环境设计与装饰布置也是弘扬饮食文化、提供优质服务的客观要求。

(二)主题宴会环境设计的内容与方法

主题宴会环境设计的内容主要是指除了原有的固定设施、家具、照明设备外，与主题宴会相适应的各种装饰物，具体如下。

1. 色彩运用

色彩是宴会装饰布置的重要因素和表现手法。按色彩给人的心理感受可以将其分为暖色调和冷色调两种。暖色调给人以温暖、兴奋、光明等感受，如红色、橙色、黄色。冷色调给人以寒冷、沉静、寂寞等感受，如蓝色、绿色、紫色。不同的色彩也会对人的心境起着不同的作用：红色可起到振奋、激动的作用；黄色可起到欢快、刺激的作用；橙色可起到兴奋、活跃的作用；绿色可起到宁静、轻松的作用；蓝色可起到自由、镇静的作用；紫色可起到优美、雅致的作用。

色彩运用的艺术处理重点要解决以下三个方面的问题。一是突出宴会装饰主题和风格。如以茶文化为主的宴会主体色调应突出淡雅、清丽，给客人清心脱俗之感；在中式婚宴的设计中，红色作为中国人心目中的吉祥喜庆色彩，给新人和来宾以幸福美满的喜悦感；在南美风情为主题的宴会中，以巴西热带雨林的绿色、棕色为基调，点缀以红、黄、蓝等亮丽的色彩，从而烘托出热烈浓郁的热带雨林气氛，给人强烈的异域感。二是反映宴会厅装饰布置的发展趋势。现代各类宴会厅的装饰布置在保证突出主题和风格的基础上，其颜色选用大多以反映自然、朴实、清新、返璞归真为发展趋势。例如，仿宫廷宴家具的颜色，多以高档红木家具的深红、浅紫红为主；而农家宴家具则多以现代木质家具的本色为主，越自然越好。三是主题宴会色彩的运用与设计既包括基调的确立，也包括墙面、地面、台面及装饰物的色调组合，同时要注意色相的组合、明度的确定、色彩的饱和度。一般来说，色彩的使用要能突出主题，符合功能需要，力求和谐自然。

2. 天花装饰

主题宴会的天花板又称天棚、顶棚，有悬吊式、平整式、凹凸式、井格式、结构式、透明式、帷幔式等形式。其装饰布置的总体要求是：天花板装饰形式与宴会主题气氛相吻合。如特定环境或气氛的西式主题宴会，可选用帷幔式、绿色藤蔓式、透明玻璃顶式天花板艺术处理手法营造轻柔飘逸、温馨浪漫的气氛，其中帷幔式手法与主题气氛最为吻合。具体布置手法是将美观大方、简洁明快的宽幅装饰布固定在天花板中央，向四周或两边发散，使中间形成一个被帷幔包围、形似帐篷的天棚。也可借建筑结构的框架将宽幅装饰布固定，做交叠重挂，形成类似大波浪的天花板装饰，这种天花板装饰不仅造价低，美感效果明显，而且有着很好地烘托宴会主题气氛的作用。

3. 墙面装饰

墙面与天花板、地面互相衬托，与宴会家具、台面互相配合，形成宴会厅空间构图的主体。宴会墙面装饰布置的基本要求是：主题鲜明、美观大方、清新明快。其艺术处理手法重点要注意以下两个方面。其一，宴会主墙(舞台)的装饰布置。主墙(舞台)决定宴会装饰布控的主题和风格，一般都要经过精心设计、认真选择装饰画面或图案及其艺术处理手法来形成主墙装饰。其装饰可以选择大中型壁画、插花、竹木金属浮雕、工艺挂毯、彩绘瓷画、主题布景彩画等。画面构图的内容要根据宴会性质、经营风味、宴会主题和风格等多种因素来确定，以保持主墙(舞台)装饰能够反映宴会布置的主题和风格。如由某中药公司举办的大型主题宴会，舞台设计积极配合主办单位的性质及开会内容，以中药的意象为依托，在主墙(舞台)上摆置象征各类草药的绿色植物；主墙(舞台)背板以著名唐诗以及传统中国图绘，传神地表达出了中药的历史传承及其独特性。由此实例可知，成功且切题的主墙(舞台)设计对宴会主题的确有画龙点睛之妙。其二，侧墙或一般墙面以墙纸装饰为主，必要时选择1～2幅与主题装饰画面、图案配合的字画、条幅进行装饰即可，画面宜少不宜多，宜简不宜繁，要让客人有清新的感觉。

4. 地面装饰

地面是宴会厅客人最直接、最经常接触的空间维护体。其装饰布置的基本要求是：平整美观，图案简洁，主题突出，坚固耐磨，防滑保暖，防潮隔音，易于清洁。瓷砖和大理石等贴面装饰地面一般为固定装饰，变化比较少，在此不深入介绍。地毯地面可根据宴会主题风格选择与装饰布置相应的颜色和图案，如中式国宴在走道上铺以大红地毯直达主墙(舞台)，供国家重要领导进宴会厅举行欢迎仪式之用，显示隆重热烈、气势宏大的宴会气氛。

5. 人工景致装饰

人工景致是为了创造和突出宴会装饰布置的主题风格和特定意境，经过精心设计而创造出来的某种特定微型景观。如江南水乡风情的主题婚宴必须是具有某一特色的江南水乡风情和水乡文化而不是其他风情或文化。另外，人工景致的主题创造必须选择能够反映其地域、民族和历史文化特色的装饰材料和表现手法，如假山、池塘、竹林、芭蕉、农家小院、布、渔船等；还有人工景致的主题造型和装饰布置必须与宴会厅的外观、室内天花、墙面、地面的装饰布置及宴会厅分区功能布局保持协调，并形成主要景观，增强宴会的美感效果和形象吸引力。

6. 绿化装饰

宴会厅的绿化多采用盆栽，一般摆放在厅门两侧、厅室的入口、楼梯进出口、厅内的边角或中间。举行隆重的大型宴会时，主台的后面要布置大型的花坛或青松翠柏等盆树；餐台上可以放置盆花，形成热烈欢快的气氛；主桌台面的装饰应与其他桌有所区别，可以布置得更加华丽一些。正式宴会设有致辞台，一般设在主台的后侧面，其台前可摆花篮、盆栽，台上可用鲜花布置。

7. 标志装饰

宴会的标志主要有旗帜、横幅、徽章等。标志是根据宴会的要求进行布置的。国宴要在宴会厅的正面悬挂国旗，遵循“右为上、左为下”的惯例，我国政府宴请来宾时，我国的国旗挂在左方，外国的国旗挂在右方；若来访国举行答谢宴会时，则要相互调换位置。举行婚宴时，可以张挂宫灯、贴大红双喜字等，服务人员穿红色的礼服；在中老年人的寿宴中，则要张贴大寿字，宴会厅各处可布置宣传画、易拉宝等，以突出宴请的主题，形成热烈欢快的气氛。

8. 灯光、色彩装饰

灯光装饰是主题宴会室内装饰布置的重要内容。良好的光照艺术处理可创造和强化宴会环境气氛，突出装饰美化功能和食品展示效果。灯光闪耀可增加食欲，鼓励宾客交谈；而光线暗淡，则便于宾客不受干扰。餐厅的灯光应避免出现黑色阴影，避免强烈灯光直接对准宾客。用间接照明调和直接照明，会使宾客感到舒适。主题宴会装饰布置的光照艺术处理在满足餐厅光照功能的基础上，可根据主题宴会活动和销售需要，选用适宜的光照艺术。如春节期间的宴会厅可以选择各种精巧美观的花灯装饰等。此外，为了强化宴会销售，增强客人用餐气氛，还可以在晚间采用精致的烛台灯具和烛光照明，再配之钢琴伴奏、其他音乐，使客人感到别有一番情趣。

9. 温度、湿度和气味

温度、湿度和气味直接影响着顾客的舒适程度。顾客因职业、性别、年龄的不同而对宴会厅的温度等有不同的要求。通常来说，女性喜欢的温度略高于男性；孩子所选择的温度低于成人；活跃的职业使人喜欢较低的温度。此外，季节对宴会厅的温度也有影响。夏天，宴会厅的温度要凉爽；冬天，则要温暖。宴会厅中如能四季如春，不仅客人愿意停留其间用餐，而且为员工也提供了一个良好的工作环境。

湿度会影响顾客的心情。湿度过小，即过于干燥，会使顾客心绪烦躁，从而加快流动。适当的湿度，能增加宴会厅的舒适程度和活跃程度，减缓顾客的流动。目前许多餐厅往往忽略湿度，餐厅如果过于干燥，顾客容易烦躁，尤其在北方或西北地区表现较为突出。这些地区一年中的降水量少、风沙又多，这种干燥少雨的气候特点对室内温、湿度造成影响，冬季更为明显。餐厅温度、湿度参考标准见表 5-2-2。

表 5-2-2　餐厅温度、湿度参考标准

室外温度	建议室内温度	建议室内相对湿度
25 ℃	23 ℃	65%
26 ℃	24 ℃	65%
28 ℃	24 ℃	65%
30 ℃	25 ℃	60%
32 ℃	26 ℃	60%
35 ℃或以上	28 ℃～29 ℃	60%

（资料来源：宋春亭、刘志全，《旅游饭店饮食服务与管理》，208 页，郑州，郑州大学出版社，2006。）

气味也是宴会气氛的重要因素。气味通常能够给顾客留下极为深刻的印象，顾客对气味的记忆甚至要比视觉和听觉记忆更加深刻，因此宴会厅要对气味进行严格控制。

10. 音响控制

音响设备也包括了乐器和乐队。宴会中可以弹奏钢琴、播放轻松愉快的乐曲、乐队演奏。有时餐厅会场还要为会议提供7种以上的同声翻译的音响设备。可根据宴会主题，按客人需要，在营业时增添必要的音响设备。

音响系统的调节与控制要注意音量的大小，餐厅就餐音乐属典型的背景音乐，音量以不影响餐桌对面的两个人轻声讲话为宜。

>> 任务三　主题宴会服务设计 <<

影响宴会成功的因素有很多，如灯光、装饰物、餐具、音响、菜肴、酒水、节奏、服务员的仪表和服务技术，甚至服务员的情绪和态度等，应有效地利用这些因素，使之和谐统一，创造出良好的宴会气氛，为顾客提供周到的服务。

服务设计是主题宴会设计的一个重要组成部分，也是宴会服务成功与否的关键。在主题宴会整体进行过程中，服务人员所提供的服务是动态的，它不同于菜肴、环境的不变性，别出心裁的服务设计能为宴会增光添彩，成为流动的风景线。主题宴会服务设计内容主要包括预订服务设计、人员组织方案设计、服务的程序和标准设计、菜肴服务设计、服务礼仪设计等内容，它涉及美学、园林艺术、心理学、民俗学、管理学、营养学、烹饪学等方面的学科知识。因此，它要求宴会设计师要有较高的文化素养和较全面的综合知识。

一、主题宴会预订服务设计

宴会部受理预订，是主题宴会服务组织的第一步，预订工作做得好与坏，直接影响到菜单的编制、场地的安排以及整个主题宴会服务的组织。主题宴会预订服务设计及方法如下。

(一)预订洽谈

预订人员一旦获悉顾客有举办宴会的意愿，应该真诚邀请顾客亲自到宴会现场看场地，并准备足够资料供顾客参考，如场地布局图、餐饮标准收费表、顾客容量表、饮料价目表、器材租借表、场景布置彩图、各类主题宴会菜单等，并按照客户宴会洽谈表，做好预订记录。倘若客人无法亲自前来饭店洽谈，也应以传真的方式将资料传送给顾客或电话告之宴会事宜，增加促成主题宴会生意的可能性。

(二)预订确认及签订宴会合同书

经双方协商后，可将经过认可的菜单、酒水饮料、场地布控等细节资料以宴会合同书的方式迅速交至顾客手中，请顾客在合同书上签字。大型主题宴会的合同签署要在宴会前一个月进行。如果是提前较长时间预订，应主动用电话或微信等方式保持联络，跟踪查询。为了保证宴会预订的成功率，可以要求顾客预付一定的订金，当发生取消预订的情况时，涉及现金退偿问题，订金是全部还是部分退还客人，取决于双方的约定。

(三)发布宴会通知单

预订部在与顾客谈妥宴会细节后，对内应发布一份类似公文的宴会通知单，告知各个单位在该宴会中其部门所应负责执行的工作。由于成功举办一个主题宴会需许多部门通力合作，所以如果一张主题宴会通知单能够清清楚楚地将所有事项列出来，对于举办宴会将有很大的益处。

(四)召开各级会议

在主题宴会举行之前，召开各级会议以确定各自的职责，针对主题宴会涉及而合同中没有列明的各种因素进行讨论，并由宴会负责人与顾客进行磋商，进行必要的补充，以期获得圆满的宴会效果。

(五)资料建档

专设档案来保存举办过的主题宴会资料，能使曾经举办过的宴会成为将来生意的来源。尤其针对每年都固定举办宴会的公司或个人，更应该将其历年宴会举办的情况详加记录，以便完善主题宴会服务。

二、主题宴会人员组织方案设计

酒店应根据客人的要求做出合理的岗位安排，明确员工的工作任务，并根据主题的性质事先进行相关内容的培训，不断丰富和提高员工的服务知识和技能。在进行人员组织方案设计过程中，可着重考虑以下两个方面的内容。

(一)根据主题宴会次数和客人数，确定日上岗人员数量

宴会服务人员可以分为以主管、领班为主的固定人员和根据客人多少变动的服务人员两类。每天上岗人数的确定方法可利用如下公式进行计算：

$$日上岗人数=\frac{每班预订宴会人数}{平均劳动定额}\times 班次+固定员工人数。$$

(二)做好主题宴会人员现场服务方案设计

服务人员的现场服务方案设计主要包括以下两个方面。一是人员分工，主题宴会服务可分为迎宾领位员、吧台饮品员、传菜员、看台服务员、音响师、保安员、收银员、宴会司仪等。这些不同工种的人员分工要具体落实。二是分组人员台面服务的任务安排。如果一个主题宴会规模大、客人多，要将宴会服务的台面分为 A、B、C、D 等不同的区域，每个区域安排一个小组分别负责不同台面的现场服务。据此应做好宴会服务人员现场服务方案设计，明确小组每个人员的具体分工和任务，

确保主题宴会现场服务的顺利进行。

三、主题宴会服务的程序和标准设计

主题宴会服务程序设计包括客人到来时的迎接服务、客人进入餐厅的引导服务、拉椅让座服务、宴前茶水和饮料服务(如西餐宴会的餐前鸡尾酒)、开宴中的上菜斟酒服务、派菜服务、席间活动等。中式主题宴会服务具体程序和标准设计的内容可参考表 5-2-3。

表 5-2-3　中式主题宴会服务具体程序和标准

基本顺序	宴会程序	服务内容	注意事项
1	进入宴会厅	领位迎宾	按座次引领主宾入座，引领客人入席，送香巾
2	餐前饮品	备饮品（一般为茶水）	上饮品，斟倒饮品，撤去不需要的杯具。注意客人要求
3	宴会开始、互相祝酒	为宾主致辞备饮料、酒水	上酒水、饮料，斟酒，替客人除去筷套，备好餐巾
4	客人用餐，席间服务	按照菜单设计顺序上菜 按照需求调整灯光、调整背景音乐、点蜡烛、进行席间活动	整理餐具，上菜，介绍菜品，分菜，适时斟酒水，及时更换餐具
5	餐后饮品及水果	备饮品，上甜品、水果	整理多余餐具，上饮品，斟饮品，上甜品、水果，上水果前收去餐具，上香巾
6	用餐结束	餐后服务	询问客人是否满意，征求意见，拉椅，与客人告别
7	送别客人	领位、迎宾员送宾	拉门送客，欢迎再度光临

四、主题宴会菜肴服务设计

菜肴是主题宴会服务产品中极为重要的组成部分，科学合理的菜肴服务设计方案是整个主题宴会服务的灵魂。

(一)主题宴会上菜顺序设计

主题宴会是一种隆重的聚餐活动，一般情况下将贵重的、有特色的菜作为头菜先上，其他菜肴根据宴请菜单及当地生活习惯编排。由于中国的地方菜系很多，又有多种宴会种类，如著名的蔬菜席、海参席、全羊席、满汉全席等，地方菜系不同，宴会席面不同，其菜肴设计安排也就不同，在上菜程序上也不会完全相同。例如，全鸭席的主菜北京烤鸭，就不作为头菜上，是作为最后一道大菜上，人们称其为“千呼万唤始出来”。又如上点心的时间和方式，各地习惯亦有不同，有的是在宴会进行中上，有的是在宴会将结束时上；有的甜、咸点心一起上，有的则分别上。

主题宴会上菜顺序要根据宴会的类型、特点和需要，因人因事因时而定。

(二)主题宴会菜点服务方式设计

主题宴会是一种高品位的社交方式，其享受程度高，十分讲究现场服务的礼仪规格、环境气氛。餐厅应根据宴会目的、主题、类型、特点和顾客需要，选择设计出主要菜点的内容、名称、造型、上菜顺序、服务方式，使菜点服务设计有利于强化宴会活动的主题和气氛。

(三)主题宴会上菜进程设计

主题宴会多有时间限制，大部分在一个半小时左右，有时宴会中会穿插一些活动，如致辞、祝酒、赠物、表演等。致辞时间一般不宜太长，控制在 3 分钟左右为宜，特殊情况下，也可将主、宾致辞分开进行。主人的欢迎词安排在食冷盘前，主宾的答谢词安排在头菜食用一半后，或所有的热菜上完之后。祝酒在致辞后随即进行。赠物一般安排在宴会开始之前，在会客厅或休息厅进行。表演安排在主菜上席的间隔进行，以形成宴请高潮。

五、主题宴会服务礼仪设计

主题宴会服务礼仪设计的内容有迎宾形式设计、接待礼仪设计和服务员的仪表服饰礼仪的设计。迎宾形式设计一般根据主题宴会的规格、宴请对象及客人的要求综合考虑，常见迎宾形式有以下几种：由饭店或部门领导率领迎宾员迎接，适用于欢迎重要客人；不在门口设迎宾员，而为主宾或夫人献花，适用于保密性或宾客安全要求严格的宴请活动；由迎宾员和节庆主题人物扮演者一起在宴会厅门口迎接宾客到来并向每位宾客分发节日礼物，适用于节庆气氛的宴请活动。

接待宾客时注意了解宾客的主要习俗及禁忌，注意接待礼仪，做到“入门问讳”，方能减少不必要误会。许多国家、民族在举办宴会时忌讳不吉利的语言、数字，讲究讨口彩，服务员应灵活运用服务语言，为宾客提供满意的服务。

主题宴会中服务员的仪表服饰礼仪也是衬托和渲染主题气氛的一部分，尤其是举办区域性和民族性为主题的宴会，员工制服的协调显得尤其重要。不同的宴会主题，餐厅的环境布置不同，服务员的服饰装束也应该有所区别。在一般主题宴会上，服务员可在专门的宴会工作服上佩戴不同的装饰物来获得宴会整体效果。例如，在具有中国特色的宴会上，女性服务员可选择穿旗袍，在服务时能营造一种幽雅的用餐环境；在中国民间乡土风情主题宴会上，蓝印花服饰、手绘服饰、蜡染服饰、绣花服饰等是最佳选择，它们朴素浑厚，弥漫着浓浓的乡情；颇具特色的民族节日盛装是少数民族主题宴会喜用的服饰。总之，主题宴会服饰是根据世界各地、各民族服饰习俗设计的，要符合宴会服务服饰的基本要求，切忌铺张、盲目照搬，必须将服饰的装饰性和功能性巧妙地结合起来，以便达到最佳的服饰效果。

【主题宴会设计案例】

案例一：古汤家韵

中餐宴会设计作品“古汤家韵”是2018年福建省高等职业院校技能大赛二等奖的参赛作品。此作品由漳州科技职业学院商学院旅游管理专业设计。

一、主题选择

本次宴会主要反映闽南温泉文化，在彰显地方文化特色的同时兼顾实用推广性。闽南温泉开发至今，已有2000多年的历史，闽南人称温泉为“古汤”，“泡汤”时，老少共浴一池，或挑温泉水回家，“古汤”于闽南人而言是“家”的味道。因此宴会没有停留于温泉养生的表象，而是结合地方特色挖掘温泉文化内涵，提炼出“古汤家韵”的宴会主题。

同时，充分考虑受众在地化和当地化的整合，让宴会在满足当地受众的同时，也符合对闽南温泉文化感兴趣的本地受众的需求，使主题宴会具有实用性和推广性，提高宴会使用率，降低开发成本。福建温泉蕴藏量丰富，列于云南、广东之后，居全国第三位，其温泉以闽南一带分布最为密集。闽南温泉有分布广、类型多样、水温较高、水流量大、水质好以及矿物质和微量元素丰富等特点。2004年漳州被评为“中国温泉之城”，同年厦门被评为“中国温泉之都”，2009年漳州云霄县被评为“中国温泉之乡”。

本次宴会的台面设计便是以闽南温泉主题为背景，使在地受众和本地受众在用餐过程中感受属于闽南温泉的“家味”。希望这一场盛大的温泉宴会，能够成为大家认识闽南温泉旅游乃至福建温泉旅游的窗口和纽带，为闽南温泉品牌做宣传推广。

二、台面设计

1. 主题中心装饰物

宴会设计巧妙地将“闽南温泉”和“家”进行有机结合。通过主题装饰物“一座房、一盏灯、一汤泉、一壶茶、一条路，一片绿”展现“古汤家韵”的氛围。在绿意盎然的草地上，一盏温暖大红灯笼下，人们可以看到冒着热气的汤泉。在汤泉边，有一条弯曲的小路，路上三只蜗牛惬意地爬行，感染来人慢下脚步、品味生活，感受家的宁静、惬意。路的尽头是温暖的闽南古厝，在那里摆放着小憩的桌椅、柔软的靠枕和一壶暖暖的茶汤。

主题装饰物品各要素都在对“古汤家韵”这一主题进行诠释，没有明显的正反面，所以给宾主带来比较完整的视觉体验。在颜色上大面积的绿色草地搭配一盏红色暖灯，起到提亮整个台面的作用。闽南古厝、蜗牛、小路和温泉池是色阶相近的中性大地色，呼应“古汤”古朴的主题，同时不会使中心装饰物给人以颜色过多的凌乱感。在装饰物材质上，选用石质，也同样起到了呼应主题的作用，而且还提高了主题装饰物的质感；在主题装饰物表达方式上，注重动静结合，巧妙地在温泉池中放入干冰，制造滚滚汤泉的效果，使静止的台面显得灵动，让宾客和主题宴会产生共鸣和连接。

2. 布草

根据主题宴会独特的风格，选择了与之相匹配的布草及装饰。在台面的颜色上，选择带水纹的双层台布，深蓝色底布与白色装饰布的组合皆蕴含双关的意义。深蓝色带水纹的底布，寓意家给人心灵带来的宁静和放松，同时上面的水纹又指代盈盈的温泉水。白色装饰布覆盖其上，寓意晶莹剔透的温泉水，也指代沐浴过后人放下包袱，清空思想的纯净状态，仿佛回家般悠闲自在、不设防。整套台面组合相得益彰又和主题相呼应，看起来简洁大方。餐巾、椅套和底布是同款同色系，既增加了美感，又体现了台面的整体性。

3. 酒具

酒具选用的是成套、成比例的白色水晶杯，其晶莹剔透的感觉和闽南温泉水相映成趣。

4. 餐具

整套餐具选用白色骨瓷，骨瓷上勾勒闽南古厝图案，代表闽南人心里的家，色彩选用比底布颜色稍浅的蓝色，既体现了宴会的协调统一性，又增加了色彩的层次感。

5. 牙签套、筷套

牙签套、筷套上印制着主题“古汤家韵”和流动的温泉图案，细节之处彰显宴会设计者的用心和周到。

6. 餐巾折花

餐巾折花的设计匠心独具，采用差别的多样餐巾花形营造和美化餐台氛围。为了凸显主人位，采用有照明作用的蜡烛，寓意“照亮回家的路”。副主人位使用小船花形，有归家之意。主宾位巧妙地采用站立的浴袍花形，让人眼前一亮，同时也体现了主宾的尊贵。其他宾客统一采用平铺的浴袍花形，与温泉主题相呼应，和谐统一，也不显怠慢。

7. 服务者服饰

服务者服装选择白色旗袍，腰际线至旗袍立领处布满摇曳的蓝色水纹，将视觉中心转移到上半身，凸显服务者的端庄优雅，同时又再次点名温泉主题。旗袍的立领、袖口，以及开叉处采用蓝色绸缎包边，下身采用淡雅、素净的白色，使服务者显得从容大气，而且也不会喧宾夺主，掩盖宴会及宾客的华彩。挺括的面料使服务者看起来精神饱满、热情洋溢，这符合宴会服务要求。

8. 菜单

“古汤家韵”温泉宴菜单装帧选择木质温泉桶，里面斜放卷筒式菜单，宾客打开弹力手绳和小叶紫檀组成的装饰带后，可以看到一幅美人温泉图缓缓展现，之后便能看到印有闽南特色和温泉养生功能的菜品。这样的菜单既精巧别致，又独具匠心。

菜品名称文雅又紧扣主题，将温泉特色和回乡之情体现得淋漓尽致，如接风洗尘、欢聚一堂、瑶池相见、清风拂面、碧水盈盈、时光静好和宁静致远等。

菜品搭配上，有4道荤素搭配的冷菜、8个热菜、2个汤品、2个主食，以及2个饭后甜点。菜品由厨师选择闽南新鲜醇正的原料制成，闽南特色和温泉理疗功能结合的饮食文明蕴含了新式养生保健之道，如香菜土笋冻、闽乡菜头粿、闽南啤酒鸭、虾仁沙茶面、金汤口口酥和闽南花生汤等。

［资料来源：余红，《中餐主题宴会设计实用性创新性探索——以"古汤家韵"中餐主题宴会设计为例》，载《旅游纵览(下半月)》，2019(4)。(有删减)］

案例二：岁月的礼物

设计作品《岁月的礼物》是"巴渝工匠"杯重庆市第十届高职院校学生职业技能大赛、2017年全国职业院校技能大赛中"中餐主题宴会设计"赛项参赛作品，并取得省市一等奖、全国三等奖。

一、主题创意与内涵

作品《岁月的礼物》属于人文情感类家宴，该作品借助餐饮的形式来表达人的情感意志，它关注的是人与人之间的情感表达和人的审美情趣，寓情于景，既给人视觉上美的享受，又能引起观者的情感共鸣。

作品《岁月的礼物》是一场家人团聚的亲情家宴。亲情是一棵树，父母是枝干，儿女是叶片，根扎在土里，血缘滋润着这棵树的生命；亲情是一朵盛开的花，因家人之间的关心、爱护而变得更加美丽；亲情是一张张老旧的照片，因内心怀揣亲人而变得无比温暖；亲情温润了穿梭在时光里的岁月，更是岁月留下的最简单、醇厚的礼物。

主题宴会设计以"温润亲情"与"时光岁月"交融为主线，体现亲情家宴的主旨：无论岁月如何变迁，无论孩子飞的多远，亲情的纽带围系在我们之间，牵引着我们走过生命的旅程，获得岁月留下的珍贵礼物。

二、台面各要素设计

成功的主题宴会台面设计，既要充分考虑到宾客用餐需求，又要有大胆的构思创意，将实用性和观赏性完美结合。台面用品颜色、规格统一，色彩温馨欢快，创意突出。台面用品及布草(含台布、餐巾、椅套等)质地环保，选择符合酒店经营实际。布草色彩、图案与主题相呼应。

1. 台面中心装饰设计

台面中心装饰物设计以美观大方、紧扣主题为原则。中心装饰的要素如下。花盘上摆放大树——象征着家庭的成长；大树枝繁叶茂象征家庭的兴旺；树上挂有家庭不同时期的照片，用一张张照片见证家庭的岁月变迁；岁月无声，相片留真，这一张张照片，是他们温馨时光的幸福投影，与一旁的"沙漏"小摆件相呼应，寓意尽管时光流逝，岁月变迁，亲情依旧历久弥坚。花盘上摆放了一家六口的人偶，象征三世同堂，其乐融融的场景。花台周围使用花环装饰，更加美观，更是寓意着对家庭繁荣的美好祝愿。为了照顾宾客各角度观赏的需要，花台底座加上电动转盘，用花环掩饰，使中心装饰物灵动起来。主题桌号牌采用玻璃罩工艺礼物盒的造型，新颖独特，跟主题相呼应。

2. 装饰布、台布、椅套、餐巾折花设计

装饰布使用紫色，以白色镶紫色边方形台布衬托中心装饰。两层桌布色彩搭配和谐，寓意紫气东来，家和祥瑞。

白色椅套配树叶装饰，代表枝繁叶茂。

白色餐巾镶紫色丝绸暗花，与浅色餐具搭配。主人位折花：孔雀开屏，象征生活就像这五彩屏一般多姿多彩，幸福美满。副主人位折花：老树新芽，象征生机无限。其他宾客位置折花：三部曲花形，象征家庭的成长。

3. 餐具设计

餐盘、汤碗、味碟和筷架，同款搭配，杯具大小搭配合理，规格协调美观。筷套、牙签套用渐变紫色，与整体台面色彩相协调；筷套正面书写主题名称“岁月的礼物”，更好地烘托主题。

4. 与台面相呼应的工装、饰品设计

工作人员服装选择白底镶紫边绣花(牡丹花)长款旗袍，与台面装饰色调、布草整体色彩对应。旗袍是极具中国特色的传统服饰，适合在正式场合穿着；服装整体风格端庄大方又显中国传统审美感；旗袍款式简洁利落，便于操作，符合酒店工作要求。

三、出品与菜单设计

1. 出品设计

冷菜：

情投意合(蓝莓山药)　相依相伴(洋葱拌木耳)

万家灯火(灯影牛肉)

热菜：

福泰安康(鲍汁扣裙边)　美好生活(红焖海参)

年年有余(孔雀开屏鱼)　有凤来仪(板栗烧鸡)

阖家团圆(四喜丸子)　金玉满堂(麻婆豆腐)

寸草春晖(芦笋炒百合)

汤菜：

骨肉情深(干贝冬瓜排骨汤)

主食：

紫气东来(紫薯养生饭)

甜羹点心：

梦呓乡语(木瓜银耳羹)　和合之家(核桃枣泥糕)

水果：

欢聚一堂(什锦水果拼盘)

酒水：

金六福(42 度) 长城干红 2016 汇源果汁(苹果汁)

菜品根据 8 人位设计，菜品的选择根据宴会类型确定，在菜品的搭配上，考虑成本，讲究营养均衡，色彩造型协调。考虑到家宴中年长者的需求，味型以咸鲜清淡养生菜为主，兼顾年轻人，口感丰富，多种烹调工艺相结合，食乐无穷。冷菜荤素搭配。热菜汤菜共八道，六荤两素，注重养生、营养均衡，味型、色泽、烹制工艺搭配合理。再配以两点心、一主食和餐后水果。

菜品命名上以家庭欢聚为主线，体现岁月变迁，亲情相融。有关的寓意或美好祝愿的成语作虚名，旁边标注菜品的实名，虚实结合，既可以深化主题，也可以让客人明白用餐，品尝美味的同时，深切感受宴席中透出的主题内涵。

2. 菜单设计

菜单款式设计为记录家庭成长的相册的形式，菜单首页印制与主题相对应的图案和背景，书写主题“岁月的礼物”，与牙签套、筷套一脉相承，与主题相呼应。菜单目录页使用艺术字体打印菜名，适当留白，整体清新淡雅，彰显家庭和睦、亲情温暖的场景。另外，配以菜品图片，便于客人更好地了解菜品。

3. 定价与成本控制

宴会菜单出品根据主题和用餐场合要求进行特别定制，既考虑到宴会菜品的结构，又充分考虑酒店经营成本控制，确保菜品充足宾客吃饱吃好，又能让酒店达到餐饮经营利润目标。整席售价 1028 元/桌，属于高档宴会，人均消费 128.5 元，整席毛利率为 58.4%。

[案例来源：刘轶、华文、吴俐霓，《中餐主题宴会设计实例分析——以家宴〈岁月的礼物〉为例》，载《度假旅游》，2019(4)。(有删减)]

>> 任务四 主题宴会设计实训 <<

主题宴会设计实训报告如表 5-2-4 所示，实训报告打分表如表 5-2-5 所示。

表 5-2-4 主题宴会设计实训报告

组别：	小组成员：
实训日期：	实训地点：
实训要求：根据你所学的主题宴会的设计知识，结合本地区的情况，设计一份以地方风味或节日庆典为主题的宴会。	
主题宴会名称：	
主题阐述(包括设计背景/创意来源、目标客户、主题设计概况)：	

续表

台面设计(餐具、台布、折花造型、主题装饰物或花台、色彩选择及其他台面设计内容)：
菜单设计(凉菜、热菜、主食、水果等，要求至少详细介绍一种特色菜品)：
创新点：

表 5-2-5　实训报告打分表

内容	评分要求	分值
主题宴会名称(10 分)	宴会主题选择新颖，与方案契合	10
主题阐述(20 分)	综合运用基础理论、专业知识、科学方法和技术手段，分析设计背景，清楚表述创意来源	10
	目标客户明确	5
	描述清楚，文字、标点及书写格式、引用文献情况等规范	5
台面设计(30 分)	餐具、台布、折花造型、主题装饰物选择恰当、科学合理，符合审美要求，同时材质、颜色设计与主题设计档次匹配	20
	台面整体设计与宴会的主题、规模、档次、餐饮风格、就餐环境契合	10
菜单设计(30 分)	菜单、菜名及技术围绕主题中心展开	20
	菜式品种的特色、品质能够反映文化主题的饮食内涵和特征	5
	考虑到当地习俗和禁忌	5
创新点(10 分)	创新点阐述明确、立意新颖、构思巧妙，对各种表现手法的应用恰到好处	10
总分		100

【复习自测】

一、选择题

1. 下列主题宴会按照原料、食品类划分的有(　　)。

A. 巴蜀宴　　B. 海南椰子宴　　C. 红楼宴　　D. 农家休闲宴

2. 目前人们饮食结构的主要变化有哪些?(　　)

A. 只有大量肉类、海鲜才能体现出档次

B. 强调原料稀贵、菜肴丰盛、数量越多越好

C. 注重菜品的绿色、保健、环保、营养

D. 重菜肴轻主食

3. 以下主题宴会方案设计思路(　　)项是错误的。

A. 从顾客需求的角度分析主题

B. 从地域和酒店特色角度分析主题

C. 从设计者的喜好设计方案

D. 从节日、节事的角度分析主题

4. 哪些不是主题宴会台面主题的确定依据?(　　)

A. 用餐目的　　B. 年龄结构　　C. 经济状况　　D. 个人喜好

5. 主题宴会菜单的设计要求(　　)。

A. 菜式品种的特色、品质必须反映文化主题的饮食内涵和特征

B. 每一道菜都围绕主题进行

C. 考虑当地习俗

D. 灵活掌握搭配出宾客满意的菜单

6. 主题宴会设计方案有(　　)要求。

A. 注重环境的装饰　　B. 特立独行

C. 善于开拓创新　　D. 突出文化内涵

7. 主题宴会环境色彩运用应注意(　　)。

A. 适应宴会厅装饰潮流

B. 突出宴会装饰风格

C. 与其他装饰物的色调协调

D. 色彩运用以美为唯一标准，不需要考虑功能

8. 与主题宴会上岗人数相关的因素包括(　　)。

A. 主管、领班为主的固定人员　　B. 宴会人数

C. 酒店员工数量　　D. 客人要求

9. (　　)是主题宴会上菜顺序所依据的原则。

A. 当地生活习惯　　B. 客人需求　　C. 菜品特点　　D. 菜品制作顺序

10. 中式主题宴会服务错误的有(　　)。

A. 一直站在客人身后，随时准备服务

B. 根据客人需求进行服务，不过度服务

C. 实时介绍菜品

D. 按座次引领主宾入座，引领客人入席

二、简答题

1. 主题宴会的发展趋势是怎样的？

2. 主题宴会菜单的设计流程是怎样的？

3. 主题宴会台面设计的基本要求是什么？

4. 主题宴会台面设计有哪几步？

5. 主题宴会环境设计与布置装饰内容主要是指哪些内容？

6. 宴会预订服务有哪些工作？

7. 主题宴会服务礼仪设计需要注意哪些内容？

三、拓展练习

1. 查找有关节日宴会的台面设计主题，并结合所学加以分析，该主题是采用什么方法命名的，主要创新点有哪些。

要求：小组查找至少两个节日宴会台面，并进行充分分析。

2. 选择当地酒店，调查宴会部最有影响力的主题宴会菜单，并对其设计进行比较分析，通过调查分析了解主题宴会菜单设计在实际中的应用情况。

要求：小组调查，提交报告，选择当地四星级及以上的酒店。

项目三　对客投诉处理

【学习目标】

1. 理解顾客投诉的类别及原因。
2. 了解顾客投诉的一般心理。
3. 掌握投诉处理的具体流程及技巧。

>> 任务一　投诉产生原因及分类 <<

餐饮行业是劳动密集型产业，主要依靠员工来完成对客服务，在对客服务的过程中发生顾客投诉是餐厅经营管理过程中不可避免的。对于任何一家餐饮企业来讲，要对顾客投诉有正确的认识，有效处理并尽量减少投诉。作为管理者也要明白投诉是发现经营管理问题的途径之一，通过有效处理投诉，能够进一步完善餐厅管理制度，改善员工服务水平，提高顾客用餐体验，增加餐厅美誉度。

一、投诉的概念

消费者投诉，是指消费者为生活消费需要购买、使用商品或者接受服务，与经营者之间发生消费者权益争议后，请求消费者权益保护组织调解，要求保护其合法权益的行为。餐饮行业内的投诉，主要是指顾客对餐厅提供的硬件设施和软件设施等方面不满意而提出的申诉。硬件设施是指餐厅的设施设备等餐厅的基础设施，软件设施是指餐厅的服务人员为顾客提供的各项服务。

二、投诉的类别

服务是餐饮行业的主要产品，餐厅及服务人员通过对顾客提供的各种服务来满足其物质及精神的需求。不同的顾客对提供的硬件设施和软件服务体验感和期待值是不同的，当餐厅的设施设备、服务人员提供的服务和顾客心理期待有偏差，而且偏差较大的时候，就会出现投诉的情况。顾客对餐厅的投诉可以按表现形式和投诉内容进行分类。

(一)按表现形式分类

1. 电话投诉

电话投诉是指顾客通过打电话的方式进行投诉。

2. 书面投诉

书面投诉是指顾客通过写信、邮件、留言簿等书面的形式进行投诉。

3. 当面投诉

当面投诉是指顾客通过餐厅负责人进行面对面投诉。

(二)按投诉内容分类

按顾客对餐厅投诉的内容来分类，大致可以分为以下四类。

1. 餐厅的设施设备

顾客在餐厅就餐时，如果遇到餐厅设施设备保养或者维修不及时，导致使用出现问题，比如餐具破损、餐凳损坏、电梯故障、空调故障等，这些情况都会造成顾客用餐体验差，有些还会对顾客的身体造成伤害。这些类似状况出现，就会出现顾客投诉的情况。

2. 餐厅的产品

餐厅的产品主要是指菜品，顾客对菜品的投诉一般是由于卫生或者质量出现问题而引起的。菜品的卫生和质量一直是餐饮行业管理者最重视但同时也是比较容易出问题的。

3. 餐厅提供的服务

餐厅的对客服务是一种“软产品”，很难具体量化到怎样的服务是所有顾客满意的，毕竟它不像设施设备在使用体验感差的时候可以更换和维修，服务的满意度取决于服务人员的职业素养以及顾客对餐厅提供服务的期待值。任何一家餐厅都会对从业人员进行专项的业务培训，但是在服务的过程中，仍旧有一些投诉事件在发生的时候是不可控制的，也是无法提前预知并进行培训的。

4. 其他原因导致的投诉

餐厅经营管理者的目标都是给顾客提供最优质的产品和服务，让顾客拥有良好的用餐体验，但是仍旧会出现一些不可抗拒因素带来的投诉，如突然的停水停电、自然灾害、暴力事件等餐厅无法控制的事件。

三、投诉的原因

餐饮投诉的作用及类型

投诉是顾客发泄不满或表示抗议的一种方式，顾客希望通过投诉得到尊重、理解和解决办法。餐厅每天要接待很多前来用餐的客人，日常的运营工作十分琐碎，在为顾客提供产品和服务时难免出现一些失误，导致客人的不满，引起客人的投诉。产生投诉并不可怕，餐饮企业的经营管理者应当理性分析顾客投诉的原因，发现问题，解决问题，正确地处理投诉，提高顾客对产品和服务质量的满意度，维护餐厅的声誉，赢得忠诚客户。通过分析，顾客对餐厅的投诉可以归结为以下五个原因。

(一)餐厅设施设备质量问题引起的投诉

顾客对餐厅设施设备投诉一般是由于损坏没有及时更换或者维修而给客人带来不便甚至伤害，导致客人投诉。

1. 餐厅公共设施

顾客到餐厅用餐，遇到餐厅公共设施出故障，比如餐厅门口一般都有手动或自动旋转门，如遇旋转门故障，再加上顾客不小心，就会造成伤害，尤其是老人或者小孩容易发生危险；还有电梯，如遇故障，会发生困住顾客、夹伤顾客的情况。这些设施设备除了设置专人看管负责之外，还要按照设施运行状况进行维护和检修，否则出现问题就会导致投诉发生。

2. 餐厅就餐环境

由于服务人员清洁不彻底或者没有及时通风，导致包间异味；就餐时发现餐具破损，服务员没有及时更换；空调坏了，导致就餐温度太冷或太热，等等。如果服务人员沟通处理不当，就会导致投诉。

(二)餐厅产品质量引起的投诉

顾客在就餐的时候如果菜品中出现头发、菜虫等异物；由于保温或传菜等问题，热菜上桌变冷；菜品制作过程把控失误，菜品味道偏咸、淡或者不正宗等情况出现，会造成顾客不满意，导致投诉。

(三)餐厅经营管理问题引起的投诉

1. 服务人员服务质量

顾客满意的就餐体验，也取决于服务人员的服务态度和专业程度。不尊重客人，工作不负责任，工作没按标准和规范进行，比如客人进餐厅无人问津，就座无人点餐，没有按服务规范准备餐具等用餐备品，不及时撤换骨碟，不注意个人卫生与形象，客人账单有误等这些情况出现，客人就会对餐厅提供的服务不满意。

2. 餐厅管理制度实施问题

餐厅的管理制度实施不到位是造成投诉的根本原因，建立健全各项规章制度是做好餐饮管理的基础。规章制度不全面，没有深入餐饮企业管理的各个方面进行约束和管理；规章制度陈旧，餐饮企业并没有根据实际经营情况的变化而进一步修订和完善制度；还有的餐饮企业制度健全，但是没有被严格执行，餐饮企业对规章制度的执行情况缺少监督检查，企业制度没有对员工起到监督约束的作用。

(四)客人自身的原因

有的时候客人投诉的原因并不是完全由餐厅引起的，有些情况是客人自身的因素造成的。来餐厅就餐客人的职业、年龄、性格、心情、个人习惯等各不相同，对餐厅用餐体验的期待不一样，对优质服务的理解也不一样，因此可能同一件事发生在不同客人身上，客人反馈不同。可能今天正好某位客人情低落需要发泄，还有的客人不了解酒店规定，还有的因为文化差异造成误会，等等，但是客人有时不认为自己错了，服务人员如果处理不当，有可能引起客人不满和投诉。

(五)其他不可抗拒性因素引起的投诉

不可抗拒性因素，比如电力系统出现问题，像需要使用电磁炉、电火锅等电器的餐厅，或者晚上就餐的时候突然没有电，无法正常就餐，会导致客人不满；再比如自然灾害、暴力事件等会导致暂停营业，影响正常接待客人，有可能就会引起客人不满意，甚至投诉。

在餐饮行业的经营管理过程中，投诉是无法避免的，重要的是正确认识投诉，分析投诉的原因，改进存在的问题，有效地处理客人投诉，提高餐厅的口碑，赢得更多的客人。

【案例分析】

一根牙签

王女士和朋友一起前往某酒店的自助餐厅用餐，等用餐完毕，王女士从餐桌上的牙签筒拿了一根牙签，看似很平常的一个举动，王女士却十分生气，让服务员小李叫来经理，说要投诉。餐厅张经理立刻来到王女士身边，认真聆听王女士的投诉。原来王女士拿的牙签袋上面歪歪扭扭地写着几个字"谁用谁是小狗"，张经理突然想起来，昨天是6月1日国际儿童节，自助餐厅组织了亲子活动，有一些小朋友用彩笔或签字笔画画，可能是某个小朋友恶作剧。还没有等张经理说什么，服务员小李连忙说道："不好意思女士，应该是昨天参加活动的小朋友恶作剧，我们餐厅昨天组织了亲子活动，应该是……"还没等小李说完，王女士生气地说："我不管也不知道曾经发生了什么，但是现在我拿到写着这种字的牙签，我很不舒服。"小李还要说什么，张经理打断了她，让她去帮旁边桌的客人倒茶水去了。张经理微笑着说："不好意思王女士，是我们的疏忽给您造成了困扰，我很抱歉。您先别生气，我先给您换一根新的牙签。"张经理为王女士递过牙签后，接着说："这个真的是我们服务人员的疏忽，这样的事情是不应该发生的，您对我们今天的菜品还满意吗？还有什么您觉得我们做得不好的，您可以告诉我，我们去改善。我们很需要您这样的顾客，帮助我们发现问题，帮助我们做得更好。"听到这儿，王女士似乎没有之前那么激动了，说道："其他的没有什么意见了。"张经理接着说："您和您的朋友还需要点什么吗？我来帮您，还请您能够原谅我们的一时疏忽。"王女士笑了，她说：

“没关系，小朋友淘气，能够理解。”

事后，王经理告诉小李，一定要按餐厅的要求，在开餐前做准备工作时，检查所有备品，以后不可以出现这样的失误。

你能从这个案例当中学到什么？小李在工作中和遇到投诉时的表现妥当吗？

提示：在本案例中，服务员小李没有按照餐厅的操作规范准备、检查牙签筒，她应在开餐前认真检查餐桌上的用餐备品，由于她工作的疏忽，导致客人投诉。当客人情绪已经变差时，服务人员在和客人沟通时，首先要认真聆听，如果确实是自己工作的疏漏，不要尝试推卸责任，勇于承认并改正更能获得客人的理解。

>> 任务二　处理投诉的程序及技巧 <<

【案例导入】

一盘基围虾

一天，吴先生和朋友一行10人来到某餐厅吃饭，点菜时，吴先生点了“白灼基围虾”，但是服务员小丽没有听清楚，也没有和客人核对，误下单成“双拼基围虾”。菜品上桌，吴先生感觉很奇怪，就把服务员小丽叫过来询问：“你好服务员，我点的是‘白灼基围虾’，你这个菜上错了，麻烦你帮我们换下。”小丽说道：“您刚才就是点的‘双拼基围虾’呀，不然我把菜单拿来核对，肯定没错的。”小丽这么一说，让吴先生有些不悦，说道：“那你把菜单拿来，我们看下。”小丽把菜单拿来让吴先生一看，果然是“双拼基围虾”，可是大家都觉得很奇怪，因为都听到吴先生点菜时说的是“白灼基围虾”，怎么就变了呢？小丽说：“没错吧？”吴先生有些生气了，说：“把你们经理叫来，我看看怎么解决这个问题。”

小丽极不情愿地叫来了部门经理，她简单地和经理汇报了一下情况，经理和吴先生说：“您好先生，我们的服务员都是经过严格的培训和考核才能上岗，小丽记忆力很好，她会按您的要求记录菜名的……”大家都以为经理来了会致歉，并且换下这道菜，万万没有想到他会这样说。吴先生生气地说道：“请你马上给我们结账。”吴先生和他的朋友生气地离开了，都表示以后再也不会来这家餐厅吃饭了。随后吴先生把投诉信发到了总经理邮箱。

思考：在这个案例中，服务人员小丽在对客服务过程中存在什么问题？她和部门经理在面对客人的投诉时，处理方法是否合理？遇到类似的问题，应该如何恰当处理？

餐饮行业的经营管理者面对客人投诉时，要看到投诉带来的积极影响，制定科学合理的处理投诉的流程，把投诉当作对客服务和经营管理的晴雨表，当作高管理水平的动力。正确处理投诉，有助于建立良好的客户关系，提高餐饮企业的服务质量和管理水平。

一、处理投诉的原则

虽然餐饮企业的经营项目、产品特点、客户群体各不相同，但是处理顾客投诉的原则是一致的，在处理投诉的过程中，要把握以下这些原则，才能沉着应对。

(一)顾客至上的原则

顾客至上的原则是指无论在什么情况下，服务人员都要保持一个良好的心态，不要和客人有言语上的争辩；要尊重客人，主动致歉；如遇客人情绪激动，要有耐心，并表示会积极解决问题，请客人放心；如客人想要一些补偿，要根据实际情况和自身的权力去满足客人。

(二)公正处理的原则

负责处理投诉的工作人员必须本着公正的原则，顾客投诉是信任的表现，公正处理投诉对于餐饮企业的员工来说也是极其重要的，餐饮管理者必须维护员工的利益。公正处理投诉才能有助于餐饮企业健康发展，才能使企业员工和顾客都满意。

(三)责任清晰的原则

处理投诉的工作人员必须弄清楚顾客投诉的原因，以及在整件事情中被投诉部门或人员的责任。

餐饮投诉
处理步骤

二、处理投诉的程序

(一)接受顾客投诉

1. 礼貌接待，认真聆听

当投诉出现时，管理者首先应放下手头工作，仔细倾听顾客投诉，面带微笑，保持目光接触，不要过早打断顾客，让顾客把事情的全貌说完，要让顾客用倾诉的方式发泄情绪，听清楚事情的经过也有利于投诉的妥善处理。

2. 表达关心，帮助舒缓情绪

在倾听的过程中要表现出对顾客投诉的关心，这样有助于帮助顾客缓和情绪。

3. 向顾客致歉，了解投诉原因

真诚地向顾客致歉，即便错误是由于顾客误解导致的，作为餐饮服务人员要有“把对让给顾客”的意识。

4. 正面回顾客问题，切勿推卸责任

要正面回答顾客的问题，避免与其发生冲突。感谢顾客的投诉，并表示一定会积极解决。

(二)处理顾客投诉

1. 了解顾客需求

通过倾听顾客的投诉，要了解顾客最初的需要和问题是什么，投诉的目的是什么。

2. 了解实际情况，寻求解决办法

要找与投诉事件有关的部门及服务人员了解实际情况，如果过失方是餐厅，那么应当积极地与顾客协商，询问顾客的需求，寻求解决问题的办法。

3. 确定投诉处理方案，尽量满足顾客需求

在与顾客达成一致的解决方案后，立即采取行动，尽量满足顾客需求，并且在处理问题时要与顾客保持沟通，让顾客知道事情处理的进程。

4. 处理完毕，表示歉意和感谢

处理完毕要再次向顾客表示歉意和感谢。如果过失方并不是餐厅，那也要安抚顾客的情绪，平静分析事情起因结果，婉转告知顾客餐厅并无过错，但是要表示虽无过错但仍旧表示歉意。

(三)投诉的善后处理

问题解决妥当，要再次向客人表示歉意和感谢，表明我们会不断完善工作的态度和决心，取得顾客的信赖。

负责处理投诉的人员需要把顾客投诉事件的原因、经过、解决方法进行记录，当作案例对员工进行培训，避免类似情况发生。

三、顾客投诉的心理

(一)求尊重的心理

顾客投诉后，都希望大家认为他们的投诉是对的、是有道理的，希望得到同情、尊重和重视，向他们表示歉意并采取相应措施。

(二)求发泄的心理

顾客在餐厅就餐遇到不满意的事情进行投诉，心中充满了怨气、怒火，往往要利用投诉的机会发泄出来以保持心理平衡。

(三)求补偿的心理

投诉发生后，顾客需要通过补偿的形式来平复自己愤怒的情绪，可以是菜品等实物的补偿，也可以是端正的态度、积极改正的行为等的精神补偿。

四、处理投诉的技巧

在处理顾客的投诉时，除了严格按照投诉处理的程序，还需要讲究一些技巧，这样能够更加有效地处理投诉。

(一)通过倾听投诉，快速找到关键点

通过顾客叙述投诉原因，应该迅速分析客人的初始需求和对投诉解决方法的期待。这样有针对性的处理投诉，直面客人需求，是有效处理投诉的方法。

(二)关注顾客情绪，适时致歉

顾客选择投诉就是表示对产品或服务不满意，他们会觉得自己没有被重视，甚至是受了委屈。如果在处理过程中表现出态度不耐烦或者没有时刻关注顾客情绪，会让他们心理感受及情绪更差。反之，若服务人员态度诚恳，适时致歉，会减少顾客的抵触情绪。

(三)以事实为本，不能情绪化

通常投诉者的态度和言语都很激愤，不容易应对，处理投诉的人员要控制好自己的情绪，在充分满足客人宣泄需求的同时，以事实为依据，妥善处理投诉。

(四)讲究语言艺术

顾客对产品或服务不满，在发泄不满时有可能会言语过激，在与顾客沟通解决投诉的过程中，措辞要十分注意，要合乎情理，不要说伤人自尊的话，用婉转的语言与客户沟通。即便是顾客有不对的地方，也不要冲动，不然问题非但没有解决还有可能造成更恶劣的影响。

(五)承诺要兑现，处理结果要跟踪

在与顾客达成一致的解决方案后，承诺客户的一定要立刻兑现，处理完要询问顾客是否满意。

餐饮投诉处理案例分析

【复习自测】

简答题

1. 消费者投诉的含义是什么？
2. 导致顾客投诉的原因有哪些？
3. 处理投诉的原则包含哪几点？
4. 处理顾客投诉的程序是什么？
5. 处理客户投诉的技巧有哪些？

项目四　餐饮促销

【学习目标】

1. 了解餐饮促销的概念。
2. 熟知餐饮促销的类别。
3. 掌握餐饮营销方案包含的具体内容。

>> 任务一　现代餐饮促销的种类 <<

随着人们生活水平的提高，生活节奏的加快，社会交往的日益频繁，我国餐饮行业迅猛发展，拥有庞大的消费市场。但与此同时，餐饮业也面临着新经济、新技术、新消费带来的种种挑战，因此必须通过沟通活动，比如利用广告、主题活动、人员推销等促销手段，把菜品、服务等信息传递给消费者，达到扩大销售的目的。

一、餐饮促销的含义

促销实质上是一种沟通活动，即营销者发出用来刺激消费的各种信息，把信息传递到一个或更多的目标对象(即信息接收者，如听众、观众、读者、消费者或用户等)，以影响其态度和行为。餐饮促销是指餐厅向目标顾客宣传介绍餐饮食品和服务项目及配套设施，促使顾客前来消费的市场营销活动。

二、餐饮促销的种类

随着餐饮企业竞争的加剧和产品的增多，对于消费来说就餐场地和形式的挑选余地更大，因此餐饮企业与消费者之间的沟通更为重要，餐饮企业需开展各种形式的促销活动，利用各种促销活动让广大消费者了解并选择，提高经济效益。根据促销活动的形式，餐饮促销可以分为五类。

(一)广告

餐饮广告是指餐饮企业以促进销售为目的，通过购买各种宣传媒介的空间或者时间，向公众和特定市场中的潜在顾客宣传其餐饮产品，吸引顾客到餐厅用餐的一种市场营销工具。

1. 媒体广告

传统媒体广告包括电视广告、电台广告、报纸广告和杂志广告，餐饮企业通过这些媒介对餐厅的产品及服务展开宣传推广，促成消费的发生。广大的消费者每天都会通过这些媒介休闲、学习、工作等，餐厅的产品与服务通过广告的形式做宣传会增加出现在大众视野的频率，使消费者了解某家餐厅的服务、菜品。除了上述提到的传统媒体，当今社会新媒体的影响力日趋增大，比如网络电视、微博、抖音等。

2. 户外广告

户外广告是餐饮企业将宣传自己餐厅、产品、促销活动的广告通过公交车、出租车、地铁、电梯、路牌等表现出来，让消费者在户外能够看到有关餐饮企业的宣传。例如，在出租车顶灯、地铁站内某餐厅宣传店庆、节日庆祝等优惠、打折活动。

(二)人员销售

人员销售是指餐饮市场销售人员通过直接与消费者面对面交流，宣传介绍餐饮产品信息，并劝说消费者购买的一种促销活动。销售人员通过培训，掌握了促销产品或服务的内容和目的，通过与客户沟通，能够快速有效地识别客户需要，并能找出解决办法，消费者乐于接受符合自己需求的促销活动。例如，在人员密集商圈、餐厅附近，餐厅的销售人员直接通过试吃菜品、介绍特色、参与食品制作、现场互动等形式推广餐厅的菜品。

(三)直邮推销

直邮推销是指通过邮政线路把餐饮企业的商业性信件、宣传小册子、餐厅新闻信、明信片等内容直接邮寄给消费者和潜在消费者，以达到宣传餐饮产品的促销活动。很多餐饮企业通过会员邮箱或地址、微信公众号、企业 App 等方式打通与客户和潜在客户的沟通桥梁，把餐厅的促销信息、近期活动情况、新添菜品情况、新增服务情况等发送给客户，使其第一时间了解企业最新动态。

(四)公共关系活动

公共关系活动是指餐饮企业利用多种传播手段，同包括消费者、社会民众、政府机构和新闻媒体等在内的公众或机构进行交流，建立良好的社会形象和市场营销环境的一种促销活动。赞助、冠名，还有一些公益活动(如一些餐饮企业建立助贫基金，开展“爱心免费餐”活动，为环卫工人提供热饭电器、热水活动，遇灾难事件时进行捐赠等)都会帮助企业建立良好的社会形象。

(五)营业推广

营业推广是指在一定的时期内，餐饮企业运用除广告、人员推销和公共关系以外的各种特殊手段对消费者实行强烈的刺激，以促进产品销售迅速增长的促销活动。比如大部分的餐饮企业只会提供午、晚餐两餐或者早、午、晚三餐，营业时间正常，部分餐饮企业为了吸引更多的顾客，增加经济效益，会调整和延长某个时段的营业时间，甚至是24小时营业。

不同的促销手段各有特点，不同的餐饮企业要根据社会环境和自身企业经营状况正确选取适合的促销策略。通常，餐饮企业会同时使用多种促销手段的组合促进销售，以达到扩大产品销售，提高餐饮企业知名度、美誉度和影响力的目的。

>> 任务二　餐饮营销方案设计 <<

顾客选择餐厅用餐，决定性因素已不单单是食物，更要吃出体验、吃出品位、吃出健康。餐饮产品已经上升为一种全方位的服务，形象、包装、环境、特色、式样、品牌以及企业的文化，都是顾客进行消费选择的依据，在竞争日趋激烈的餐饮行业，餐饮企业必须要对餐饮产品进行营销策划，成功的营销方案有助于帮助餐饮企业招徕更多顾客，提高经济效益。

一、餐饮营销方案的含义

营销方案是一个以销售为目的的计划，指在市场销售和服务之前，为了达到预期的销售目标而进行的各种销售促进活动的整体性策划。餐饮营销方案是针对销售餐饮产品的计划，经营者根据自己企业实际经营状况，在餐饮产品及服务销售前，为了达到销售目标而进行的促销活动的整体性策划。

二、餐饮营销方案的具体内容

餐饮营销方案必须具备鲜明的目的性、强烈的针对性、突出的操作性等特点，即体现“围绕主题、目的明确、深入细致、周到具体、一事一策、简易明了”的要求。餐饮营销方案的具体内容应包含以下六个方面。

(一)宏观环境(PEST)分析

通常要通过政治、经济、社会、技术四个因素来对餐饮企业所面临的状况进行分析，如国家的政治环境、政府的经济政策导向、居民的可支配收入水平、原料等资源供给水平、餐饮市场需求、所在城市人口结构及规模、与餐饮行业有关新科技新技术等发展情况。

【知识拓展】

智慧餐厅，打造全新升级的就餐体验

从一个大胆的设想到落地成为现实，海底捞历时三年打造的智慧火锅餐厅，于2018年正式营业。从智慧生产到智慧服务，为顾客打造全面升级的用餐新体验。

一、智能大脑：人工智能打造智慧厨房

①作为智慧厨房的智能大脑，IKMS可以通过收集智慧厨房各个环节的数据，并对各项数据进行多维度的分析，实时监控厨房整体的运行状态、生产状况、库存状况、保质期状况等，对智慧厨房进行统一管理。

②结合机器学习和人工智能技术，实现生产管理流程化、自动化，库存管理智能化、精准化，生产数据信息化、可视化，及对菜品全生命周期的监控，保证产品质量。

二、智能出菜：科技革新助力提升食安标准

①把食材加工统一前置到中央厨房集中加工配送，利用标准化、统一化的自动生产，减少人员工作带来的随机性失误引起的食品安全风险。

②配合门店自动出菜机，加载RFID食材监管系统，给每盘菜配备专属“身份证”，进行实时追踪，实现菜品保质期精准把控，从人员、环境两方面实现菜品安全的全流程管理。

③全面升级的中央厨房配备全流程食品级材质设备。所有菜品从自动控温30万级超洁净智能菜品仓库中，经过全程0～4 ℃冷链保鲜物流直达门店，进入自动出菜机。与前台点餐系统连通的自动出菜机，则由机械臂完成从菜品入库到出库的全自动上菜流程。

④自动出菜机不但实现了上菜效率的提升，也将菜品锁定在控温控鲜的密闭空间中，隔离异物，定时进行臭氧杀菌，是后厨自动化和食品安全升级的重要突破。

三、智能订制：私人订制配锅机，打造专属锅底

海底捞智慧餐厅如何满足顾客在锅底选择中，对辣、麻、油、盐的比例及口感的不同需求？

①由海底捞自主研发的私人订制自动配锅机，改变了人工配锅的传统模式。在提高员工效率的同时，对于顾客无论“加麻、加辣”，还是“少盐、少油”的个性化需求，都可以通过对原料、辅料、鲜料高达0.5 g的精准化配置，成功实现顾客口味真正的私人订制。

②结合大数据、云端记录，为顾客建立专属的锅底档案，顾客为锅底命名，每次来到海底捞，可以轻松地重温自己最爱的火锅味道。

③达到一定等级的会员，未来可以通过海底捞应用程序与家人、朋友分享自己订制的锅底。

四、智慧体验：声光电沉浸式就餐

①智慧餐厅的巨幕投影屏为等位顾客带来视听享受。

②等位区推出大屏互动游戏，连接顾客智能手机终端，使等位充满乐趣。

③就餐区引进声光电科技，打破传统餐厅装修模式，为顾客带来“沉浸式”火锅就餐新体验。

(二)餐饮行业的整体分析

在制定营销方案的时候，要熟知目标市场的特征、分析所在地区餐饮行业的现状、了解竞争对手的经营情况、分析消费者的消费趋势、熟知本企业目前的销售状况，这些内容是做好营销方案设计的基础。

(三)SWOT 分析

SWOT 分析法可以对企业及其产品所处的状况进行全面、系统、准确的研究，S(Strengths)是指优势，W(Weaknesses)是指劣势，O(Opportunities)是指机会，T(Threats)是指威胁。利用这种方法可以找出对餐饮企业有利的、值得推广的因素，和对自己不利的、要避开的东西，发现存在的问题，找出解决办法，并明确以后的发展方向。

(四)营销战略规划

营销战略规划是餐饮企业要采取的营销行动，它明确指出及回答为什么要做，一般来讲包含市场引爆点、市场布局、主导操作思路、运作模式等。如想制造市场引爆点，餐饮企业需要认真分析自己产品的特点和优势，选择熟悉产品的负责人，结合市场需求和客户特点，融入当下流行元素，制造话题引起关注，当然也可以利用名人效应，选择代言人。市场布局是要根据餐饮企业目前所处的市场特点进行的，要分析目前企业的产品是处于成长型市场、成熟型市场、跟随型市场还是导入型市场，然后根据不同的产品类型进行市场布局；餐饮企业还需要制定营销战略的具体实施过程，以及最终要达到的某种目标和状态。

(五)营销战术规划

餐饮企业的营销战术规划需涵盖产品定位与细分、价格策略、渠道选择、渠道拓展顺序、渠道规划、渠道销售量预测分析、上市时间等内容，目的是对未来某段时间内的营销发展进行设想及总体规划。

(六)促销思路及推广方案

最后，餐饮企业要对服务或者产品做出上市渠道促销计划、消费者促销计划、上市终端推广计划、媒介促销安排以及后期促销跟进计划。

餐厅是为消费者提供食品和服务的场所，一家餐厅或者餐饮连锁店经营的成败，经济效益的好差，在很大程度上取决于营销的艺术。在餐饮行业竞争日趋激烈的今天，餐饮经营者需要整合资源、创新经营，制定符合自己的营销方案，只有这样，才可能在餐饮市场这块肥沃的土壤上占据不败之地。

【复习自测】

简答题

1. 餐饮促销的含义是什么？

2. 设计餐饮营销方案，应包含哪些具体内容？

3. 根据餐饮促销的活动形式，餐饮促销可以分为哪几类？

项目五　主题餐厅设计与赏析

【学习目标】

1. 了解主题餐厅的概念及特点。
2. 归纳主题餐厅的类型。
3. 掌握主题餐厅设计的原则与方法。
4. 培养对主题餐厅的鉴赏能力，提升审美和情趣。

>> 任务一　主题餐厅概述 <<

一、主题餐厅的概念

与一般餐厅不同，主题餐厅以某个或多个主题作为餐厅经营的载体来吸引顾客。主题餐厅可以定义为：以一系列围绕一个或多个历史及其他的主题为吸引标志，向顾客提供饮食及相关体验的基本场所。主题餐厅的最大特点是赋予餐厅某种主题，根据既定的主题渲染和营造餐厅的氛围，注重主题文化的深度开发，通过餐厅空间设计、特色服务和特色菜肴体现出来，以此为顾客提供独特体验。

二、主题餐厅的特点

(一)主题的文化性

主题餐厅与普通餐厅的不同在于其文化性，所选用的装修元素就是指的一定的文化，使设计出来的空间中蕴含着丰富的文化内涵。特色是主题餐厅的灵魂，而文化是特色餐厅的关键。主题餐厅要做出特色，必须要有良好的规划设计，注重文化特色的挖掘与弘扬，将文化元素运用到各个方面，从设计、建设、装修到经营管理、服务等方面，突出餐厅的文化品位。

(二)形象的差异性

主题餐厅在设计方面会有较大的突破和创新，风格迥异的造型和布局往往会令顾客耳目一新，引发人们的高度兴趣。餐厅的差异性特点包括餐厅店面、空间设计，服务人员的服饰、语言、行为和服务态度，以及特色菜式的设计等内容。餐厅通过不同的主题设计能使顾客充分感受其新颖的设计，通过差异性的环境设计能给顾客带来不同的心理体验，最大限度满足顾客的心理，从而提高自身的商业价值和竞争力。另外，餐厅的设计须不易被复制，要具有持续的差异性优势。

(三)消费过程的体验性

顾客在主题餐厅里消费的早已不仅仅是菜品，更多的是一种综合性的体验。主题餐厅为顾客提供的不仅是美味菜肴带来的生理性满足感，而且通过空间色彩、装饰等的设计来满足他们精神上的美好体验。主题餐厅凭借其空间环境的独特性，吸引顾客的是一种对空间环境氛围的体验，给人们的是一个精神的家园，美好的体验会让更多的消费者成为回头客，因此，主题餐厅必须注重顾客体验价值的实现。

三、主题餐厅的主要类型

从20世纪90年代出现第一个主题餐厅到现在，主题餐厅的发展历史仅仅几十年，但发展潜力十足，受到各类商家的推崇，各具特色的主题餐厅不胜枚举。主题餐厅的主题可谓多种多样：可以是特定的历史时期、特定的区域或民族文化、特定的艺术作品(电影、电视、小说等)所描述情景的再现；也可以是特定的传说，特定的历史人物，特定的技术(如人工智能、全息投影、新媒体技术、航天技术等)；还可以是特定的想象(如未来、梦幻、天堂、地狱等)，特定的环境(如水等)，等等。目前，主题餐厅的主要类型大致包括艺术特色类、文化特色类、自然风光类和其他类。

(一)艺术特色类主题餐厅主要类型

艺术特色类主题餐厅主要类型包括音乐类主题餐厅、体育类主题餐厅、电影类主题餐厅、建筑类主题餐厅、美术类主题餐厅等。

1. 音乐类主题餐厅

音乐类主题餐厅是以音乐元素作为主题进行创作的餐厅。经营者通过对餐厅环境的烘托和渲染，营造出艺术殿堂的餐饮空间。例如，1988年硬石咖啡国际连锁集团在印尼巴厘岛的两家硬石餐厅，是以摇滚乐为主题的餐厅，也是亚洲第一家最典型的主题餐厅，它推出“休闲、放松和摇滚”的主题，改变了全球高档饭店几乎千篇一律的庄重陈规的惯例，使餐厅变得活跃而充满趣味。硬石的口号是“餐厅的客人不只是客人，而是全世界最广泛的摇滚爱好者”。硬石凭借其独特的艺术感染力，在当地众多餐厅竞争中，房价最高，但依然宾客盈门。

2. 体育类主题餐厅

每四年一届的世界杯足球联赛、奥运会、亚运会等世界级的体育盛事的举行，使体育文化已深入人心。在我国，随着北京申奥的成功，这种主题餐厅开始火爆起来。例如，以足球为主题的餐厅，餐厅空间多用足球的造型进行装饰，有球星的塑像，运动的图片，服务人员的服饰也体现运动风格。以体育文化为主题的餐厅吻合了新时代的顾客的独特需求。再如，在上海出现的首家姚餐厅，这家餐厅把运动休闲作为餐厅的主题思想，菜肴和企业文化带领顾客感受和体验异国的氛围，走进体育运动的世界。

3. 电影类主题餐厅

不同的消费者，有不同的个性和生活方式，喜欢不同类型的电影。电影类主题餐厅广受人们青睐，有着较大的发展潜力。以西安的 SHOW THE WORLD 为例，餐厅里演绎电影的经典对白，如梦如幻的经典电影画面让人重拾遥远的梦境，有着浓厚的电影氛围。餐厅菜单采用杂志式版本介绍菜名和电影，菜单有电影，电影是菜单。客人还可以自己拍摄视频，自己做电影里的男主角或女主角，过足一把电影瘾。

(二)文化特色类主题餐厅主要类型

文化特色类主题餐厅是从特定的历史时期、特定的区域或民族文化、特定的人物和宗教中提炼某一文化特质为题材的主题餐厅。

1. 历史类主题餐厅

历史类主题餐厅以时光倒流般的心理感受作为吸引游客的切入点进行设计。这类主题餐厅通过对地域历史文化的追忆，使人们体验不同地域不同历史时期的行为方式、文化特色等，把人们带到一个穿梭时空的空间里，这一主题类餐厅有着很大的挖掘潜力。例如，成都京川宾馆以“三国文化”为主题，无论是大堂的东汉精品文物展馆还是饭店内各个厅堂的命名，均融入了三国人物、故事，使饭店充满浓厚的三国文化氛围。再如，北京以知青文化为主的主题餐厅，餐厅里的“忆苦思甜大杂院”，没有空调，只有电风扇，没有豪华吊灯和考究的墙纸，那些管道也裸露在外面。这样的环境，不仅吸引当年知青故地重游，品尝地道的农家菜，而且使那些没有插过队的人也好奇地想探个究竟。

2. 地域类主题餐厅

这类主题餐厅无论从环境到服务，还是从饮食到文化都体现的是某一地域的特色。比如，日式风格的主题餐厅一般采用简洁大方、线条流畅、色彩淡雅的设计。室内多采用实木地板，再配以原木的矮桌和舒适的直接铺设在地板上的坐垫，往往用格子图案、白纸花灯作为装饰，打造清新、典雅、舒适的日式格调。

3. 人物类主题餐厅

人物类主题餐厅是以人们熟悉的政治或文艺界名人的经历为主题的餐厅。在北京后海经营杭州菜的“孔乙己酒店”，就是从鲁迅先生的小说中寻找到的灵感，室内装潢古色古香，使得顾客联想到鲁迅先生小说中描述的景象，并仔细回味着书中的故事。

4. 民族民俗类主题餐厅

我国幅员辽阔，民族众多，民族民俗风情内涵丰富，深受消费者的喜欢，在生活中比较多见的是维吾尔族风情、满族风情、回族风情和傣族风情的主题餐厅。

南京有家名为敏珠拉姆的藏式主题餐厅，它将雪域高原的饮食文化、歌舞文化、服饰文化、生活习俗等完美真实地呈现了出来，装修、菜品、歌舞、整体环境充满浓郁的藏乡情调，餐厅里歌舞演员热情真挚的笑容如青藏高原阳光般灿烂，歌声也如那蓝天白云般纯净，会让顾客暂时抛开城市的喧嚣，彻底放松下来。

5. 宗教类主题餐厅

宗教类主题餐厅通过空间的设计、色彩的配置、陈设品的摆设营造一种独特的就餐环境，从而使人们感受一种宗教的文化内涵。

宗教类主题餐厅常见的有基督教主题餐厅、佛教主题餐厅等。上海的“功德林”饭店是以佛教素食为主要元素，在内部设计上都体现着佛教文化气息，突出佛门素食素雅清净的特点，餐厅的经营理念是引导顾客健康饮食，发掘素食文化的精髓。四川青城山下的鹤翔山庄，以道家文化为主题，体现道家文化中注重养生、健身的概念，推出了一系列养生宴等养生产品，使顾客对深厚的道家文化有了形象化的理解，让顾客流连忘返。

(三)自然风光类主题餐厅主要类型

这类主题餐厅超越自然景观为背景的基础阶段，把富有特色的自然景观(如海洋、草原、极光等自然生态或自然现象等)迁移到餐厅的设计中，给顾客营造一个身临其境的场景。时代的快节奏让人们时刻充满压力，人们渴望回归自然是一种潮流和趋势。例如，“热带雨林”餐厅就是以原始自然和环保为主题的餐厅，它集餐饮、娱乐、零售于一体。餐厅内保持了“热带雨林”的原始丛林特色，让人在与大自然的交流中，享受美妙而难忘的用餐经历。

(四)其他类主题餐厅

根据市场不同的需要，主题餐厅有不同的功能地位。按照餐厅的功能类型，我们可将主题餐厅分为以下几种。

1. 休闲类主题餐厅

休闲类主题餐厅与其他功能的主题餐厅相较而言，有着休闲主题的独特内涵，因此设计者在设计时要掌握休闲类主题餐厅的特点，准确了解休闲的基本内涵，把握休闲餐饮特点，满足顾客休闲需求，了解休闲时尚动向，做好主题迭替。休闲类主题餐厅可以通过休闲行为文化来体现，也可以通过环境的装饰和陈设来加以打造，使用餐者尽情感受和体验一份难得的休闲。

2. 养生类主题餐厅

“民以食为天”，我国饮食文化源远流长，崇尚健康养生的思想也有着悠久的历史。在传统饮食文化里，崇尚饮食有节，遵循适度原则，同时讲究饮食卫生，制宜进食，这些都体现了养生的内涵。养生类主题餐厅的出现满足了人们对饮食消费的新需求，养生类主题餐厅可以推出养生食谱，宣传健康饮食文化，举办此类饮食讲座等，还可以把健康饮食、休闲娱乐、药膳融为一体，打造全方位养生类主题餐厅。

3. 家庭类主题餐厅

随着经济的不断发展及人们经济收入的不断提高和理念的更新，越来越多的家庭走出自家厨房和餐厅，来到不同风格的特色主题餐厅感受和体验别具异趣的餐厅文化，因此以家庭为消费对象的主题餐厅的出现满足了这部分消费者的需求。目前以不同的家庭生命周期为主题的不同风格的餐厅众多，餐厅设计都围绕着家的主题展开，打造温馨幸福的家庭主题餐厅，如儿童主题餐厅、爱情主题餐厅、蜜月主题餐厅等。

4. 另类主题餐厅

另类主题餐厅主要吸引一些追新求异的年轻消费群体，如无声主题餐厅等。有的另类主题餐厅，以一些消极思想为噱头博人眼球。这类餐厅用这些非常规的主题吸引消费者，满足他们的好奇心理，在一定程度上是否会带来负面效应，有待商榷。

>> 任务二　主题餐厅设计 <<

一、主题餐厅设计原则

主题餐厅空间设计需要遵循一定的基本原则，即文化性原则、个性原则、体验性原则和经济性原则四个方面。

(一)文化性原则

文化性是主题餐厅设计的基本原则，主题餐厅文化的体现根植于特定的文化，文化的形式多样，主题餐厅应明确餐厅主题，运用空间设计和内部的装饰来强化主题、烘托气氛，为某种文化主题服务。

我国疆土辽阔，拥有悠久灿烂的文化，有56个民族，如以地域风俗文化设计为切入点，深度挖掘主题文化底蕴，不失为一个好主题。例如，在以唐文化为主题的餐厅里，空间设计布局、色彩均依照唐朝风格来设计，把餐桌设计成低矮的古风样式，用餐者需席地而坐，餐具依照唐朝人用的餐具规格样式来定制，服务员的着装为唐朝的服饰，服务员走路的姿势、上菜的次序都以唐朝人的行为为参照，通过一系列的行为过程来体现这种文化主题，人们用完餐之后，印象深刻的或许不是菜品的口味，而是整个用餐过程的文化行为体验。

(二)个性原则

主题餐厅在设计过程中时，始终要突出餐厅的个性特点。现如今，各级各类餐厅数不胜数，经营者需把个性化的主题引入餐厅的设计中来，使主题餐厅从普通餐厅中脱颖而出。虽说主题类餐厅发展历史很短，但其有着强大的发展潜力，如何使一个主题餐厅突出其个性特点，在餐饮业中独树一帜，这个问题值得人们深入研究。但无论怎样，个性特点一定是打造主题餐厅的重要原则。要想突出个性特点，餐厅首先要把主题定位好，主题要有地域特点，有文化感，要有与时俱进的特点等。例如，现在人们注重健康养生，提倡环保先行，注重生态绿色低碳，如果将主题餐厅的设计融入这些健康、环保的理念，必定能满足人们的消费需求，提高餐厅经营成功的概率。

(三)体验性原则

普通餐厅大多提供的是饮食，而主题餐厅提供给顾客的不仅是食物本身，更重要的是用餐过程的体验和用餐环境。顾客在用餐过程中可以了解和体验某一主题文化，得到精神上的愉悦与升华。这种体验只能到某个餐厅才能享受到，这无疑能给餐厅增加许多固定的客源。客源是餐厅成败的关键，保证了客源就等于保证了餐厅经营的成功。

(四)经济性原则

餐饮是一种商业行为，商业投资的目的是为了盈利，商家希望花最少的成本获得最大的利益，同时，作为顾客则希望花最少的费用得到超值的享受。这从商家和顾客的角度来看属于正常心理，但这中间又存在着矛盾。商家既要花最小的成本获得最多的盈利，顾客又要花最少的费用得到最好的服务，两者都从经济角度来维护自身利益，那么设计师在设计主题餐厅空间时，要注意协调两者之间的经济矛盾。设计师是直接受商家委托来设计餐厅的，有义务为商家以最低的费用创造出最有价值的营业空间。从顾客角度来看，设计师能为顾客考虑的就是创造最佳就餐空间。因此，餐厅的设计原则中经济性原则是最为实际的原则。

二、主题餐厅设计方法

(一)主题定位

主题餐厅的先期建设必须充分考虑市场分析和定位。主题餐厅的主题定位是根据市场调研、投资分析、经营定位、目标群体、区位选择、菜系特点等内容来进行确定的。经营者需合理选择餐厅的主题，以不同的经营定位来确定相应的设计形式与服务形式，尽可能细化目标市场，扩大目标群体，将经营风险降到最低。主题定位是否科学是主题餐厅经营成败的关键。

(二)突出主题

主题餐厅的设计就是深度挖掘主题的文化内涵，运用独特的空间设计、灯光照明等烘托餐厅气氛，主题以及由主题所形成的产品应符合人们的审美情趣，艺术性、专业性、科学性的主题元素的提炼和使用是主题内在价值体现的关键。所以，主题绝不是资源的简单复制和照搬，而是一种高层次的审美性创造活动。

主题餐厅设计方法有以下几种。

1. 运用空间营造气氛

主题餐厅空间的设计主要是指入口、大厅、过道、工作区、展示区、卫生间等空间的设计。经营者可通过各种手段将这些重要的区域设计成具有主题特色的空间，着重为这些空间选择恰当的元素，利用它们之间的相互联系来突出餐厅设计的主题。餐厅外观建筑形象也对主题餐厅至关重要，它是区别于其他普通餐厅的重要识别符号，会给消费者留下重要的第一印象。

2. 利用特色形态符号升华主题

特色形态符号可营造主题氛围。针对主题餐厅的设计，为区别于其他的餐厅，设计师在设计时会选择一些特色的形态符号，这些形态符号的选择要与企业文化、社会文化、区域文化以及人的情感和体验相联系，这些特色形态符号还可以在一定程度上升华主题，让消费者对主题有真真切切的体会。例如，在国外，我们同样会找到具有中国特色的餐厅，他们在设计中，为了突出这一主题，大范围地利用灯笼、红绸、中国结或者在色彩上选择中国红等，这些都是中国特色的形态符号。

3. 运用色彩渲染氛围

色彩有色相、冷暖、明暗等属性，不同色相、冷暖的色彩会传递给人不同的心理感受。红、黄色相的暖色系给人以温暖、喜庆之感，蓝、绿色相的冷色系使人联想到生命力、博大等；亮色系给人以轻盈之感，重色系给人以沉稳之感，不同的色彩搭配会表达不同的情感。在色彩选择上要注重不能偏离主题，也要注重色彩的协调统一，避免杂乱无章。

4. 选择恰当的陈设装点主题

餐厅中的陈设物品往往会起到画龙点睛、突出主题的作用。可作为餐厅中陈设品的主要包括工艺品、观赏植物等。餐厅中的家具往往也是工艺品，在餐厅空间中桌椅占据了餐厅的绝大部分面积，所以餐厅桌椅的大小、风格、色彩和造型的选择也很重要。例如，高品质的主题餐厅，应选择造型精致、色彩雅致、材料质感较好的家具，满足顾客追求高品质生活的心理需求。中式风格的餐厅往往会运用中国古典园林的布景方法，利用绿植、布艺、装裱画等传统饰物来进行装饰，给顾客以丰富的视觉感受。

5. 采用灯光照明系统营造意境

灯光照明的效果是主题餐厅设计的重点。光使我们的生活五彩缤纷，光的照射效果会较大地影响顾客的用餐感觉。韵味较浓的餐厅，一般使用烛光，蜡烛的光感比较温馨，富有浪漫气息；白炽光的应用也很多，在白炽光照射下的物体更显得自然。此外，大厅、客厅、宴会厅的灯光设置一定要有层次感，壁灯、吊灯、落地灯要搭配协调，灯光的照射形状、灯光的材质等要能营造主题意境，使餐厅主题更加鲜明。

>> 任务三　主题餐厅赏析 <<

一、影视类主题餐厅

“托马斯小火车”主题餐厅是以托马斯小火车为元素，以亲子主题为核心来打造的。一进入餐厅，便置身于童趣世界里，从地板到墙面到处可见托马斯小火车的卡通形象，地板上很多托马斯木质轨道和各式各样的小火车、火车铁轨和各式各样的站点，既有启发性，又充满趣味，儿童可以根据自己想象任意组装搭配，墙面壁画还生动再现了“托马斯小火车”剧情场景。餐厅的菜肴中西合璧，提供儿童餐，儿童

图 5-5-1

餐具是各式小火车，菜肴造型可爱，有玩有吃，让家长和儿童在充满童趣的欢乐用餐环境中度过美好的时光，留下一份美好的回忆。（图 5-5-1）

二、十二生肖主题餐厅

十二生肖的故事在中国家喻户晓，餐厅以十二生肖作为主题切入点，门厅处以十二生肖兽首作为装饰喷泉，并设立十二生肖传统工艺展示台。在餐厅的设计方面，巧妙结合中国传统元素，采用木质桌椅门和生肖剪纸的壁画装饰窗来体现中国风，突现十二生肖的主题，以此与消费者产生共鸣。餐厅内的餐包房以十二生肖进行命名，用绿植的组合装饰，餐厅还有十二生肖玩偶作为配饰，将十二生肖的主题完美呈现在顾客面前。（图 5-5-2）

图 5-5-2

三、迪士尼文化主题餐厅

“迪士尼好莱坞主题餐厅”以米奇老鼠卡通形象为设计主题，餐厅糅合了传统装饰派的硬朗线条及亲切独特的迪士尼创作，配合充满电影感的灯光效果，营造出辉煌华丽的气氛。餐厅利用各种电影元素和迪士尼的魔法色彩，让顾客仿佛置身于时尚又华丽大气的经典好莱坞时代，让顾客感觉顿时化身为好莱坞巨星。（图 5-5-3）

图 5-5-3

四、日式主题餐厅

通过古建的沉稳、光线的柔和打造清新的日式格调，院子和餐厅内的简意绿植、外卷的竹藤幔点缀，让人仿佛置身于世外桃源。（图 5-5-4）

图 5-5-4

五、航海文化主题餐厅

航海文化主题餐厅围绕航海这一主题体现设计感，餐厅利用灯塔、船桨、救生圈、渔网作为饰品，甚至将木船改造成餐桌。桌椅以蓝色和白色为主，代表大海蓝天的颜色。餐具餐垫也设计成蓝白色，与主题色调一致，给人浪漫的感觉，让人不由得想走进餐厅去感受一番。（图 5-5-5）

图 5-5-5

六、武侠文化主题餐厅

“风波庄”武侠主题餐厅是为众多武侠文化爱好者提供感受武侠文化的主题餐

厅。餐厅以独具风格的武侠文化为主题，融千年武侠精神，凭一曲笑傲江湖，吸引美食家们纷纷携朋唤友前往，畅饮秘制英雄酒，尽尝特色私家菜，快意人生把酒论剑，恩怨情仇，触筹言欢。服务用语巧妙套用武侠小说里的叫法，把穿着古装的伙计称为“店小二”，顾客叫“大侠”，吃饭叫“练功”，筷子叫“双节棍”，牙签叫“暗器”，客人用餐时收获了无边的乐趣。(图 5-5-6)

图 5-5-6

七、草原文化主题饭店

千古名歌《敕勒歌》“天苍苍，野茫茫，风吹草低见牛羊”是人们心中挥之不去的草原梦。传承草原历史之美的内蒙古饭店的“成吉思汗金顶大帐”餐厅，金碧辉煌，特色浓郁，是感受草原文明的必至之所。(图 5-5-7)

图 5-5-7

八、快餐主题文化餐厅

肯德基在不同地区结合地区文化打造各具特色的主题文化餐厅。肯德基联合内蒙古博物院共同打造的草原文化主题餐厅在呼和浩特亮相。走进这家以草原文化为主题的餐厅，令人眼前一亮，北方草原文化的文物图片与体现草原民族文化、民俗的文化墙交相辉映，让消费者感受到了浓郁的草原民族文化特色。（图 5-5-8）

图 5-5-8

九、海洋主题餐厅

世界上首家全玻璃的水下餐厅以海洋为定位，打造高端尊贵的主题餐厅。餐厅位于海面 6 m 以下的海底，长 9 m，宽 5 m，只有 6 张餐桌，可同时容纳 12 人就餐。餐厅设计了弧形的圆拱形透明玻璃墙，放眼望去是让人流连忘返的海底世界，四壁完全由玻璃制成，被颜色艳丽的珊瑚礁环抱着，各种海洋生物在珊瑚礁中穿梭往来。客人可以全景式观赏水中五彩缤纷的珊瑚和自由自在的鱼群，餐厅中透着海水的湛蓝，显得餐厅清凉冰爽，是一个浪漫又安静的用餐之地。（图 5-5-9）

图 5-5-9

【知识拓展】

动漫主题餐厅设计方案

鲜明的动漫文化特色是动漫主题餐厅生存和发展的基础。动漫主题餐厅的一切以动漫文化为中心，以流行时尚为切入点，围绕主题展开经营活动。动漫主题餐厅从硬件(主题餐厅设计装饰、设施设备等有形方面)到软件(氛围的营造、服务等无形方面)都围绕主题展开，带给顾客有价值的、难忘的体验。动漫主题餐厅经营是以产品为基础的，产品可分解为餐厅环境、实物产品与服务。主题餐厅产品是体验性的产品，体验产品与服务产品最本质的区别就在于其深刻的印象，而这种印象主要是通过体验化设计赋予服务产品一致的动漫主题，带给顾客除了功能之外的精神分享来完成的。因此，动漫主题概念、动漫主题环境与氛围、主题设施与产品、主题活动与服务，是动漫主题餐厅设计过程中的关键要素。

1. 动漫主题餐厅外观和环境应体现相应的主题内涵

首先是建筑形态的确定，然后就是内部装饰的确定，主要在细节上见真功，各种家具、餐具乃至卫生间等细节都要有动漫主题元素的融入。如以海贼王为主题的房间，从家具到摆饰，甚至到服务生，都要有海贼王的特色。餐厅需结合相应的服务和菜品，才能让顾客牢牢地记住，使顾客得到差异化的满足感，增强顾客的黏性。

2. 动漫主题产品的丰富化

动漫主题餐厅不仅是在消费菜品，更重要的是让顾客在整个消费过程中，通过对动漫主题文化的了解和接受，产生更多的消费需求。

3. 服务流程和标准的动漫主题化设计

动漫主题餐厅的布局决定了顾客的行动路线。这就要求在每一个环节上都要有服务的设计，让顾客在整个过程中都能清晰地了解餐厅的动漫元素，并且没有唐突和陌生感。比如中华小当家主题，以中国八大菜系结合日本动漫《中华小当家》情节与形象，设计顾客的行动路线，并加以讲解，特别是在包厢中融入了菜品和剧情演绎的综合体验，让顾客在整个用餐过程中，体验到了中华美食与日本漫画完美融合的文化内涵。

【复习自测】

一、选择题

1. 主题餐厅的特点包括(　　)。

A. 主题的文化性　　B. 形象的差异性

C. 消费过程的体验性　　D. 文化的多样性

2. 主题餐厅的前期建设必须充分考虑(　　)和定位。

A. 市场分析　　B. 经营定位

C. 投资分析　　D. 目标群体

二、简答题

1. 简述主题餐厅的概念。

2. 主题餐厅的类型有哪些？

3. 主题餐厅设计的原则有哪些？

4. 试分析主题餐厅设计的方法。

三、拓展题

应用所学知识选一家自己所在地区的主题餐厅，设计一份客人在某主题餐厅满意度的调查问卷。

参考文献

1. 邢颖，黎素梅．中国餐饮产业发展报告(2019)[M]. 北京：社会科学文献出版社，2019.

2. 李雯．餐饮管理[M]. 重庆：重庆大学出版社，2016.

3. 谢天，刘小俊．别说你会吃法餐[M]. 青岛：青岛出版社，2017.

4. 碗丸，中午十三点．别说你会吃日料[M]. 青岛：青岛出版社，2017.

5. 邢颖．中国餐饮产业发展报告(2017)[M]. 北京：社会科学文献出版社，2017.

6. 罗华山．新餐饮 新创意[M]. 广州：广东经济出版社，2018.

7. 鹤九．互联网＋餐饮[M]. 北京：电子工业出版社，2016.

8. 李雯．餐饮管理[M]. 重庆：重庆大学出版社，2016.

9. 陈程．餐饮服务实训教程(第二版)[M]. 上海：上海交通大学出版社，2019.

10. 陈觉．餐饮连锁集团经营管理案例与点评[M]. 北京：旅游教育出版社，2013.

11. 王燕青．论提高餐饮服务技能的做法[J]. 旅游纵览(下半月)，2013(12).

12. 何丽萍．餐饮服务与管理(第 2 版)[M]. 北京：北京理工大学出版社，2017.

13. 杨爱华，苗长川．餐饮服务与管理[M]. 北京：清华大学出版社，2011.

14. 李佳龙．餐饮服务与管理[M]. 青岛：青岛出版社，2008.

15. 杨环焕，卫圆杰，金仁重．餐饮服务与督导[M]. 北京：中国人民大学出版社，2017.

16. 王秋明．主题宴会设计与管理实务[M]. 北京：清华大学出版社，2013.

17. 刘澜江，郑月红．主题宴会设计[M]. 北京：中国商业出版社，2005.

18. 余红．中餐主题宴会设计实用性创新性探索——以“古汤家韵”中餐主题宴会设计为例[J]. 旅游纵览(下半月)，2019(4).

19. 刘轶，华文，吴俐霓．中餐主题宴会设计实例分析——以家宴《岁月的礼物》为例[J]. 度假旅游，2019(4).

20. 周妙林．宴会设计与运作管理(第2版)[M]. 南京：东南大学出版社，2014.

21. 陈戎，刘晓芬．宴会设计[M]. 桂林：广西师范大学出版社，2014.

22. 汪京强，匡家庆．餐饮服务与管理[M]. 南京：南京师范大学出版社，2015.

23. 孙丽钦．酒店基础知识[M]. 北京：清华大学出版社，2013.

24. 徐流．饭店业实践前沿[M]. 北京：外语教学与研究出版社，2011.

25. 杨亚林．主题餐厅空间设计研究[D]. 长沙：湖南师范大学，2011.